FSC
www.fsc.org
MIX
Papier aus verantwortungsvollen Quellen
FSC® C083411

1. Auflage 2016

www.conbook-verlag.de

Lektorat: Silke Lübbers
Einbandgestaltung und Satz: David Janik unter
Verwendung eines Fotos © Petrina Engelke & Thomas Halaczinsky
Illustration Karte: Diana Stanciulescu
Druck und Verarbeitung: CPI books GmbH, Leck

Printed in Germany

ISBN 978-3-95889-139-5

FETTNÄPFCHENFÜHRER Stadt-Edition

NEW YORK

Ein Reiseknigge für das wahre Leben im Big Apple

Petrina Engelke

Inhalt

Vorwort 10
Extratipp für dieses Buch

1 **Wohnen im Schuhkarton** 12
Von der Villa zum WG-Zimmer: Wie New Yorker wohnen

2 **Manhattanhenge** 19
Wenn die Sonne in den Straßenschluchten versinkt

3 **Gridlock** 23
Dauerstau, Hupkonzert und der mächtige Straßenfeger

4 **Höher, schneller, weiter** 30
New York ist eine Baustelle

5 **Meilenweit Sand** 36
Mit der U-Bahn zum Strand

6 **Inselhüpfen** 42
Vom Hängemattenpark bis zum bestens bewachten Friedhof

7 **Hafenliebe** 49
Ozeanriesen, Holzkrokodile und Austernbänke

12 × Hafenromantik 56
Restaurants und Bars am und auf dem Wasser

Inhalt

8 **Wasser, marsch!** 61
Duschgetröpfel, erfrischende Hydranten und die wahren Wahrzeichen

9 **Aufs Dach gestiegen** 67
Was Farmer, Gangster und Party People nach ganz oben zieht

10 **Sie nennen es Melting Pot** 74
Ein Leben zwischen Wodka, Kölsch und Voodoo-Zauber

11 **Black Lives Matter** 82
Tote Schwarze, freigesprochene Polizisten und jede Menge Hashtags

12 **Das (lokal-)patriotische Herz** 89
Was die individualistischen New Yorker eint

13 **Superhelden** 95
Weltretten für Anfänger und Fortgeschrittene

14 **It's showtime!** 101
Unterhaltungskünstler in der U-Bahn

15 **Das showreife Publikum** 106
Von Mitsingern und Besserwissern

Reisetipps von New Yorkern 112
Was man nach New York mitbringen sollte

16 Schlangestehen **114**
Kaffee, Tickets, Schnäppchen, Bus: Anstehen ist ein Muss

17 Urban Jungle **120**
Wilde Tiere zwischen Wolkenkratzern

18 Platz da für den Park! **124**
Wie New York Grünflächen schafft

19 Eat your greens **131**
Trendgemüse, Samenbomben und Beete für die Nachbarschaft

20 Iss dich hip **137**
Blaue Kartoffelchips, Meerschweinchenbraten und ein Katerfrühstück

21 Essen für Eilige **144**
Vom Büro-Lunch auf der Straße bis zum Fast Food für Gourmets

22 Das Märchen von der Flasche in der Papiertüte **151**
Alkohol trinken in New York

23 Die mit dem Helm **158**
Wie die Radfahrer New York erobern

24 Love your pet **164**
Von Hundeparks und Katzencafés

Inhalt

25 Gone fishing (or sailing) 169
Von Ruderromantikern, Jetski-Angebern und Hilfssheriffs mit Angelrute

26 Sport ohne Stadion 175
Wo New Yorker im Team schwitzen (oder anfeuern)

27 Gallery hopping 180
Kunst, Coolness und Gratiswein

14 × Außergewöhnliches entdecken 186
Museen abseits ausgetretener Pfade

28 Graffiti is a crime 192
Street-Art zwischen Gesetz, Galerie und Gentrifizierung

29 Underground Art 199
Kunst in der U-Bahn

30 Dress to impress 204
Der New Yorker Hang zur Verkleidung

31 Reich und arm 210
Almoseneintopf, vergoldeter Nachttopf und das dünne Eis dazwischen

32 Die Spezialisten 217
Vom Financial District zum Flower District

10 × Spezielles einkaufen **222**
Wo New York den Begriff »Einzelhandel« wörtlich nimmt

33 If I can make it there **226**
Broadwayträume, Karrierewechsel und übersehene Promis

34 DIY or die **232**
Großstadt-Handarbeit, gestickte Kackhäufchen und ein gutes Geschäft namens Brooklyn

35 Los, entspann dich! **239**
Auszeit in aller Hektik

Vorwort

Seit mehr als acht Jahren streife ich durch die Straßen New Yorks und schreibe auf, was mir unterwegs ins Auge springt oder zu denken gibt. »Moment: New York« habe ich meinen Blog genannt. Dort landet der Leuchtturm ohne Wasser ebenso wie der Park im Hochhaus, die Schlange vor der Suppenküche und das Wettrennen der Immer-noch-höher-Bauer, das Gemüseeis und die Trapezschule, das Seemannsgarn aus dem Hafen und das Protesteinmaleins von Occupy Wall Street.

Weil ich für andere aufschreibe, was ich sehe, grabe ich tiefer. Ich begleite New Yorker, frage nach, denke nach, und mit der Zeit entdecke ich Verbindungen und Muster, die meine Sicht auf New York prägen: New York ist für mich Betonwüste und Nistplatz, große Freiheit und dicker Stau, eine glitzernde Zumutung, unbarmherzig, laut, launisch und viel zu schnell, voller Chancen, Geschichten und herzzerreißend schön, ein Bluff, ein Spiegel, eine Katastrophe unverwüstlicher Hoffnung.

Und auch die Klischees von New York stimmen gleichzeitig komplett und überhaupt nicht. Ich bin davon überzeugt, dass dasselbe auf New-York-Besucher zutrifft, auch bekannt als *those tourists* (diese Touristen). Touristen kennen sich nicht aus, stehen nur im Weg, machen große Augen, verstopfen die ewig gleichen Attraktionen – und gleichzeitig bringen viele von ihnen ein ernsthaftes Interesse an der Stadt mit, jenseits vom Abfotografieren möglichst vieler bekannter Orte. Deshalb habe ich dieses Buch geschrieben: Es bietet Startpunkte zum Abschweifen.

Wenn ich New-York-Besuchern nur einen einzigen Rat geben sollte, wäre er: Geht ziellos und mit offenen Augen los, nur für einen Nachmittag, oder nur für eine halbe Stunde. Durchstreift die

Umgebung einer U-Bahn-Haltestelle oder verweilt in einem Imbiss, einfach nur so. Die »Zehn Dinge, die man in New York gemacht haben sollte« und die »Top Ten der Sehenswürdigkeiten« sind vorher und hinterher gleich schön.

Beim Herumstreifen erlebt indessen jeder etwas anderes, und man geht doch überhaupt auf Reisen, um Neues zu entdecken. Jeder bringt dabei andere Interessen und Fragen mit. Manche schauen genau hin, wenn eine Flotte Sportwagen nach Ladenschluss vor einer Filiale von Ralph Lauren steht. Andere sehen überall Gefahr. Und einige sehen den Wald vor lauter Wolkenkratzern nicht.

Ich habe 35 verschiedene Dinge aufgeschrieben, die ich in New York sehe. Und ich hoffe, das hilft euch dabei, euer eigenes New York zu entdecken.

Extratipp für dieses Buch

New York verändert sich ständig: Restaurants und Läden öffnen und schließen wieder, Museen ziehen um, Street-Art wird übermalt, Hochhäuser werden abgerissen, und was die Polizei erlaubt, ist auch schon wieder anders als letztes Jahr. Von den täglichen Bauarbeiten und Streckenumleitungen in der U-Bahn ganz zu schweigen.

Deshalb liste ich in diesem Buch statt Öffnungszeiten so viele Internetadressen wie möglich auf, damit jeder ganz kurz vor dem Besuch nachschauen kann, ob selbiger sich lohnt. Praktischerweise hat die Stadt New York ihr öffentliches WLAN-Netz ausgebaut: An vielen schwarzen Säulen über die Stadt verteilt kann man kostenlos ins Netz, auch viele Cafés und Fast-Food-Ketten haben *free wifi*. Dabei sollte man bedenken, dass diese Netze öffentlich sind und dementsprechend weniger sicher als ein geschlossenes WLAN – daher lieber den Kontostand nach dem Urlaub mal abrufen.

Ob die U-Bahn tatsächlich so fährt wie gedacht, kann man übrigens in Echtzeit auf der Website der New Yorker Verkehrsbetriebe MTA [www.mta.info] nachschauen oder sich gleich ganze Routen mit einer Smartphone-App wie Citymapper [https://citymapper.com/nyc] heraussuchen lassen.

1 Wohnen im Schuhkarton

»Watch it with that door!«

Meine Hand schließt sich fest um die kugelige Klinke, dann schiebe ich sanft. Noch glaube ich, Mike wollte mich warnen, dass die Tür lose in den quietschenden Angeln hängt. Aber die Tür ist gar nicht das Problem. Das Problem bin ich.

Ich stehe vor dem Klo, und mein rechtes Bein tut weh. Um den Grund dafür herauszufinden, begebe ich mich in eine Yoga-Heldenhaltung: Untenrum wie angewurzelt, obenrum gedreht. – Und da sehe ich: Mein Bein klemmt zwischen der Tür und dem Klo. Geht die Tür überhaupt an der Schüssel vorbei? Und wie passe ich dann noch ins Bild?

Das muss doch gehen, denke ich, aber das wird Millimeterarbeit. Während ich ausbaldowere, ob es einfacher wäre, noch einmal von vorne, also von draußen anzufangen, frage ich mich, was Mike wohl denkt, wo ich bleibe.

Für unser Fotoshooting ist alles besprochen, deshalb war ich hier, wir müssen los, und ich wollte nur noch mal schnell ... ins Bad. New Yorker bevorzugen schwammige Beschreibungen für das, was da vor sich geht, das Wort *toilet* nimmt fast niemand in den Mund.

Als ich mein Werk verrichtet und mit cleverem Schlängeln ohne weitere Blessuren das Bad verlassen habe, finde ich Mike in der Küche. Es sei doch etwas frisch, sagt er – und zieht einen dicken Pullover aus dem Ofen. Aufgewärmt hat er ihn dort nicht; ihm fehlt Platz im Einbauschrank. Der Ofen dagegen sei wertvolles *real estate,* wie ich erfahre – ein Immobilienschatz an ungenutztem Raum.

Von der Villa zum WG-Zimmer: Wie New Yorker wohnen

In Manhattan gibt es alles – außer Platz. Eine Insel kann sich eben nicht wie eine Stadt auf dem Festland einfach ausbreiten, wenn die Bevölkerung wächst. In New York wächst sie derzeit schneller als gedacht: Nach der Volkszählung 2010 (8,17 Millionen Einwohner) warnten Demografie-Experten die Stadtplaner, bis 2020 würde die Bevölkerung der Stadt auf 8,5 Millionen ansteigen. Doch an dieser Zahl kratzen bereits die Zahlen für 2014. Allein in Manhattan sind es 50.400 mehr Menschen als noch vier Jahre zuvor, in Brooklyn 117.100. Und sie alle wollen irgendwo schlafen.

Der Speckgürtel von New York liegt nicht etwa am Ufer Manhattans, sondern hinter der Bronx, dem einzigen Festlandbezirk der Stadt. In der Region Westchester leben viele Banker, Ärzte und Anwälte den Traum vom Raum mit Villa, Garten und Country-Club-Mitgliedschaft. Superreiche gönnen sich neben der Luxus-Stadtwohnung ein Sommer-Anwesen mit 14 Zimmern und ebenso vielen Badezimmern hinter hohen Hecken in den Hamptons.

Natürlich gibt es auch innerhalb der Stadtgrenzen Eigenheime. Deren Besitzer blättern Millionen für ein Brownstone-Reihenhaus in einem angesagten Viertel hin, oder ein bisschen weniger weit draußen am Rande von Staten Island, Queens, Brooklyn und der Bronx. Fast alle von ihnen würden für das, was sie heute in New York bezahlen, anderswo deutlich mehr Wohnfläche und Annehmlichkeiten bekommen. Für Mietwohnungen gilt das erst recht. Wer eine 70-Quadratmeter-Wohnung für zwei für die Norm hält, wird sich in New York wundern; und muss entweder sehr viel Glück oder sehr viel Geld mitbringen oder die Stadt verlassen.

»Stell dir einfach vor, du sollst in deine Küche ziehen«, sagt Holly ihrer auswärtigen Kundschaft. Als vor Jahren Zugezogene hat sie nicht vergessen, was außerhalb der Stadtgrenzen als normal gilt. Und als Immobilienmaklerin gibt sie den zukünftigen Bewohnern New Yorks für ihren Krempel zwei Tipps mit auf den Weg in die Stadt: Ebay und Einlagern.

Weil selbst die winzigsten Wohnungen im Vergleich zu vielen anderen Städten unfassbar teuer sind, ist New York eine WG-Hochburg. Größere Wohnungen kosten weniger, und das dann noch geteilt durch zwei, drei, vier ... fertig ist der Haushaltsplan. Junge Paare ziehen aus diesem Grunde früher zusammen als anderswo, Geschwister bleiben länger beieinander oder sogar bei den Eltern. Vor allem aber teilen in New York oft Fremde eine Wohnung – und das zuweilen über lange Jahre, mit immer wechselnden Mitbewohnern. Nach Umfrage einer Miet-Website leben 42 Prozent der New Yorker zwischen 23 und 65 mit jemandem zusammen, der nicht Ehepartner oder Lebensgefährte ist (erwachsene Kinder werden in der Statistik allerdings mitgezählt). 20 Prozent dieser WG-Menschen sind über 40 Jahre alt.

Das hat auch die Immobilienbranche mitbekommen: Sie schafft neuerdings Wohnraum, der wie ein Hostel für Backpacker funktioniert. Da gibt es dann für viel Geld ein kleines Zimmer, dazu ein gemeinschaftlich genutztes Bad, eine Küche, und einen Aufenthaltsraum – und oft Extras wie Profi-Putzdienst, Gratis-Kaffee und Wäscheservice. Und so seltsam das alles klingt: Es passt perfekt zu New York.

Schließlich plant kaum ein Bewohner der Stadt, auf der Stelle zu treten. Für den Traum, es in New York zu schaffen, nehmen viele eine unbequeme Ausgangslage in Kauf. So manche College-Absolventin kommt für Praktikum oder Berufseinstieg her, wohl wissend, dass eine gewisse Zeit bei einer namhaften New Yorker Kanzlei oder Werbefirma ihr anderswo die Tür für lukrative Jobs öffnet. Sie hatte nie vor, sich in New York zu verwurzeln. Auch mancher Wall-Street-Händler nimmt sich für einige Jahre des Halb-tot-Arbeitens ein Bett in einer WG mit Leuten, die er nie so recht zu Gesicht bekommt, und wartet auf einen Bonus, der ihm eine Eigentumswohnung finanziert. Beide, College-Absolventin und Wall-Street-Händler, brauchen in dieser Zeit keine große, schöne Wohnung. Sie kommen ja ohnehin nur zum Schlafen nach Hause. Aber auch sie gehören zu denen, die die Stadt immer voller machen.

Die Wohnungssituation verschärfen Dienste wie AirBnB, HomeAway und VRBO: Eigentlich waren sie dazu gedacht, dass nette Leute ab und zu einen Platz auf der Couch oder im Gästezimmer vermieten. Eigentlich sollte das gerade in New York prima funktionieren: In der Stadt muss der Mieter anwesend sein, um seine Wohnung für weniger als 30 Tage unterzuvermieten. Geschäftstüchtige New Yorker mieten trotzdem gleich mehrere Wohnungen an, um sie illegal in lauter Gästezimmer aufgeteilt an Touristen zu vermieten. Mehr als die Hälfte der über 36.000 Angebote allein bei AirBnB in New York beziehen sich auf komplette Wohnungen; mehr als ein Viertel der Anbieter listet mehrere Angebote gleichzeitig. Der Bundesstaat will deshalb ein Gesetz durchbringen, das auch das Anbieten selbst mit einem empfindlichen Bußgeld ahndet.

Höher oder kleiner? Neubauten in Manhattan

Mehr Wohnraum zu schaffen funktioniert auf einer Insel wie Manhattan auf zwei Wegen: Man baut in die Höhe oder man macht die Wohnungen immer kleiner. Beidem schieben Gesetze einen Riegel vor, doch die Immobilienbranche springt mit immer neuen Ideen aus der Kiste, um diese zu kippen.

Über den Daumen gepeilt profitieren ganz normale New Yorker von einer Ausbreitung in die Höhe nicht sonderlich viel; viele der neuen Super-Wolkenkratzer, die das Empire State Building in den Schatten stellen sollen, sind für Luxus-Eigentumswohnungen reserviert. Dem Vernehmen nach greifen viele Ausländer zu, die es bequem haben möchten, wenn sie ein- bis zweimal im Jahr New York besuchen. Oft kursieren die Hochglanzbroschüren längst bei asiatischen Agenturen, bevor diese Wohnungen überhaupt in New York angeboten werden.

Um einen Ausgleich zu schaffen, erlaubt die Stadt New York den Investoren, höher zu bauen, sofern sie im Gegenzug etwas für die Normalsterblichen tun: Ein mit der jeweiligen Stadtteilverwaltung ausgefochtener Anteil der Neubauwohnungen muss »erschwinglich« sein, gemessen am Einkommensdurchschnitt der Gegend. Diese Wohnungen werden dann für eine ans Einkommen gekoppelte Lotterie ausgeschrieben. 60 dieser Lotterien mit insgesamt rund 3.400 Wohnungen gab es zwischen Mai 2014 und August 2015. Säckeweise Bewerbungen trudelten ein: mehr als 2,9 Millionen, um genau zu sein.

Die gegenläufige Bewegung, mehr Wohnungen auf derselben Fläche unterzubringen, prallte lange Zeit an der Begrenzung von 400 Quadratfuß ab. 37,16 Quadratmeter, kleiner darf eine Wohnung in einem New Yorker Neubau nicht sein. Im Altbau lässt sich das aber nicht durchsetzen, und wenn man die Misere schon nicht ändern kann, dann kann man ihr wenigstens einen Namen geben: *shoebox*.

Manche glorifizieren das Leben im Schuhkarton, komplett mit Schlafzimmer, Diele, Küche und Bad. Auf Extra-Ausstellungsflächen zeigt der einzige New Yorker Ikea weit draußen in Brooklyn, wie man sich auf 37 Quadratmetern bequem einrichtet, selbst wenn man zu zweit auf dieser Fläche wohnt.

Doch die Untergrenze wackelt. New York ist eine Single-Stadt, sagen die Statistiken, etwa ein Drittel lebt allein. Das nutzt die Immobilienbranche für einen Vorstoß: In einem Pilotprojekt ist gerade ein Haus voller *Micro-Units* entstanden, zwischen 25 und 33 Quadratmeter klein. Praktisch für die vielzitierten Singles, allerdings zu einem stolzen Preis: Auf den Quadratmeter gerechnet kostet die Miete beinahe doppelt so viel wie im Durchschnitt der Gegend. Immerhin ist sie platzsparend mit Ausziehsofa und Ausziehtisch möbliert. Den Grundrissen nach zu urteilen gilt das auch fürs Badezimmer – da ist eine Schiebetür geplant.

Nach der Geschichte mit Mikes Klotür habe ich meine Lektion natürlich gelernt, und all die Jahre in New York haben mich mit allen erdenklichen Tücken des Wohnens im Schuhkarton vertraut gemacht. Das glaube ich jedenfalls, als ich in einem schicken Penthouse eingeladen bin. 250 Leute passen da hinein, wenn die Besitzer es wegen der tollen Aussicht für Hochzeiten vermieten.

Weil es aber nicht als Veranstaltungsraum, sondern als Wohnraum geplant war, gibt es nur eine Toilette, und ich stehe an. Als mir mein Vorgänger die Tür aufhält, zwitschere ich ein fröhliches »*Thank you!*«, schließe sie beschwingt von einem eleganten Abend mit Schmackes und – aua! In diesem Falle ist der Toilettenraum zwar recht großzügig bemessen. Aber Tür und Klo stehen sich so nahe, dass sie meine Anwesenheit mit blauen Flecken quittieren.

★ Do it yourself ★

Früher war es auch nicht besser. Jedenfalls nicht in New Yorker Wohnungen. Das **Tenement Museum** zeigt das hervorragend: In restaurierten Wohnungen erklären Schauspieler in Rollen von Mietern, Sweatshop-Arbeitern und Geschäftsleuten verschiedener Epochen ihren Alltag.

Tenement Museum • Lower East Side, 103 Orchard Street • Haltestelle Delancey/Essex Street mit F, J, M, Z oder Grand Street mit B, D • www.tenement.org

Bei **Ikea** kann man auf Extraflächen in der Möbelausstellung nachfühlen, was 400 Quadratfuß bedeuten und wie erfinderisch New Yorker mit diesem Platz umgehen. Die einzige New Yorker Filiale der Möbelkette ist im ehemaligen Hafenviertel **Red Hook** (Brooklyn) angesiedelt – aus dem Café im oberen Stockwerk hat man einen schönen Blick auf Manhattan und auf einen Parkplatz voller gelber Schulbusse. Ein Spaziergang in diesem Viertel zeigt zudem, wie aus ehemaligen Speichergebäuden Künstlerateliers [Brooklyn Waterfront Artists Coalition, 499 Van Brunt Street, während Wochenendausstellungen auch für die Öffentlichkeit zugänglich • www.bwac.org], Wohnraum und ein Supermarkt [Fairways, 480–500 Van Brunt Street] wurden. Auf der Van Brunt Street sind viele Restaurants, Cafés und Läden.

Ikea als Ausgangspunkt • 1 Beard Street • Haltestelle Ikea mit der Fähre vom Pier 11 (Wall Street) aus oder mit dem Gratis-Shuttlebus von der Haltestelle Borough Hall (Brooklyn) mit Linie 2, 3, 4, 5, R

Nicht nur eine Frage des Preises: Was New Yorker Wohnungen von deutschen unterscheidet

Die Wohnungspreise in New York sind für Deutsche nicht leicht zu durchschauen. Das liegt daran, dass sie direkt mit der falschen Frage beginnen: »Du zahlst 3.000 Dollar im Monat – für wie viele Quadratmeter denn?« Erstens messen Amerikaner nicht in Metern. Zweitens nimmt die Quadratfußzahl in Wohnungsanzeigen einen untergeordneten Platz ein. New Yorker orientieren sich eher an der Anzahl der Schlafzimmer. Wohn-, Ess- und Arbeitszimmer werden nicht mitgezählt, in einer Annonce aber oft extra erwähnt. Küchen sind so gut wie immer bereits eingerichtet, und viele Schlafzimmer haben Einbauschränke.

Zu den gebräuchlichen Wohnungsarten zählen Studios. Bei diesen Einraumwohnungen kann die Küchengröße von einer offenen Einbauküche bis zur Kochecke mit Elektroplatte schwanken. Ein *two bedroom* bedeutet zwei Zimmer, Küche, Bad (manchmal auch Diele), manchmal plus Wohn- oder Esszimmer – und ist ein WG-Klassiker.

Die Größenangaben für Wohnungen finden sich erst tief vergraben in Statistiken der Immobilienbranche wieder. Ende 2015 lag der durchschnittliche Mietpreis in Manhattan bei umgerechnet rund 47 Dollar pro Quadratmeter im Monat. Zum Vergleich: Laut Mietspiegel kostet eine Wohnung in Berlin im Schnitt 12,05 Euro (etwa 13 Dollar) pro Quadratmeter, in Hamburg 12,78 Euro, in München 20,02 Euro – teuer für deutsche Verhältnisse, aber immer noch weniger als die Hälfte dessen, was ein Quadratmeter Wohnraum in Manhattan kostet.

Mietverträge in New York sind zudem stets befristet. Meist hat man die Wahl zwischen einem und zwei Jahren. Danach kann sich der Preis nahezu unbegrenzt verändern – wer Pech hat, bekommt eine Mieterhöhung von mehreren hundert Dollar »vorgeschlagen«. Die Folgen sieht, wer seinen New-York-Besuch kurz vor den Ersten des Monats legt: Zum Straßenchaos gesellt sich dann eine Horde in zweiter Reihe parkender Miet-Vans, die sich mit Umzugsgut füllen.

2 Manhattanhenge

»It's like Woodstock out here!«

Beim Woodstock-Festival auf einem Feld gar nicht so weit von New York City machten die Hippies 1969, was sie wollten: das Gegenteil dessen, was als gesittet galt. Gut 40 Jahre später laufen Ruby und ich zusammen mit vielen anderen Menschen im New Yorker Berufsverkehr mitten auf die 42nd Street, als wollten wir die Straße von der Blechkolonne zurückerobern.

Ruby schüttelt den Kopf. Eine lange Mähne hängt nicht daran, schon lange nicht mehr, argwöhne ich, sie ist kein Hippie, und Musik spielt auch nirgends. Dafür hupen verdächtig viele Autos. Wir stören uns nicht daran, wir haben aufgehört, bei jedem Ampelgrün schnell wieder auf den Gehsteig zu huschen. Wir haben Wichtigeres zu tun, und wir sind außerdem inzwischen in der Überzahl.

Das ist jetzt unsere Straße. Und unser Sonnenuntergang. Wir fiebern einem magischen Ereignis entgegen, und als es passiert, legt sich ein goldener Glanz auf unsere Gesichter. Es ist also wirklich wahr.

Selbst Ruby schaut andächtig in einen Sucher ihrer Kamera. Doch die Szene friert nicht ein. Schon gluckst eine Polizeisirene wie ein Meerschweinchen los, *fiep, fiep, fieeep.* Wir schauen artig nach links und rechts, ehe wir zum Gehsteig zurückkehren, als wäre nichts gewesen. Auch die Sonne zieht ihrer Wege.

Hinterher behauptet Ruby natürlich, sie habe das alles die ganze Zeit über gewusst. Dass die Sonne rauskommt und das ganz toll wird. Ich dagegen erinnere mich genau, wie sie den Ball – und damit im Zweifelsfall auch die Schuld – in mein Feld spielte. Dabei weiß doch wohl jeder, dass die Schuld für das alles in Wirklichkeit Neil deGrasse Tyson trägt. Der hat das Spektakel schließlich »Manhattanhenge« genannt.

Wenn die Sonne in Straßenschluchten versinkt

Die Sonne macht eine Punktlandung. Genau in die Wolkenkratzerschlucht hinein schiebt sich der rötlich werdende Ball und schickt sich an, am Horizont ins andere Ende der Straße zu sinken.

Der Astrophysiker Neil deGrasse Tyson ist in die Frage vernarrt, wie Anthropologen dereinst wohl die Ausrichtung des New Yorker Straßennetzes erklären werden. Falls die New Yorker vom Erdboden verschwinden, das Grundmuster Manhattans aber erhalten bleibt. Nach de Grasse Tysons Fantasie rätseln die Forscher darüber dann ebenso wie über Stonehenge: Sie bringen den Winkel der Straßen zu den Gestirnen ins Spiel, suchen darin nach Anhaltspunkten über die Kultur, womöglich nach einem mystischen Kult. Deshalb nannte de Grasse Tyson das Phänomen im Jahr 2001 Manhattanhenge.

Praktischerweise arbeitete er im American Museum of Natural History, und als Direktor von dessen Planetarium hatte er beste Chancen, sein Steckenpferd bekanntzumachen. Bald schon spottete er darüber, dass die New York Times den Spezialsonnenuntergang »Manhattan Solstice« genannt hatte. Heute noch erklärt der Astrophysiker jedem, der es hören will, dass das ja wohl die Sonnenwende bezeichnet, und das Ende ihrer Bahn hat die Sonne zur Manhattanhenge-Zeit noch gar nicht erreicht.

Richtig ist aber, dass das Ereignis zweimal im Jahr eintritt. Anders als in Stonehenge, wo die Sonne nur zur Sommersonnenwende im perfekten Einklang mit den Bauwerken steht. Das Straßennetz von Manhattan dagegen ist nicht ordentlich nach Norden ausgerichtet – in diesem Falle fände Manhattanhenge zum Frühlings- und Herbstbeginn statt. Stattdessen findet die Sonne an zwei meist warmen Terminen ihren Weg in die Straßenschluchten – einmal Ende Mai und einmal im ersten Juli-Drittel.

Ein rechtwinkliges Straßennetz haben auch andere Städte zu bieten, und auch dort geht die Sonne manchmal genau auf dessen Linie unter. Blöderweise steht Beobachtern dabei aber meist irgendetwas im Weg. Als Insel ist Manhattan da klar im Vorteil: Der Hudson River wird zum weiten Horizont.

Inzwischen kommen die Menschen in Scharen, um zu sehen, wie die Sonne zwischen den Wolkenkratzern versinkt, an einem Tag als runder Ball, am anderen zur Hälfte schon unter dem Horizont hängend. Spätestens seit die Krimiserie *CSI: NY* Manhattanhenge in der gleichnamigen Folge zeigte, ist das Lieblingsereignis des Planetariumchefs kein Geheimtipp mehr, sondern eine Massenveranstaltung. Trotzdem fühlt es sich an wie Feuerwerkgucken mit Bedeutung: Wenn die Sonne auf die schnurgerade Straße einbiegt, ergibt Manhattan auf einmal Sinn. Außerdem dauert Manhattanhenge nur wenige Minuten und passt damit prima zur Großstadthektik. Und unberechenbar ist es auch: Manchmal fällt es einfach aus.

Das weiß Ruby ganz genau, deshalb hat sie erst einmal obercool Abstand gehalten. Beim ersten Manhattanhenge des Jahres waren wir schon einmal hier. Es war bedeckt, und trotzdem wimmelte die Brücke, die wir uns ausgesucht hatten, vor Beinen, Stativen, Köpfen und Kameras. Bis zum Sonnenuntergang. Denn der kam. Nur leider konnten wir ihn nicht sehen.

»*What about sunrise?*«, fragte Ruby damals. Tja, Sonnenaufgang. Vielleicht nächstes Jahr, sagte ich und hoffte auf gnädiges Vergessen. Aber gerade jetzt, nachdem wir Manhattanhenge doch noch gesehen haben, fällt es Ruby wieder ein. Sie meint, frühmorgens seien nicht so viele Leute unterwegs, da könnten wir viel bessere Fotos machen. Aus der Nummer komme ich wohl nicht heraus. Immerhin fallen die Termine in die Winterhälfte. Da geht die Sonne ja nicht so früh auf.

★ Do it yourself ★

Manhattanhenge findet an wechselnden Tagen statt, einmal Ende Mai, einmal Anfang/Mitte Juli. Zu jedem der beiden Spektakel gehören zwei Tage: Einmal ist die Sonne halb untergegangen am Ende der Straße zu sehen, einmal noch als ganzer Sonnenball. Sonnenaufgangstermine liegen Anfang Dezember und Anfang Januar.

Die vier konkreten Termine gibt es jedes Jahr ab Mai in der Rubrik »Resources« auf der Website des Hayden Planetarium im American Museum of Natural History [www.amnh.org/our-research/hayden-planetarium/resources/manhattanhenge].

Am besten sieht man Manhattanhenge möglichst weit im Osten der folgenden (breiten!) Querstraßen: 14th Street, 23rd Street, 34th Street, 42nd Street, 57th Street [Haltestellen 14th Street – Union Square, 23rd Street, 33rd Street, Grand Central und 59th Street mit Linie 6]. Von dort aus dann nach Westen schauen – einfach dahin, wohin auch alle anderen gucken.

Was ist Manhattanhenge?

Eine große Ansammlung an Hochhäusern und schnurgerade Straßen setzt es in Szene: Beim sogenannten Manhattanhenge geht die Sonne genau an den Querstraßen Manhattans ausgerichtet unter. Möglich macht es das Straßengitter, das Stadtplaner im Jahr 1811 über die Insel legten. Auch wenn die Querstraßen bei ihrer Benennung in East und West aufgeteilt werden: Der Gitternetzplan lässt sie um 29 Grad vom echten Ost-West-Winkel abweichen. Darauf beruhen die Termine für den Spezialsonnenuntergang.

Viermal im Jahr, an jeweils zwei aufeinanderfolgenden Tagen, ergibt sich der passende Winkel, damit es wirkt, als würde die Sonne am Ende bestimmter Straßen zwischen den Häuserschluchten versinken. Ähnliche Sonnenspektakel gibt es in Chicago, Montreal und Toronto. New York hat ihnen etwas voraus: Durch den dank der Insellage unverbauten Horizont kann man Manhattanhenge besonders gut sehen.

3 Gridlock

»The secret is twenty-...«

Ein Teil des Satzes geht im Geheul einer Sirene unter. Aber ich habe genug gehört. Diese Illuminati-Verschwörungstheoretiker sind einfach überall, natürlich muss mir die magische Nummer 23 auch in New York früher oder später begegnen. Durchs Fenster eines altmodischen Diners an der 11th Avenue schaue ich zu, wie sich die Feuerwehr lautstark durch die New Yorker Rushhour quält, und Eugene erzählt mir was vom Fahren ohne Stop-and-go. Dank 23. Denke ich jedenfalls.

Ich habe mich allerdings verhört: In Wahrheit ist 27 die magische Zahl für Autofahrer in New York. Die Ampeln auf den Avenues in Manhattan sind so getaktet, dass man eine grüne Welle hat, wenn man 27 Meilen pro Stunde (ca. 44 km/h) fährt. Eugene Salomon hatte genug Zeit, diese Zahl zu ermitteln. Er arbeitet seit 1977 als Taxifahrer in New York, und er fährt in der Nachtschicht – da ist die Bahn frei für Geschwindigkeitsexperimente.

Eugene hat zwar noch nie im Leben ein Strafmandat wegen überhöhter Geschwindigkeit bekommen. Aber wenn ihn jemand fragt, was er beruflich macht, sagt er, er fahre Autorennen. Und das meint er nur halb im Scherz. Die Konkurrenz um Fahrgäste ist spätnachts so groß, dass viele der *yellow cabs* halsbrecherische Manöver und eben auch kurze Rennen fahren, wenn sie jemanden am Straßenrand erblicken, der die Hand erhoben hat. Eugene ist dabei nicht nur auf der Jagd nach einem Einkommen, sondern auch nach Geschichten.

Mit Erfolg: Er schreibt grade an seinem zweiten Buch. Das erste heißt *Confessions of a New York Taxi Driver.* Außerdem bloggt er unter dem Titel *Cabs Are For Kissing* über seine Erlebnisse. Daher kennen wir uns: Eigentlich wollte ich Eugene nur interviewen, dann kamen wir aus dem Dialog nicht mehr hinaus, und jetzt frage ich mal wieder, ob er Zeit für eine Pause hat.

Seine Schicht beginnt um fünf Uhr nachmittags. Da scheint halb New York die Kriechspur abonniert zu haben. Nach sieben wird es langsam besser, und nur wenige Stunden später hat Eugene den Eindruck, New York möge zwar vielleicht nie schlafen, aber sehr wohl seine Bürgersteige hochklappen.

Wenn die letzten Büroameisen ihren Feierabenddrink hinter sich haben und die Theater- und Konzertbesucher verschwunden sind, sieht er nur noch wenige Menschen auf der Straße. Bis zu einer Stoßzeit, die nur Eingeweihte – und Nachttaxifahrer – kennen: gegen vier Uhr morgens. Da heißt es in Bars und Clubs *last call,* letzte Runde, und nach einer durchtanzten Nacht gönnen sich viele New Yorker ein Taxi. Mit viel Verkehr hat Eugene zu dieser Zeit aber nicht zu kämpfen. In einer Tagesschicht würde er die Stadt ganz anders erleben.

Dauerstau, Hupkonzert und der mächtige Straßenfeger

Schuld an den verstopften Straßen tragen nach Ansicht von Verkehrsexperten die Stadtplaner aus dem 19. Jahrhundert. Ihnen stieß es sauer auf, dass immer mehr Großgrundbesitzer in New York ihr Farmland willkürlich in Bauland verwandelten. Die Politiker wollten Ordnung: Jede Parzelle, so entschieden sie dem Vernehmen nach willkürlich, solle 25 × 100 Fuß (ca. 7,60 × 30 Meter) groß sein und gut erreichbar obendrein.

Mit dem sogenannten Commissioners' Plan bekam die Landkarte von Manhattan im Jahr 1811 den Grid, das Gitternetz aus Straßen, das damals bis zur 155th Street reichte und einen Gutteil der Insel in 2.028 Häuserblöcke unterteilte. Bald darauf zwangen Bulldozer und Sprengmeister diesen Reißbrettplan in die Landschaft. Heute ist es kaum vorstellbar, dass Manhattan einmal voller Hügel, Felsvorsprünge und Feldwege war.

Für Fußgänger hat der »Manhattan Grid« klare Vorteile: Es ist kinderleicht, sich zurechtzufinden. Für Autofahrer dagegen tun sich nach jedem Häuserblock neue Staugefahren auf. Die breiten Avenues und die schmaleren Querstraßen kreuzen sich alle Nase lang; wer nach einer Ampelphase in der Mitte einer solchen Kreuzung festhängt, was übrigens verboten ist, verursacht eine Verstopfung, die schnell zu einem immensen Rückstau führen kann – und das Gitternetz für den Verkehr schließt. Daher stammt der Begriff *»gridlock«*.

Passenderweise wurde er nicht nur in New York geprägt, sondern auch noch von einem zentralen Mitarbeiter der Verkehrsbehörde. Sam Schwartz hat es sich zur Lebensaufgabe gemacht, den Verkehr in New York zum Fließen zu bringen, und unter dem Namen »Gridlock Sam« bloggt und twittert er eine Mischung aus Stauwarnungen und verkehrsplanerischen Lösungsansätzen.

Damit die Straßen frei werden, hat Manhattan inzwischen ein Gewirr aus Einbahnstraßen, Parkvorschriften und *»thru streets«* bekommen, in denen man nicht abbiegen darf. Doch das reicht nicht. Autofahrer hupen und schimpfen in der Rushhour. In den 1980er-Jahren dauerte sie drei bis vier Stunden. Heute hat sich die Stoßzeit auf 8 bis 19 Uhr ausgeweitet, und vor allem Autofahrer von außerhalb Manhattans tragen dazu bei, dass es in diesem Zeitraum nur mit durchschnittlich 11,5 Meilen pro Stunde (18,5 km/h) vorwärts geht.

Deshalb richten die meisten New Yorker auch im Taxi einen Blick auf den Verkehr. Manche verlangen schon beim Einsteigen eine bestimmte Route, auf der erfahrungsgemäß – oder nach den Echtzeitangaben einer Verkehrs-App – weniger Verkehr ist. Manche beenden die Fahrt vorzeitig, weil sie zu Fuß schneller zu sein glauben. Ich habe in einer solchen Situation schon über eine Strecke von mehreren Häuserblocks inklusive roter Fußgängerampeln ein Wettrennen gegen den Taxifahrer gewonnen. Ich habe aber auch schon welche verloren.

Fahrdienstvermittlungen wie Uber, Lyft, Via und Gett haben die Lage etwas verändert: Auf den dazugehörigen Apps sieht man ja nicht nur, wie viele Wagen in der Gegend sind, sondern auch, wie schnell sie vorankommen. Kritiker sagen, diese Dienste verschärfen die Verkehrssituation, weil zusätzlich zu den mehr als 13.000 gelben Taxis nun mehr als ebenso viele Privatautos auf der Suche nach Fahrgästen durch die Stadt kurven. Vor allem aber zielt die Kritik auf die Absicherung von Fahrern und Fahrgästen.

Schon die lizensierten Taxifahrer arbeiten unter fiesen Bedingungen: Sie müssen die Taxis mieten und auch den Sprit selbst bezahlen. Das bedeutet, dass sie erst einmal rund 150 Dollar pro Schicht eingenommen haben müssen, ehe sie ihren ersten Dollar verdienen. Allein deshalb sollte man sich in New York das Taxi sparen, wenn man nicht willens oder in der Lage ist, 20 Prozent Trinkgeld zu geben.

Uber und Konsorten gehen in ihrem Geschäftsmodell noch einen Schritt weiter und sparen sich nicht nur die Wartung der Wagen, sondern auch deren Unterbringung. An einem Ort wie Manhattan ist Platz schließlich Mangelware, und das wirkt sich deutlich auf die Parkplatzsituation aus.

Wer in New York bei einem Autobesitzer wohnt, kann deswegen seltsame Verhaltensweisen beobachten. Frühmorgens verlassen diese das Haus mit den Worten »Ich gehe nur eben parken.« New York wurde nicht etwa von nachtaktiven selbstfahrenden Autos übernommen, sondern die Stadt wimmelt vor Parkplätzen mit Zeitbegrenzung. Über Manhattan, Bronx, Brooklyn, Queens und Staten Island verteilt sind etwa 10.000 Straßenmeilen (mehr als zweieinhalbmal die Luftlinienentfernung zwischen Düsseldorf und New York) vom sogenannten *Alternate Side Parking* betroffen. Die Regelung macht es unmöglich, ein Auto länger als ein, zwei Tage herumstehen zu lassen. Davor schieben die Straßenfeger einen Riegel, oder besser gesagt: im Extremfall eine Wegfahrsperre.

Damit vom Winde verwehte Zeitungen und Tüten, achtlos fallengelassene Kaffeebecher und eine perfide Mischung aus Staub und Pollen vom Straßenrand verschwinden, fahren Straßenreiniger festgelegte Routen. Und wo sie auftauchen, muss die Bahn frei sein. Ist sie es nicht, ist im Nu die Verkehrspolizei zur Stelle.

Rot-weiße Schilder mit einem Besen-Symbol kündigen an, an welchen Wochentagen und zu welchen Uhrzeiten das geschieht. Einer komplett freien Straßenseite stehen dann meist eine ganze Reihe in zweiter Reihe parkende Autos gegenüber, oft mit einem gelangweilten Fahrer, der sich nicht nur den Strafzettel sparen, sondern auch »seinen« vorherigen Parkplatz sichern möchte.

Rein rechtmäßig darf dort aber jeder parken, der gerade die Straße herunterfährt. In der Praxis entbrennt um solche Parkplatzansprüche oft erbitterter Streit. Denn diese Parkplätze sind kostenlos. Für einen Dauerparkplatz im Parkhaus muss man dagegen im Durchschnitt mehr als 500 Dollar berappen, plus Trinkgelder für die Mitarbeiter. In Manhattan gibt man sein Auto am Parkhaus nämlich ab, und jemand bringt es dann an seinen Platz – oft mit einem Lastenfahrstuhl. Platz für Parkhausrampen gibt es schließlich nicht.

Geheimtipps in punkto Parkplatzsuche kann man von New Yorker Taxifahrern kaum erwarten. Auch das lerne ich von Eugene. Wir sind auf eine abendliche Kaffeepause verabredet, und er erscheint kopfschüttelnd im Coffeeshop: »Hier gibt es ja überhaupt keine Parkplätze!« Vorher hatte ich darüber nie nachgedacht: Taxifahrer bleiben immer in Bewegung. Es sei denn, sie müssen mal. Und dafür, so geht die Sage, hüten sie das Geheimnis, wo man in Manhattan beim Toilettengang nicht im Stau (an-)steht.

★ Do it yourself ★

Den Manhattan Grid kann man wunderbar im **Queens Museum** betrachten: Dort gibt es ein Panorama, das die Insel im Verhältnis 1:1.200 zeigt (auf dem Stand von 1992). Das Museum ist zwar ein gutes Stück von Manhattan entfernt, taugt aber prima für einen Ausflug. Neben stets spannenden Ausstellungen und einem kleinen Café lockt die Umgebung. Direkt vor dem Museum steht die **Unisphere**, eine riesige Weltkugel aus Stahl, die zur Weltausstellung 1964 aufgestellt wurde. Heute warten dort zudem meist einige Foodtrucks auf Imbiss-Kundschaft. Und ein Stück weiter im **Flushing Meadows Corona Park**, an den das Museum grenzt, steht die **Queens Hall of Science**. Das familienfreundliche Museum erklärt nicht nur viele wissenschaftliche Phänomene wie das Möbiusband mit Mitmachelementen, sondern im Winter entsteht dort eine ganze Stadt: die **Ginger Bread Lane** aus wohlriechenden Lebkuchenhäusern, an denen ein Koch aus der Bronx das ganze Jahr über arbeitet.

- Flushing Meadows Corona Park mit Unisphere und Queens Museum • Haltestelle Mets-Willets Point mit Linie 7 • www.queensmuseum.org
- Ginger Bread Lane • 47-01 111th Street, Ecke 47th Avenue • meist Dezember bis Anfang Januar, in der New York Hall of Science • Haltestelle 111th Street mit Linie 7 • www.nysci.org

Zurechtfinden im Straßengitternetz

Nur einen Häuserblock weit in eine beliebige Richtung muss man laufen, um sich im Manhattan Grid zu orientieren. Längs verlaufen die Avenues, und ihre Querstraßen, die Streets, sind von Süden nach Norden aufsteigend nummeriert. Anhand der Straßennummern sieht man also direkt, in welche Richtung man auf einer Avenue läuft.

Die Seitenstraßen sind außerdem nach West und Ost aufgeteilt, mit der Fifth Avenue als Mittellinie. Obacht: Die Adresse 200 West 42nd Street liegt also von 200 East 42nd Street mehr als einen Kilometer weit entfernt!

Die Nummern der Avenues steigen wie die Sonne von Osten nach Westen auf. Die Second Avenue liegt viel weiter Richtung East River als die Fifth Avenue. Im Kern Manhattans tragen einige Avenues »richtige« Namen, die aber schnell auswendig gelernt sind.

Wer an der Ecke Sixth Avenue und 34th Street losläuft und an der Seventh Avenue landet, geht also nach Westen, Richtung Hudson. Taucht vom selben Startpunkt aus stattdessen als nächstes das Straßenschild 35th Street auf, geht die Reise nach Norden, Richtung Central Park.

Nach diesem Prinzip funktionieren in New York auch die Ortsangaben: Hausnummern sind dort Schall und Rauch, was zählt, sind die unmittelbaren Querstraßen. Deshalb ist man gut beraten, sich nicht einfach nur die Hoteladresse zu merken, sondern sich dessen Lage auf dem Stadtplan anzuschauen. *»East 60th Street between Second and Third Avenue«* ist eine Angabe, mit der Taxifahrer und Verabredungen zurechtkommen. Auch in diesem Buch sind sämtliche Adressen deshalb mit den jeweiligen *cross streets* versehen.

Taxifahren in New York

In Manhattan gibt es keine zentrale Taxivermittlung – man winkt einfach ein *yellow cab* heran. Die Anzeige oben auf den Taxis verrät, ob das lohnt: Leuchten die beiden kleinen äußeren Lampen, ist das Taxi außer Dienst. Ist die Beleuchtung ausgeschaltet, hat es bereits einen Passagier. Leuchtet dagegen die Mitte, sucht das Taxi Fahrgäste.

Man steigt auf dem Rücksitz ein und sagt, wohin man möchte – am besten mit den entsprechenden Querstraßen als Referenzpunkten. Beim Bezahlen ist ein Trinkgeld in Höhe von 20 Prozent üblich.

Vorbestellen kann man schwarze Taxis *(car service)*, die wiederum keine Fahrgäste auf der Straße auflesen dürfen, oder App-gebundene Fahrdienste wie Uber.

In allen Taxiarten empfiehlt es sich, sehr genau darauf zu achten, dass man beim Aussteigen nichts liegen lässt, und zur Sicherheit die Taxinummer zu notieren. Verlorene Gegenstände wiederzubeschaffen ist oft langwierig, teuer und ohne die Taxinummer und Fahrtzeit so gut wie aussichtslos.

4 Höher, schneller, weiter

»I took care of those Saturdays.«

Ich horche. Das sind drei, nein, vier. Die Presslufthammer zittern sich in den Boden und sägen an unseren Nerven. »Immerhin sind sie kleiner als der Riesenbohrer, der gestern lief«, sage ich zu Said. Früher haben Said und ich übers Wetter gesprochen. Doch die Lücke nebenan wird jetzt ein Haus und bekommt einen Keller, der unser Gesprächsthema geändert hat. New York ist auf Fels gebaut – zu unserem Leidwesen.

Acht Stunden lang dringt das Geräusch von Metall auf Stein an mein Ohr, jeden Tag von acht bis vier, abgesehen von den kurzen Pausen, die Bauarbeiter von Rechts wegen machen. Trotzdem lebe ich in einem Baustellenluxus: Freunde erzählen mir Horrorgeschichten von nächtlichem Lärm, ordnungsgemäßen Beschwerden und dem langen, vergeblichen Warten auf ein Einschreiten der Behörden.

Die Bauherren nebenan verzieren das Treiben mit ihren Wutanfällen, und heimlich bin ich froh, dass ihre Leute zwar gegen sieben Uhr auftauchen, aber erst um acht Uhr die Bohrer und Presslufthammer rausholen. Und dass sie nur ein einziges Mal auch am Samstag die Hammermänner schickten. Doch nun stelle ich fest, dass Said dahintersteckt.

Sein Entgelt als Hausmeister besteht zu einem Großteil aus der winzigen Wohnung, in der er mit seiner Frau und den drei kleinen Kindern lebt. Um über die Runden zu kommen, arbeitet Said in drei weiteren Häusern, oft bis spät in die Nacht. Frühmorgens sieht man ihn entsprechend selten, und für Beschwerden über den Lärm von nebenan hat er im wahren Sinne ein offenes Ohr. Und im Gegensatz zu mir hat er etwas gegen ihn in der Hand.

Die diversen Firmen, die mit ihren Arbeitern auf die Baustelle kommen, bringen Gerät mit. Presslufthammer zum Beispiel, aber auch Messgeräte, Eimer, Werkzeug. Und unser Haus hat praktischerweise einen Keller. Dort hat Said den Bauarbeitern Platz zum Unterstellen gegeben, manchmal auch ein bisschen Wasser gegen den Staub – und im Gegenzug machen sie in der ersten Arbeitsstunde keinen Krach. Als die Presslufthammer plötzlich auf einem Samstagmorgen losratterten, hörten die Bauarbeiter bald von Said.

Ich habe nicht gehört, wie Said sie fragte, ob sie denn gern ihre Sachen jeden Abend wegkarren wollten. Ich habe aber hinterher die Stille gehört. Mitten in Manhattan, zwischen Hupen, Sirenen und Klimaanlagensurren fehlt jetzt plötzlich ein Geräusch. Bis Montag jedenfalls.

New York ist eine Baustelle

New York ist nicht der Typ für eine Altstadt. Die Gemäuer der Stadt sind zwar auf Fels gebaut, aber beileibe nicht für die Ewigkeit. Zum Leidwesen der Historiker, Nostalgiker und Veränderungsallergiker wandelt sich die Stadt ständig. Dem alten Bahnhof Penn Station etwa trauern immer noch Leute hinterher. Das Beaux-Arts-Meisterwerk hatte eine Halle, die höher war als der Kölner Dom. Es wurde in den 1960er-Jahren durch das jetzige Gebäude mit unterirdischem Bahnhof, zwei Bürotürmen und dem Madison Square Garden ersetzt – und dessen Tage sind auch schon wieder gezählt. Zwar gibt es auch in New York Denkmalschutz, aber darüber, was schützenswert ist, scheiden sich die Geister.

Her mit vielen Stockwerken hinter Glas, weg mit dem Market Diner und seinem eigenwilligen Dach! Dessen Verschwinden betrauert die Kampagne »*Save NYC*« öffentlich, so wie immer, wenn ein kleiner Fisch im Häusermeer den Mietpreissteigerungen oder gar dem Bulldozer zum Opfer fällt. Alte Buchläden, Opa-Kneipen und Led Zeppelins Lieblingshotel (das abgerissene Drake Hotel auf der Park Avenue) sieht die Immobilienwelt als Elemente eines New York von vorgestern.

Doch hinter einem Abriss steckt längst nicht immer eine Geschäftsaufgabe. Ein paar Häuserblocks weiter südlich vom Market Diner wird ein McDonald's abgerissen. Dort soll ein Wolkenkratzer des Großprojekts Hudson Yards in den Himmel wachsen.

Nach dem Willen der Immobilienmogule soll auf der Westside Manhattans eine Stadt in der Stadt entstehen: 5.000 Menschen sollen dort einmal wohnen, Ladenketten, Restaurants und Kultureinrichtungen sollen zudem 24 Millionen Besucher im Jahr anziehen, die direkt vom beliebten High Line Park aus hereinspazieren. Büros gibt es dort dann natürlich auch in Hülle und Fülle.

Wer solch ein Megaprojekt schon außergewöhnlich findet, sollte sich jetzt lieber hinsetzen ...

Hudson Yards war nämlich nicht nur früher der Betriebshof der Bahn, sondern er ist es noch, als die Baukräne schon die ersten Glasscheiben in luftige Höhe hieven. Am Ufer des Hudsons stehen Züge auf dem Abstellgleis, von dort fahren sie in den Bahnhof Penn Station – unter der Baustelle hinweg. Unter diesen Gleisen wiederum verlaufen mehrere Tunnel, die Fernzüge aus der Stadt herausbringen, unter dem Hudson hinweg. Das alles bedeutet: Die Mega-Wolkenkratzer, die da gerade in die Höhe wachsen, stehen auf Stelzen. Zusätzlich verlangten sie selbst nach einem weiteren Tunnel: Hudson Yards bekam 2015 eine eigene U-Bahn-Station.

Dass die Infrastruktur steht, ehe die ersten Umzugswagen anrücken, ist die große Ausnahme in New York. Anderswo finden die Bewohner, die U-Bahn auf dem Weg zur Arbeit sei auch ohne eine noch dichtere Bebauung ihrer Nachbarschaft schon voll genug. Und das ist nur einer von vielen Gründen, warum sich viele New Yorker gegen Bauvorhaben wehren.

Sie wollen keine Menschenmassen in ihrem Viertel, nicht noch mehr Konkurrenz beim Kampf um einen Parkplatz, auch auf zusätzlichen Verkehr, Müll und Lärm verzichten sie dankend. Außerdem haben sie Angst, dass mit den schicken, neuen Apartments auch ihre eigenen Mieten sich in schwindelnde Höhen schrauben.

Gruselgeschichten von Vermietern, die angesichts der Aussicht auf höheren Profit alteingesessene Bewohner mit allen Mitteln aus ihren Wohnungen vertreiben, gibt es in New York schon ewig, sie erneuern sich im Takt der Baubooms. Inzwischen geht aber der Platz zum Ausweichen aus. Nachdem ehemals industriell geprägte Viertel wie Dumbo, Williamsburg oder Long Island City so langsam vollgebaut sind, erreichen die Baupläne nun Wohnviertel wie East Harlem. So kommt der Protest gegen die Glaspaläste aus deutlich mehr Stimmen als zuvor – sie alle fühlen sich kurz vor der Vertreibung aus dem Paradies.

Doch eben diese prekäre Lage auf dem Wohnungsmarkt steht hinter der Vision von Bürgermeister Bill de Blasio, den Menschen hinter den Luxusbauten Anreize für einen neuerlichen Bauboom zu geben. Er verlangt einen gewissen Prozentsatz an erschwinglichem Wohnraum im Gegenzug für Zugeständnisse, etwas das Recht, pro Grundstück mehr Quadratmeter Wohnraum zu bauen.

Die Idee dahinter ist simpel: Sind erst einmal mehr als genug Wohnungen gebaut, dann sinken auch die Preise. Kaum eine Debatte bewegt New Yorker so sehr wie die Frage, ob das funktioniert und die Stadt quasi in einen für Normalverdiener annehmbaren Wohnungsmarkt hineinwächst oder ob sie von Luxuswohnungsbesitzern übernommen wird. Bei den Hotelbauten scheint das Prinzip zu greifen. Nach einem Hotelbauboom, der 2014 seinen Zenit erreichte, sind die Übernachtungskosten in New York 2015 um 17 Prozent gesunken. Günstig sind sie damit aber noch lange nicht. Der Durchschnitt lag bei 266 Dollar pro Nacht.

Ein Hotelzimmer ziehe ich auch fast in Erwägung, als drei Monate nach dem Abzug der Presslufthammermänner ein vertrautes Geräusch an mein Ohr dringt. Said versichert mir lachend, ich sei nicht verrückt geworden. Das Haus nebenan ist fertig, aber die Nervensägen sind wieder da. Diesmal reißen sie die Straße auf. Die Bauherren von nebenan hatten glatt vergessen, Strom- und Wasserleitungen zu verlegen.

★ Do it yourself ★

Wer sich an immer höheren Wolkenkratzern gar nicht sattsehen kann, sollte unbedingt das **Skyscraper Museum** [Battery Park City,

39 Battery Place • Haltestelle Bowling Green mit Linie 4 oder 5 • www.skyscraper.org] besuchen. Zu dessen permanenter Ausstellung gehören ein 3-D-Modell Manhattans, eine Übersicht über die höchsten Wolkenkratzer der Welt und eine Dokumentation des Wiederaufbaus der World Trade Center Site.

Mit der Baugeschichte, vor allem im Hinblick auf deren soziale Folgen, befasst sich auch das **Museum of the City of New York** [East Harlem, 1220 5th Avenue zwischen 103rd und 104th Street • Haltestelle 103rd Street mit Linie 6 • www.mcny.org] immer wieder.

Baustellen begegnet man in New York automatisch. Zu erkennen sind sie an den Gerüsten, die mit einem meist grün oder blau angemalten Holzaufbau auf Höhe des ersten Stocks Fußgänger vor herunterfallenden Teilen schützen sollen – und zudem für einen Slalomkurs sorgen. Recht gut beobachten lässt sich die Großbaustelle **Hudson Yards**, entweder direkt von der gleichnamigen Haltestelle [Linie 7] oder ein kurzes Stück weiter vom nördlichen Ende des High Line Parks [Zugang 34th Street, Ecke 12th Avenue, oder 30th Street, Ecke 11th Avenue].

Bauboom in New York

Über Baustellen haben New Yorker schon immer gerne geklagt. Es ist aber keineswegs genervtes Gejammer, wenn derzeit jemand sagt: An jeder Ecke müssen sie neuerdings bauen. Für 2017 erwartet der New York Building Congress Bauausgaben von 41 Milliarden Dollar – das wäre der höchste Stand in der Geschichte der Stadt.

Unter den neubegonnenen Bauprojekten steht der Großraum New York ohnehin innerhalb der USA auf Platz eins, mit zweieinhalb Mal so hohen Kosten wie die Nummer zwei, der Großraum Dallas.

Der teuerste Spatenstich im Jahr 2015 erfolgte für ein Büro- und Geschäftsgebäude mit 73 Stockwerken und Baukosten in Höhe von 2,5 Milliarden Dollar. Die Adresse: 30 Hudson Yards. 2019 soll der Wolkenkratzer fertig sein.

Der Bauboom bringt New York nicht nur Steuergelder aus Immobilienabgaben und Bauarbeitereinkommen ein. Die Stadt hat noch eine weitere Geldquelle aufgetan. Regulär darf auf New Yorker Baustellen nur montags bis freitags zwischen 7 und 18 Uhr gebaut werden, aber Bauherren können Ausnahmegenehmigungen beantragen. Mit den Gebühren dafür hat die Stadt 25,3 Millionen Dollar im Jahr 2015 eingenommen.

5 Meilenweit Sand

»More than just closeouts today?«

Die Wellen treiben Schaum vor sich her, machen sich krachend auf, am Strand zu lecken, und ich gucke blöd. Jedenfalls schiebt Steve direkt hinterher: »Oh, du bist gar keine Surferin. Ich dachte nur, weil du da so intensiv hinschaust.«

Closeouts, so erfahre ich, sind Wellen, die über ihre gesamte Länge gleichzeitig brechen. Schön sieht das aus, so hoch, wie die Wellen hier sind. Aber Surfer wollen ja auf ihnen reiten. Deshalb warten sie auf Wellen, die langsam von links nach rechts oder umgekehrt brechen. New York ist ein Ort, an dem mancher so etwas weiß. Ganz besonders Steve.

Der grauhaarige Mann mit Bauchansatz unter dem T-Shirt gehörte in den 1960er-Jahren zu den ersten Surfern am Rockaway Beach. Lachend erklärt er mir, dass sein Körper da heute nicht mehr mitspielt. Statt zum Freizeitspaß gehört der wissende Blick auf die Wellen für ihn inzwischen zum Geschäft. Nach einer langen Karriere beim örtlichen Stromanbieter ließ sich Steve von seinen Söhnen breitschlagen, einen Surfshop zu übernehmen – einen Surfshop in New York City.

Steve lacht. Damals, in den 1960ern, kam schon einmal ein verrückter Typ auf so eine Idee. Als dieser das damalige Surftalent Steve mit einem Surfbrett sponsern wollte, bekam er es mit dessen Mutter zu tun. »Er musste ihr erklären, warum ein erwachsener Mann mir einfach so ein teures Surfbrett schenkt«, kichert Steve. Als er Jahrzehnte später selbst seinen eigenen Laden hat, kreuzen sich die Wege der beiden Männer noch einmal. Steve spricht mit ihm über das alte Rockaway. Die Sache mit seiner Mutter verschweigt er lieber.

Mit der U-Bahn zum Strand

Einem radikalen beruflichen Wechsel begegnen die Menschen in New York nicht mit hochgezogenen Augenbrauen. Die Stadt, die sich ständig verändert, inspiriert zu neuen Ideen und Visionen. Wie am Broadway im fernen Manhattan sind hochfliegende Träume allerdings auch am Rockaway Boulevard kein Garant für den Erfolg. Mehr als 360 Meter lang und 76 Meter breit bauten Geschäftsleute das Rockaway Beach Hotel, das 1880 als größtes Hotel der Welt mit eigener Dampfeisenbahnstation vermarktet wurde. Doch von Anfang an zogen Touristen nur in Teilen des Hotelriesen ein, und bereits 1889 wurde er abgerissen. Das Holz am Bau brachte mehr ein als die Bettenburg.

Rockaway selbst büßte hingegen für die nächsten Jahrzehnte nichts von seiner Beliebtheit ein. Der längste Stadtstrand der USA ist schließlich – wie einige andere der New Yorker Strände auch – mit der U-Bahn zu erreichen. Eine der Haltestellen heißt heute noch nach dem Vergnügungspark, der sich dort 80 Jahre lang befand: *Playland* schloss 1982. Inzwischen gehört der Name am selben Ort zu einer modernen Art von Vergnügen: ein Junge-Leute-Motel mit vielen Musikveranstaltungen.

Zwischenzeitlich hatten sich Touristen aus Rockaway fast zurückgezogen. Nachdem für einen Gutteil des 20. Jahrhunderts Ferienbungalows und Pubs an der »Irish Riviera« davon zeugten, wie so manche New Yorker Familie damals ihre Sommerfrische gestaltete, erschlossen Stadtplaner die Gegend plötzlich für Dauergäste: Brücken öffneten Rockaway für Autofahrer und Berufspendler, Ferienattraktionen entstanden anderswo.

Einen ähnlichen Niedergang des Tourismus erlebten auch andere New Yorker Strände. Imposante Architektur am Orchard Beach in der Bronx beispielsweise zeugt von einer Zeit, als der halbmondförmige Strand die Flaniermeile der Reichen war. Noch hat die Parkbehörde, die für die New Yorker Strände zuständig ist, über das Schicksal des monumentalen Orchard Beach Bathhouse nicht entschieden. Das Baumaterial hat unter dem Meerklima gelitten, und der Hurrikan »Sandy« hat ihn weiter geschädigt. Davor gibt es inzwischen aber wieder eine Promenade, und sowohl Sonnenanbeter als auch Schwimmer bevölkern den Sand – vor allem zwischen Memorial Day und Labor Day. Diese beiden Feiertage markieren die offizielle Sommersaison in New York, in der die Rettungsschwimmer auf ihren Türmen sitzen und nach dem Rechten schauen.

Am tiefsten im Wandel steckt derzeit wohl Coney Island. Das traditionelle Vergnügungsviertel New Yorks lockt noch immer mit dem *Wonder Wheel:* Ein Riesenrad ragt hinter dem Strand auf, flankiert von alten, aber auch neuen Achterbahnen und anderen Fahrgeschäften. Doch neben dem Autoscooter tauchen Markenläden auf. Eine Lage direkt am Strand ist wertvoll, und manche der alteingesessenen Kirmesfamilien können Geld brauchen.

Seit Jahren versuchen Immobilienriesen, die Grundstücke der Vergnügungsparks zu erwerben, um sie für ehrgeizige Hotel-, Casino- und Wohnhausprojekte zu nutzen. Bisher hapert es an Genehmigungen. Und so liegen in Coney Island die Menschen wie eh und je an den Wochenenden dicht an dicht. Bepackt mit Kühlboxen und Strandspielzeug ziehen sie von der U-Bahn-Haltestelle ans Meer. Auf dem Weg nach Rockaway trifft man in der U-Bahn auf dieselben verräterischen Accessoires – plus das eine oder andere Surfbrett.

Für Steve hat sich genau das als Rettung erwiesen: Seit er Surfbretter nicht nur verkauft, sondern auch entsprechend große Schließfächer vermietet, läuft das Geschäft. Denn so cool ein Surfbrett in der U-Bahn auch aussieht: Es ist ganz schön unhandlich.

Surfer kommen aus aller Welt her, und wenn die Surfwebsites für Rockaway gute Wellen melden, meldet sich auch mancher Surfanhänger aus Manhattan oder Brooklyn bei der Arbeit krank und steigt in die U-Bahn zum Strand. Viele der alteingesessenen »Rockawayaner« sehen das mit einer Skepsis, die Steve nicht teilt – nicht nur aus geschäftlichen Gründen.

Sieben Fuß hoch (mehr als zwei Meter) stand das Wasser in seinem frisch renovierten Laden, als im Oktober 2012 der Hurrikan »Sandy« über New York hinwegfegte. Weil die Wassermassen auch Öltanks, Abwasserrohre und Ähnliches zerstörten und deshalb jede

Menge Gift durch die Häuser spülten, konnte man nichts mehr verwenden, was mit ihnen in Berührung gekommen war. Alles musste raus.

Dabei halfen viele Kunden. Sie tauchten in den Tagen nach dem Sturm ungefragt auf. Zusammen mit einem Freund erfand Steve deshalb ein neues Wort für die Neuen: Sie nennen sie nicht Hipster, sondern Helpster.

★ Do it yourself ★

An New Yorker Stränden ist der Eintritt frei, aber es gibt auch keine Liegestühle und Sonnenschirme zu mieten. Handtuch, Kopfbedeckung, Wasser und Sonnenmilch sollten also auf jeden Fall in die Strandtasche. Die Strände sind während der Saison (letztes Maiwochenende bis erstes Septemberwochenende) von 10 bis 18 Uhr mit Rettungsschwimmern besetzt, außerhalb dieser Zeiten ist das Schwimmen verboten. Rote Flaggen zeigen ebenfalls an, dass man nicht ins Wasser darf – wegen starker Strömungen, Wasserverschmutzung oder anderer Gefahren.

Aktuelle Informationen über Wasserqualität und mögliche Schwimmverbote gibt es auf der Website der Stadt New York [www1.nyc.gov/site/doh/health/health-topics/beach-homepage.page] oder mit einer SMS mit dem Text »BEACH« an die Rufnummer 877877 (von einem US-Telefon aus). Eine Übersicht über alle öffentlichen Strände der Stadt New York gibt es auf der Website der Parkverwaltung [www.nycgovparks.org/facilities/beaches].

Hier drei mögliche Strandausflüge, die von Manhattan aus etwa anderthalb Stunden Fahrtzeit mit öffentlichen Verkehrsmitteln bedeuten:

Die einzigen (legalen) Surfplätze in New York City hat **Rockaway Beach**. Sie liegen am Strand zwischen Beach 67th–69th Street (in diesem Teil gibt es auch Surfschulen), Beach 87th–91st Street und seit 2016 auch Beach 110th–111th Street. Essen, Bier und zuweilen auch Livemusik direkt am Strand gibt es an drei *concession stands* auf der

Höhe Beach 96th Street – die größte Ansammlung von Imbissen – sowie Beach 86th Street und Beach 106th Street. Die Surferkneipe **Rockaway Beach Club** findet sich im Inneren der schmalen Halbinsel. Gleich nebenan gibt es den für seine Fisch-Tacos berühmten Imbiss **Tacoway Beach**. Nicht weit entfernt auf der anderen Seite der Insel kann man im Restaurant **Thai Rock** mit Blick auf das ferne Manhattan essen, Cocktails trinken und Livemusik hören. Ab 2017 kann man Rockaway Beach auch wieder mit der zwischenzeitlich eingestellten Fähre von Manhattan aus in ca. 45 Minuten erreichen.

▌Rockaway Beach • Queens • Haltestelle Beach 98 Street – *Playland* mit der Linie A und dem sogenannten Shuttle-Train (umsteigen in Broad Channel)

▌Thai Rock • 375 Beach 92nd Street • www.thairock.us

▌Rockaway Beach Surf Club und Tacoway Beach • 320 Beach 87th Street • Haltestelle Beach 86th Street mit Linie A/Shuttle • www.rockawaybeachsurfclub.com

Etwa 4,7 Kilometer Strand sind nicht das herausragende Merkmal von **Coney Island** in Brooklyn. Hinter der Strandpromenade locken Vergnügungsparks mit Riesenrad, Karussells, Achterbahnen und Schießbuden. Ab April sind sie meist an den Wochenenden geöffnet, in der Strandsaison die gesamte Woche über, mit Strandfeuerwerk am Freitagabend. Ganzjährig kann man dort zudem das **New York Aquarium** besuchen, das derzeit umgestaltet wird. Den Charme vergangener Tage bewahrt **Coney Island USA** mit einem kleinen Museum, in dessen Gebäude auch die **Sideshow by the Seashore** und andere Varietés mit Schwertschluckerinnen, immens starken Männern und gelenkigen Damen (teils nicht jugendfrei) stattfinden. Auch das alljährliche Hotdogwettessen (siehe Kapitel 12) und die kunterbunte Mermaid Parade (siehe Kapitel 30) finden in Coney Island statt.

▌Coney Island Beach • Brooklyn • Haltestelle Coney Island/Stillwell Avenue mit D, F, N und Q

▌Coney Island USA • 1208 Surf Avenue • www.coneyisland.com

▌New York Aquarium • 602 Surf Avenue, Ecke 8th Street • Haltestelle Coney Island/Stillwell Avenue mit D, F, N und Q oder West 8 Street mit F und Q • www.nyaquarium.com

Im riesigen Pelham Bay Park in der Bronx liegt der in den 1930er-Jahren künstlich angelegte und etwa 1,7 Kilometer lange **Orchard**

Beach. Er ist der einzige Festlandstrand der Stadt und wegen seines sanft abfallenden Ufers besonders bei Familien mit kleinen Kindern beliebt. Hierher muss man bei der Anreise von der U-Bahn auf einen Bus umsteigen und bekommt dadurch ein Stück des Parks zu sehen. Parkplatzgebühren für Autofahrer sind am Wochenende höher als an Wochentagen. Durch seine Parklage bietet der Orchard Beach typische Extras: Zwei legale Grillplätze ganz in der Nähe sowie 16 Sportplätze für Basketball, Volleyball und Handball. Von Juni bis Anfang August finden dort an den Wochenenden jeweils gegen Mittag die Streetball-Wettbewerbe »Hoops in the Sun« statt.

Orchard Beach • Bronx • Anfahrt mit U-Bahn-Linie 6 bis Endhaltestelle Pelham Bay Park, dann Bus Bx5 oder Bx12 Richtung Orchard Beach

Neuer Sand für den Strand?

Stranderosion ist ein Allerweltsproblem: Sylt hat es, die Costa Brava hat es, und Rockaway Beach hat es auch. Strände kommen und gehen, wenn man der Natur ihren Lauf lässt. Als sogenannte *barrier island* ist Rockaway besonders betroffen: Sie liegt wie ein Wellenbrecher vor einem Teil der eigentlichen Küste Long Islands.

2012 trieb der Hurrikan »Sandy« das Wasser von der Atlantikseite der schmalen Halbinsel bis zu dessen anderer Küste in der Jamaica Bay. Nach dem Hurrikan waren nicht nur unzählige Häuser zerstört, sondern es fehlte auch deutlich sichtbar viel Strand.

Der Army Corps of Engineers, ein Pendant zum Technischen Hilfswerk in Deutschland, hat danach mit Bundesmitteln 36 Millionen Kubikyard (ca. 25,5 Millionen Kubikmeter) Sand vom Meeresboden gepumpt und am Strand verteilt. Zum Vergleich: Auf Sylt wurden 2016 rund 1,4 Millionen Kubikmeter Sand aufgespült.

6 Inselhüpfen

»I hope the cable doesn't snap.«

Die ganze Woche schon höre ich von Fahrstuhlunfällen. Wie in den USA üblich, konzentrieren sich die TV-Nachrichten auch in New York auf Lokales und walzen Themen solange aus, bis es so aussieht, als passiere sonst nichts in der Stadt – dieses eine aber ständig.

In der einen Woche stehen übel zusammengeschlagene alte Damen im Fokus, in der nächsten umfallende Baukräne. Nachdem eine Frau in einem kaputten Fahrstuhl ums Leben gekommen ist, sind diese Woche Aufzüge als wahre Todesfalle dran. Und gerade jetzt muss der Typ im blassblauen Hemd sich skeptisch über das Drahtseil äußern, an dem wir hängen. Ich glaube, wir schaukeln ein bisschen. Sonst tut sich nichts. Es ist ganz still geworden.

»Sagen Sie beim Warten im U-Bahn-Tunnel auch, dass die hoffentlich nicht brennt?«, raunzt Sonia den Mann an und legt eine Hand auf meine Schulter. Das hier sei ganz normal, das passiere ständig. Sonia muss es ja wissen, sie wohnt auf Roosevelt Island. Der Mann lässt nicht locker. »Wo ist das denn?«, fragt er. Die anderen Fahrgäste stöhnen auf, aber Sonia zeigt achselzuckend nach unten. Da halt. Wie auf Kommando setzt sich unsere Seilbahn wieder in Bewegung. Der Mann fotografiert ihren Schatten auf dem East River.

Vom Hängemattenpark bis zum bestens bewachten Friedhof

New York ist eine Inselstadt voller Landratten. Das ist wohl der kurioseste Teil der New Yorker Identität: Vielen Bewohnern fehlt jeder Bezug zum Wasser, obwohl außer der Bronx alle New Yorker Bezirke auf Inseln liegen und ein Stück Ufer zu vielen New Yorker Vierteln gehört. Was dort plätschert, war lange Zeit in erster Linie verdreckt, der Weg dorthin von Industrie versperrt, und die Bevölkerung klar getrennt: Ein paar Wasserratten auf der einen Seite, und ihnen gegenüber Millionen Menschen, deren Alltag ebenso gut in der Wüste stattfinden könnte.

Doch Industrie ist in New York rostgesprenkelter Schnee von gestern, der Immobilienhandel dagegen blüht wie eh und je – und entdeckt die Wasserlage als Zuckerl. Hinzu kam mit Michael Bloomberg von 2002 bis 2013 ein Bürgermeister, der neben Manhattan, Brooklyn, Queens, Staten Island und der Bronx einen sechsten Stadtbezirk einführte: das Wasser.

Am Ufer tauchten daraufhin Parks auf, die außer einem herrlichen Blick über die Wellen oft auch Bootsrampen für Kanus oder Spezialtische zum Fischausnehmen bieten. Selbst ehemalige Industriestege sind plötzlich zugänglich, komplett mit Grünzeug, Sitzgelegenheiten und oft auch einem Imbiss. An anderen Piers blüht das Fährengeschäft wieder auf. Und gegenüber vom Flughafen JFK nisten seltene Vögel auf kleinen Inseln.

Nicht nur dieses skurrile Naturschutzgebiet kann man besuchen. In New York lässt sich richtiggehend Inselhüpfen betreiben. Wer mit der U-Bahn, der Fähre oder über eine Brücke nach Queens oder Brooklyn gelangt ist, hat den Sprung nach Long Island gewagt. Die Insel ist so groß, dass man ihre Grenzen gar nicht spürt. Das geht auf den kleineren Inseln viel besser. City Island zum Beispiel ist eine Welt für sich. Den Charme eines Fischerdorfs hat sie wohl vor allem deswegen behalten, weil keine U-Bahn auf der Insel in der Bronx hält. Hochhäuser gibt es dort auch nicht, wohl aber ein maritimes Museum in einer alten Schule. Ein Bus fährt die gesamte Hauptstraße ab, bis er wieder am Wasser angelangt ist. Am Anfang und Ende dieser Straße reiht sich ein Fischlokal ans nächste, von manchen aus kann man sogar ein Stückchen Manhattan in der Ferne sehen.

Rings um Manhattan finden sich auch verlassene Inseln. Die skurrilste von ihnen ist ganz nah dran: U Thant Island alias Belmont Island heißt ein rund 30 mal 60 Meter kleiner Steinhaufen im East

River zwischen der Uno und dem Gantry Plaza State Park, bevölkert von Kormoranen und zum Vogelschutzgebiet erklärt.

Gut sehen kann man dieses Inselchen auch von Roosevelt Island – einer langen, sehr schmalen Insel zwischen Manhattan und Queens, die ihren bereits fünften Namen erst seit 1971 trägt. Eine Seilbahn, eine U-Bahn und ein herrlicher Blick verbinden die so gut wie autofreie Bettenburginsel mit Manhattan. Ein Wohnviertel ist Roosevelt Island noch gar nicht so lange. Erst in den 1970er-Jahren wurden dort Einrichtungen abgerissen, die ihr zwischenzeitlich den Spitznamen »Welfare Island« einbrachten. Nur eine verwunschene, fotogene Krankenhausruine steht noch, mit Zäunen abgeschirmt und im Dunkeln angestrahlt, und wartet auf ihre Zeit als Denkmal. Gleich nebenan entsteht derweil ein Uni-Campus für technische Felder. Die Zukunft wächst in New York gleich neben der Nostalgie.

Deshalb darf auf einer anderen Insel ganz nahe an Manhattan ein altes Fort und Militärgefängnis bleiben. Direkt vor der Südspitze Manhattans gelegen war Governors Island lange Zeit Sitz der US Army und wie eine eigene Stadt aufgebaut: mit Kirche, Krankenhaus und Schwimmbad. Ein Fort mit den meterdicken Mauern diente bis 1965 als Militärgefängnis.

Nach dem Abzug der Soldaten nutzte die Küstenwache die Insel bis 1996. Dann war das Schicksal der Insel offen. Anfang 2003 gingen 61 Hektar der Insel für einen Dollar in den Besitz der New Yorker Bevölkerung über, gebunden an ein Verbot, dort Casinos oder dauerhaften Wohnraum zu bauen. Die restlichen neun Hektar Inselfläche wurden als Governors Island National Monument unter die schützende Hand des National Park Service gestellt.

Ganz Governors Island wird ein öffentlicher Park, hieß es, und die Landschaftsarchitekten rückten zum Wettbewerb an. Die New York Harbor School zog dort ein, während erste Parkteile Gestalt annahmen. Neuerdings sind allerdings auch zwei große Grundstücke für Neubauten reserviert, eine Luxus-Spa-Kette hat sich dort bereits eingekauft und will 2018 eröffnen. Doch vor allem ist Governors Island heute eine nur wenige hundert Meter von Manhattan entfernte Spielwiese.

Die alten Kasernen wurden gesprengt, die wunderschönen Offiziershäuser dürfen bleiben, und viele von ihnen beherbergen im Sommer Kunstprojekte. Foodtrucks gehören zu den wenigen Autos auf Governors Island, und ein Gutteil des Parks ist bereits fertig: Hängemattentäler und Schlängelwege, Wiesen, Bäumchen und künstlich aufgeschüttete Berge, einer davon von langen Rutschen gesäumt, ein anderer mit Aussichtsplattform über den Hafen. Gegenüber grüßt die Freiheitsstatue – auf ihrer eigenen Insel.

Sonia hat mich auf Roosevelt Island zu einem Spaziergang um ihr Zuhause herum eingeladen, da taucht auf einmal ein achteckiges Gebäude vor uns auf, das nicht recht zur Umgebung passt. Es dient als Eingangshalle zu einem Wohngebäude, und ich ärgere mich, dass ich als Nichtbewohnerin dort nicht hineindarf. Innen muss es besonders schön sein. »Gräm dich nicht«, sagt Sonia. Das Oktagon ist der letzte Überrest einer berüchtigten Anstalt: Es war im 19. Jahrhundert der Eingang zum New York City Lunatic Asylum, der ersten Psychiatrie des Landes. »Schon damals«, sagt Sonia, »konnte New York einen verrückt machen.«

★ Do it yourself ★

Wer New York wirklich erleben will, muss Manhattan verlassen. Selbst wer einfach nur die Wolkenkratzer richtig sehen will, sollte das tun. Praktischerweise besteht New York City – abgesehen von der Bronx – aus Inseln, zwischen denen man nach Herzenslust hin- und herhüpfen kann.

Sowohl Brooklyn als auch Queens liegen auf Long Island – einer sehr großen, langen Insel, wie der Name schon sagt (an deren südöstlicher Spitze liegen die berühmten Hamptons). Einen tollen Blick auf Manhattan hat man beispielsweise vom **Gantry Plaza State Park** in Long Island City [Haltestelle Vernon Boulevard/Jackson Avenue mit Linie 7]. Dort sieht man auch ein Stück von **Roosevelt Island** und deren **Four Freedoms Park**, von dem aus man fast auf die **winzige**

U Thant Island spucken kann. Die fast autofreie Roosevelt Island kann man nicht nur mit der U-Bahn [Haltestelle Roosevelt Island mit Linie F], sondern auch mit der Seilbahn erreichen, die die New Yorker *tram* nennen. Für die Fahrt braucht man eine U-Bahn-Fahrkarte [Haltestelle in Manhattan am Beginn der Queensboro Bridge, 2nd Avenue zwischen 59th und 60th Street].

Von **Governors Island** aus hat man den besten Blick auf die südliche Skyline von Manhattan, auf der einen Seite steht die Freiheitsstatue, auf der anderen sieht man mit etwas Glück, wie ein Containerschiff in Brooklyn entladen wird oder die Queen Mary 2 anlegt. Nach Governors Island muss man mit der Fähre übersetzen [Fährterminal links neben dem Staten Island Ferry Terminal • Haltestelle Whitehall mit Linie R, South Ferry mit Linie 1, Bowling Green mit Linie 4, 5 • https://govisland.com] die Fahrt dauert nur wenige Minuten. Weil an der Parklandschaft noch gebaut wird, ist die Insel im Winter meist für Besucher gesperrt. Im Sommer gibt es zahlreiche Kunst-, Kultur- und Freizeitveranstaltungen auf der komplett autofreien Insel. Man kann dort auch in einer Hängematte liegen (gratis) und Fahrräder (gegen Gebühr) leihen.

Für einige der anderen Inseln muss man eine deutlich weitere Anfahrt in Kauf nehmen. Gemächliches Inselleben mit frischem Fisch und Meeresfrüchten hat **City Island** [U-Bahn Linie 6 bis Pelham Bay Park, dann Bus 29 Richtung City Island] zu bieten, die Reise lässt sich auch mit einem Strandbesuch am Orchard Beach (siehe Kapitel 5) verbinden.

Broad Channel dagegen bietet sich an, um einen Einblick in das Marschland von New York zu bekommen. Manche Häuser in den Querstraßen stehen auf Stelzen, Boote liegen gleich vor der Tür. Broad Channel ist im sie umgebenden Marschland die einzig bewohnte Insel. Sie liegt inmitten von kleineren Inseln in einem Mix aus Salzwasser und Seegras gegenüber vom Flughafen JFK. Die Insel hat ihre eigene, überirdische U-Bahn-Haltestelle [Broad Channel mit Linie A], und sowohl das Naturschutzgebiet **Jamaica Bay Wildlife Refuge** [Haltestelle Jamaica Bay Wildlife Refuge Visitor Center mit Bus Q 52/53 Richtung Elmhurst] als auch der Rockaway Beach (siehe Kapitel 5) sind von dort aus gut erreichbar [Haltestelle Beach 96th Street – Playland mit U-Bahn-Linie S].

Auf die Insel abgeschoben: Kranke, Knastbrüder und Geister

Die Idee des Gestrandeten oder Ausgestoßenen auf der einsamen Insel ist nicht nur Stoff für TV-Serien und Witze. New York hat die vielen Inseln in seinem Einzugsgebiet schon immer genutzt, um sich unerwünschte Subjekte vom Hals zu schaffen. Die Insellage schien in der Geschichte der Stadt oft praktisch, um zum Beispiel ansteckende Krankheiten einzudämmen oder straffällige Jugendliche einzusperren.

Als mit der Dampfschifffahrt immer mehr Einwanderer nach New York kamen, baute das Land in den 1870er-Jahren sogar zwei künstliche Inseln vor der Hafeneinfahrt, um sie als Quarantänestationen zu nutzen. Ärzte betraten die Schiffe bereits draußen auf dem Meer, siebten aus, wer ganz offensichtlich Cholera oder Ähnliches einschleppte, und schickten sie auf Hoffman und Swinburne Island. Seit 1947 sind sie verlassen, wie viele andere ähnlich genutzte Inseln auch. Das Auslagern problematischer Fälle auf Inseln ist aber eine typische New Yorker Strategie geblieben.

Eine unbeschilderte Fähre schippert in der Bronx wochentags von City Island nach Hart Island. Sie befördert Strafgefangene, Wachpersonal und Särge. Die Knastbrüder begraben Tote, die niemand abgeholt hat. Manchmal konnten sich die Verwandten eine Beerdigung nicht leisten, manche hatten niemanden mehr, und manchmal konnten die Toten nicht identifiziert oder keine Angehörigen ausfindig gemacht werden. Totgeburten, Unfalltote, Alleingelassene oder Verschwundene lässt New York seit mehr als 100 Jahren auf Hart Island in Massengräbern beisetzen. Das Hart Island Project [www.hartisland.net] versucht seit einigen Jahren, diesen Toten Namen zu geben. Seit 2015 dürfen Angehörige einmal im Monat übersetzen. Sonst darf niemand auf die Insel.

Neben Toten, Menschen mit ansteckenden Krankheiten und psychischen Problemen schickte New York auch Verbrecher traditionell auf eine Extrainsel. Zu Zeiten, als Roosevelt Island noch Blackwell Island hieß, stand dort nicht nur eine berüchtigte Irrenanstalt, sondern auch eine Reihe von Gefängnissen, an die heute nur noch ein von Insassen gebauter Leuchtturm erinnert.

Mae West und Billy Holiday saßen dort ein, weil Feminismus noch keinen Platz im New Yorker Alltag hatte: Die Schauspielerin wurde wegen der Obszönität ihres Broadwaystücks verknackt. Der Sängerin wurde Prostitution vorgeworfen. Kein Wunder, dass angesichts solcher Strafen die Gefängnisse auf Roosevelt Island überfüllt waren und der Strafvollzug in Verruf geriet. Mit einem Umzug hat sich das nicht grundlegend geändert.

Auf Rikers Island, in Sichtweite des La Guardia Airport in Queens, betreibt New York seit 1932 ein gigantisches Gefängnis. Dessen nahezu unmenschlichen Zustände machten in letzter Zeit so häufig Schlagzeilen, dass eine Schließung der Gefängnisinsel im Gespräch ist. Unkenrufen zufolge geht es dabei nicht nur um das Wohl der knapp 10.000 Insassen, sondern auch um Chancen auf Neuland: ein Bau- und Immobiliengeschäft ohne Bewohner, die gegen Gentrifizierung protestieren.

7 Hafenliebe

»When I start running, please do the same.«

Ich weiß nicht, ob Julia sich lustig macht. Hinter mir lachen Leute. Eben noch habe ich ihr ein Kompliment zu ihren Beinen gemacht. Sie sind gleichmäßig golden-braun, ein Bonus ihres Sommerjobs: In den Semesterferien arbeitet Julia in einem Hafen auf Long Island als *dock hand.* Dort hilft sie ankommenden Seglern beim Anlegen und Tanken, saust mit einem Motorboot zwischen den Bojen hin und her und schrubbt jede Menge Planken. Von Stegen bekommt sie offenbar nicht genug: Sie hat mich auf einen alten Pier in Manhattan gelotst. Und dort sehe ich jetzt Qualm.

Hinter einem Boot steigt eine kleine schwarze Wolke auf. Kaum ertönt das Startsignal, röhrt dessen Motor los und es schießt auf uns zu. Schließlich will die Mannschaft einen Wettbewerb gewinnen, und eben hat sie schon den ersten Platz beim Rennen verspielt. Was für ein Spektakel: Einmal im Jahr treten beim North River Tugboat Race die Schlepperboote gegeneinander an, auf dem Hudson, den Seeleute den North River nennen. Normalerweise treten die *tugboats* nicht im Rudel auf, sondern arbeiten allein oder zu zweit daran, Tanker und Containerschiffe sicher in den Hafen zu bugsieren.

Jetzt sollen sie so schnell wie möglich an den Pier heranfahren und eine Leine über einen Poller werfen. Der würde einen schicken Couchtisch abgeben, nicht nur von der Größe her: Seemannsgarn umrankt ihn schon lange nicht mehr. Dieser Pier ist zum Park umfunktioniert, und Julia erklärt mir, dass deshalb die Bedingungen für die Mannschaften besonders hart sind: Damit kein Parkbesucher ins Wasser fällt, umrahmt den Pier ein Gitter. Das bringt selbst professionelle Leinenwerfer aus dem Konzept. Viele Versuche scheitern. Umso mehr jubeln wir denen zu, die es schaffen.

Obwohl die Kapitäne mit Volldampf losfahren, dürfen sie im Wettbewerb den Pier nicht berühren. Aber so ganz trauen wir der Sache nicht. Deshalb hat Julia das mit dem Losrennen gesagt. Auf meinen erschrockenen Blick deutet sie auf den Bug des nächstgelegenen Schlepperboots. Er ist dick gepolstert, und auch außen am Pier hängen riesige Fender. Zum Glück: Eines der Boote dreht nach der Anfahrt nicht schnell genug ab und rammt den Pier. Den Aufprall spüre ich im Bauch. Besser kann einem niemand erklären, dass diese Boote die Kraft haben, Ozeanriesen zu bewegen.

Ozeanriesen, Holzkrokodile und Austernbänke

In Manhattan stehen so viele Wolkenkratzer im Weg, dass man leicht vergisst: Diese Megastadt liegt am Meer. Der New Yorker Hafen gehört zu den größten natürlichen Häfen der Welt, in der geologischen Formation eines Ästuars – einem Flussmündungstrichter, der den Gezeiten ausgesetzt ist. An der Südspitze Manhattans machen Ebbe und Flut einen Unterschied von rund 1,30 bis 1,60 Meter aus.

Süßwasser aus dem Hudson mischt sich dort mit salzigem Meerwasser, die Gezeiten wiederum machen sich im Fluss bis weit ins Festland hinein bemerkbar. Die Ureinwohner dieser Gegend, ein Indianervolk mit dem Namen Lenape, nannten den Hudson deswegen den in zwei Richtungen fließenden Fluss. Heute noch sorgen die starken Strömungen selbst bei erfahrenen Kapitänen, die erstmals New York anlaufen, für Überraschungen.

Doch zu Unfällen kommt es im New Yorker Hafen heute nur selten – obwohl dort zeitweise Verkehrschaos herrscht. Schiffe aus Hamburg, Panama, Kapstadt, Jeddah und Singapur laufen dort ein. Die Hafenkräne, die ihre Hälse über die Terminals in New Jersey, Staten Island und Brooklyn recken, haben 2014 mehr als 3,3 Millionen Container in Empfang genommen. Hunderttausende Autos rollten aus den Schiffsbäuchen, speziell ausgerüstete Docks nehmen zudem lose Fracht wie Öl, Hubschrauber und auf Eis gelegten Fisch an.

Hinzu kommen die Queen Mary 2 und eine Armada weiterer Kreuzfahrtschiffe, die Urlauber in Brooklyn oder Manhattan absetzen oder aufnehmen. Auf kleineren Booten patrouillieren Touristen dann um die Südspitze Manhattans und schauen, ob Freiheitsstatue und Brooklyn Bridge denn auch wirklich noch stehen. Davon völlig ungerührt schippern die Fährkapitäne hin und her und bringen New Yorker zur Arbeit, an den Strand oder zu Ikea.

Containerschiffe, Tanker und Kreuzfahrtriesen kommen freilich nicht allein nach New York. Kurz vor der offiziellen Hafeneinfahrt, von Manhattan aus gesehen weit hinter der Verrazano Bridge, gehen Lotsen an Bord. Sie sorgen dafür, dass die Schiffe im Kanal bleiben, ebenso wie die *tugboats,* die ihnen mit den scharfen Kurven helfen. Sehen kann man die Kanäle des New Yorker Hafens nur auf Karten – sie liegen tief unter der Wasseroberfläche.

Ursprünglich war der größte Teil des Hafengebiets etwa fünf Meter tief, doch bereits im 19. Jahrhundert schafften Arbeiter unter Wasser Platz für schwer beladene Dreimaster. Inzwischen ist der auf diese Weise geschaffene Kanal knapp 14 Meter tief. Und das reicht immer noch nicht. Die neuen Supercontainerschiffe, die nach der Erweiterung des Panamakanals New York anlaufen sollen, brauchen mehr als 18 Meter Platz nach unten. Deshalb sieht man vor den Toren der Stadt zuweilen schweres Gerät im Wasser – und hört den Protest von Umweltschützern. Weil früher der Müll wie anderswo auch einfach ins Meer gekippt wurde, holen die Bagger nun teils jahrhundertealtes Gift wie Quecksilber oder das Insektizid DDT an die Oberfläche – und ins Wasser.

Dort liegen ohnehin die seltsamsten Dinge. Im Arthur Kill, einer engen Stelle zwischen Staten Island und dem Festlandufer des Bundesstaats New Jersey, kippte 1903 ein Lastkahn mit 7.578 Silberbarren à 100 Pfund um. Rund 6.000 Barren wurden direkt geborgen, der Rest zieht immer wieder Abenteurer an, wurde aber bisher nicht gefunden. Schließlich ist das Wasser im New Yorker Hafen äußerst trübe, nicht nur wegen der Umweltverschmutzung, sondern auch weil er dem Lauf der Natur folgt: Der Hudson trägt tonnenweise Sediment mit sich.

Taucher können meist so gerade eben auf der Tankanzeige erkennen, wie viel Luft ihnen noch bleibt. Im Hafen tauchen ohnehin nur lizensierte Profis, etwa um die Fähren regelmäßig zu inspizieren. Zuweilen begegnen sie den Hudson River Alligators: Das sind nicht etwa die Krokodile, die einer urbanen Legende zufolge die New Yorker Kanalisation bevölkern, sondern schwimmende Pfähle. Überreste längst verschwundener Stege reißen sich bei Stürmen los, manchmal rollen Pfähle auch einem Lastkahn davon. Als wildgewordene Rammböcke werden sie dann nicht nur Tauchern, sondern auch Schiffen gefährlich. Deshalb durchkämmt der Army Corps of Engineers, vergleichbar mit dem Technischen Hilfswerk der Bundeswehr, täglich mit Spezialschiffen den New Yorker Hafen. Neben Baumstämmen und Autoreifen haben diese Spezialmüllfischer auch schon einen Konzertflügel und eine aus dem Zirkus entlaufene Giraffe aus dem Wasser gefischt.

Früher einmal konnte man im Hafen New Yorks sogar nach Muscheln tauchen, genauer gesagt: nach Austern. Ganz Amerika ließ sich die Austern schmecken, die von den Austernbänken New Yorks geerntet wurden (meistens nicht von Tauchern, sondern mit Netzen). Doch je weiter die Stadt wuchs, desto mehr Industrie siedelte sich um die Docks herum an – und desto schlechter ging es den Meerestieren der Umgebung.

Ein Umdenken zum Ende des 20. Jahrhunderts und der Niedergang der Industrie in New York haben die Wasserqualität bereits gehoben. Die ersten Austern sind auch wieder da – aber nicht einfach so. Das Billion Oyster Project will Milliarden Austern im New Yorker Hafen ansiedeln. Schließlich reinigen diese Tiere das Wasser, und Austernbänke lassen sich prima als Wellenbrecher und damit als Sturmschutz nutzen. In Zusammenarbeit mit 54 Schulen, allem voran der New York Harbor School, züchtet die Organisation Austern und setzt sie aus. 16 Millionen tummeln sich bereits in New Yorker Gewässern. Beim Vermehren sind auch die New Yorker Gourmets gefragt: Viele Restaurants geben ausgelöffelte Austernschalen ab, weil das Billion Oyster Project sie massenhaft vor Staten Island versenken will – mit 20 Babyaustern auf jeder einzelnen Muschel. Die Helfer des Projekts sprechen oft von der Hafengeschichte und betonen: Eigentlich gehören Austern genau dorthin.

Die New Yorker Hafenfreunde, denen ich am Pier begegne, schauen gerade auf eine ganz andere Art Geschichte: Sie erinnern sich an Popeye. Der Comicfigur zollen sie beim Tugboat Race mit einem Spinatwettessen Tribut. Aufgeregte Kinder sitzen an einer langen Tafel, abgedeckt mit Wachstuch. Direkt aus der Dose löffeln Wettkampfhelferinnen den Spinat in blaue Schüsseln.

Tapfer spachteln die Kinder das kalte Grün, angefeuert von den Erwachsenen. Julia fragt mit sehnsüchtigem Blick, ob Wettbewerbsgewinner wohl auf ein *tugboat* dürfen. Ich bezweifle, dass der kleine Sieger das möchte. Er ist ein wenig blass. Eine Dose Spinat in kürzester Zeit macht vielleicht doch nicht stark wie ein Seemann.

★ Do it yourself ★

Das **North River Tugboat Race** findet jedes Jahr Anfang September statt.

North River Tugboat Race • Hell's Kitchen, Pier 84, West 44th Street hinter 12th Avenue • Haltestelle 42nd Street/Port Authority mit A, C, E • www.workingharbor.com

Hafengeschichte aus Zeiten, in denen noch Segelschiffe voller Waren in Manhattan anlegten, kann man im **South Street Seaport Museum** erleben. Das Museum wurde vom Hurrikan »Sandy« 2012 stark geschädigt, ist inzwischen aber wieder eröffnet und hat das Geld zusammengekriegt, auch seine historischen Schiffe am Pier 16 restaurieren zu lassen. Mit einem davon, dem Schoner »Pioneer«, kann man im New Yorker Hafen segeln.

South Street Seaport Museum • 12 Fulton Street, Ecke Front Street • Haltestelle Fulton Street mit Linie 2, 3, 4, 5, A, C, J, Z • https://southstreetseaportmuseum.org

Eine Besonderheit der New Yorker Seefahrt war **Snug Harbor** auf Staten Island: ein Heim für Seeleute, die ihrem Beruf nicht mehr nachgehen konnten. Auf einem riesigen Anwesen bekamen sie Unterkunft, Essen und medizinische Versorgung – und soweit sie es konnten, auch Arbeit, weil das Heim sich mit Gemüseanbau und

Werkstätten selbst trug. Heute sind dort ein schönes maritimes Museum und Ausstellungsräume für zeitgenössische Kunst untergebracht. Aus den Selbstversorgergärten ist sowohl ein botanischer Garten als auch eine Urban Farm entstanden.

- Snug Harbor Cultural Center & Botanical Garden • St. George, Staten Island, 1000 Richmond Terrace zwischen Tysen Street und Snug Harvor Road • Haltestelle Snug Harbor mit Buslinie S 40 vom Staten Island Ferry Terminal, vorher mit der Fähre übersetzen • www.snug-harbor.org

Hafenrundfahrten kann man mit diversen Anbietern machen. Vom eigentlichen Hafenbetrieb bekommen Besucher dabei nur wenig zu sehen, die Häfen stehen unter strengen Sicherheitsvorschriften. Entsprechend betreiben die Kapitäne für Touristen vor allem Sightseeing und weisen auf bekannte Wolkenkratzer und Brücken hin. Einige verbinden diese Art Seefahrt auch mit feuchtfröhlichen Partys.

- Manhattan by Sail • https://manhattanbysail.com
- Classic Harbor Line Chelsea Piers • www.sail-nyc.com
- Circle-Line Sightseeing • www.circleline42.com
- Hornblower Cruises & Events • https://hornblowernewyork.com

Eine günstige Alternative sind die **New Yorker Fähren**; die Staten Island Ferry ist sogar gratis.

- The Staten Island Ferry • www.siferry.com
- NY Waterway • www.nywaterway.com
- New York Water Taxi • www.nywatertaxi.com

Drei Leuchttürme für Manhattan

Little Red Lighthouse

Um New York herum gibt es eine ganze Reihe an Leuchttürmen. Keiner davon ist noch bemannt, einige sind aber noch in Betrieb und leuchten und heulen den Schiffen den Weg. Drei der vollständig im Ruhestand befindlichen Leuchttürme sind auch für Landratten leicht zu erreichen – sogar in Manhattan.

Das Jeffrey's Hook Lighthouse unter der George Washington Bridge in Washington Heights ist unter US-Amerikanern als das Little Red Lighthouse berühmt: Ein Kinderbuch erzählt die Geschichte des kleinen Leuchtturms, der überflüssig geworden ist, weil die große graue Brücke mit ihren Lichtern nun den Weg weist. In einem Sturm entdeckt der Leuchtturm dann, dass er doch noch einen Wert hat. Weil diese Geschichte so beliebt war, verhinderte die Öffentlichkeit den Abriss des Leuchtturms, der dem Buch als Vorlage diente. Einige Male im Jahr ist er für Führungen geöffnet.

Titanic Memorial Lighthouse

Ein Jahr nach dem Untergang der Titanic, die vergeblich in New York erwartet worden war, wurde zum Gedenken an die vielen Opfer ein Leuchtturm gebaut: das Titanic Memorial. Ursprünglich stand es auf einem hohen Gebäude, von wo aus man sein grünes Licht tatsächlich auf dem Wasser sehen konnte. Mehr als 50 Jahre später wurde das Gebäude verkauft und sollte abgerissen werden. Der Leuchtturm ging an das South Street Seaport Museum, und seit 1976 steht er auf dem Boden an der Ecke Pearl Street und Fulton Street.

Blackwell Island Lighthouse

Das Blackwell Island Light dagegen steht nur politisch betrachtet in Manhattan – sein Standort gehört zwar zu dem Stadtbezirk, von dort muss man aber auf das heutige Roosevelt Island wechseln. An der Nordspitze der schmalen Insel wurde dieser Leuchtturm von Gefängnisinsassen gebaut. Schaut man auf das wilde Wasser drumherum, versteht man leicht, wieso.

12 × Hafenromantik

Restaurants und Bars am oder im Wasser

Ein paar Restaurants mit Blick aufs Wasser gab es wohl immer in New York. Aber erst in den letzten Jahren scheinen die Inselbewohner einen Hang zum Maritimen zu entwickeln: Auf Terrassen, Stegen und sogar Booten genießen sie den Panoramablick übers Wasser plus Fisch, Meeresfrüchte und etwas zum Herunterspülen.

North River Lobster Company & Fish Bar

Hummerbrötchen sind ein typischer Imbiss in Ferienorten an der Nordostküste der USA. New York hat neuerdings sogar einen schwimmenden Hummer-Imbiss. Und das Beste: Schiffchenfahren kostet dabei nichts extra. Die North River Lobster Company macht samt Bar und Küche mehrmals am Tag kurze Ausflüge (ca. 45 Minuten) auf den Hudson, und ihr Schwesterschiff, die North River Fish Bar, fährt zweimal am Abend für rund zwei Stunden in Richtung Freiheitsstatue und zurück.

North River Lobster Company & Fish Bar • Hell's Kitchen, Pier 81, West 41th Street hinter 12th Avenue • nur im Sommer • Haltestelle 42nd Street/Port Authority mit Linie A, C, E • www.northriverlobsterco.com und www.northriverfishbar.com

Grand Banks

Sie nennen es auch das Austernschiff: Der Sommer beginnt, wenn der majestätische Schoner namens Sherman Zwicker am Pier 25 festmacht. Kurz darauf fährt das historische Holzboot allabendlich die Gangway aus, damit vergnügungssuchende New Yorker dort nach Feierabend nachhaltig geerntete Austern naschen und maritim inspirierte Cocktails trinken können – komplett mit Panoramablick Richtung World Trade Center und dem beachtlichen Wellengang, den vorbeizischende Fähren verursachen.

Grand Banks • Tribeca, Pier 25, North Moore Street hinter West Street • nur im Sommer • Haltestelle Chambers Street mit Linie 1, 2, 3, A, C • www.grandbanks.org

Pier 66 Maritime

Bei dieser Ansammlung fest vertäuter Schiffe ist die Frying Pan unter New Yorkern am bekanntesten: Das ehemalige Leuchtturmschiff von 1929 geriet nach seiner Dienstzeit in Vergessenheit und sank. Nach drei Jahren unter Wasser wurde es gehoben und von einem Liebhaber gekauft, der es nach New York brachte. Zusammen mit einem benachbarten Eisenbahn-Lastkahn ist es zu einem Magneten für Seefahrtsnostalgiker und Menschen mit Sinn für ungewöhnliche Umgebung geworden.

Pier 66 Maritime • Chelsea, Pier 66, West 26th Street hinter 12th Avenue • nur im Sommer • Haltestelle 34th Street/Hudson Yards • www.pier66maritime.com

The Water Table

Für ein friedliches Abendessen scheint ein Schiff aus dem Zweiten Weltkrieg ein denkbar seltsamer Ort. Dieser Gedanke weht davon, wenn man auf dem Weg zur Freiheitsstatue den ersten Gang eines von Neuengland inspirierten Menüs probiert und die Skyline von Midtown Manhattan oder eine der New Yorker Brücken vorüberziehen sieht. Zum Essen beim Water Table gehört eine mindestens zweistündige Bootsfahrt – wer zu spät kommt, steht am leeren Steg.

The Water Table • Greenpoint, Brooklyn, 10 India Street hinter West Street • nur im Sommer • Haltestelle Greenpoint mit der East River Ferry oder U-Bahn-Linie G • www.thewatertablenyc.com

River Café

Der Klassiker unter den New Yorker Restaurantbooten liegt bereits seit 1977 unter der Brooklyn Bridge. Mit Flipflops darf man dort ebenso wenig eintreten wie ohne Jackett, dafür gibt es gehobene Küche mit einer sagenhaften Aussicht.

River Café • Dumbo, Brooklyn, 1 Water Street • ganzjährig • Haltestelle High Street mit Linie A, C oder Clark Street mit Linie 2, 3 • www.therivercafe.com

The Water Club

Das traditionsreiche, elegante Restaurant mit Blick über den East River wurde 1982 von Michael O'Keeffe gebaut, der wenige Jahre zuvor bereits das River Café gegründet hatte. Neben Abendverabredungen ist es beliebt für Brunch. Im Sommer zieht es Gäste für ein, zwei Drinks auf die Dachterrasse mit dem schönen Namen The Crow's Nest (der Ausguck).

The Water Club • Kips Bay, Manhattan, 500 East 30th Street, direkt am East River • ganzjährig • Haltestelle 28th Street mit Linie 6 • www.thewaterclub.com

Pier i Café

Im Riverside Park weiter im Norden Manhattans schaut man auf den Hudson, einige Gemeinden im gegenüberliegenden New Jersey – und auf rostige Lastenkräne aus alten Zeiten. Diese Szenerie umgibt das lässige Pier i Café: Gelbe Schirme über den Tischen kündigen das Outdoor-Café mit Selbstbedienung von weitem an. Es gibt Burger, Salate, Fisch und Spaghetti, aber auch Kaffee und Süßes. An heißen Tagen erfrischt die hausgemachte Blaubeerlimonade.

Pier i Café • Upper West Side, 500 W 70th Street, Zugang 68th Street hinter Riverside Drive • nur im Sommer • Haltestelle 72nd Street mit Linie 1, 2, 3 • www.piericafe.com

Gigino

Ein Edelitaliener einen Katzensprung entfernt von der Freiheitsstatue – das fehlte noch in New York. Seit wenigen Jahren gibt es genau das ganz in der Nähe des Ritz Carlton Hotels. Gäste schwärmen vor allem über den Blick von der Terrasse bei Sonnenuntergang.

Gigino • Battery Park City, 20 Battery Place, Ecke West Street • nur im Sommer • Haltestelle Bowling Green mit Linie 4, 5 • www.gigino-wagnerpark.com

Hudson Eats

Brookfield Place (ehemals World Financial Center) in Lower Manhattan beherbergt Büros großer Finanz- und Versicherungsunternehmen – und eine ganze Reihe edler Läden im Erdgeschoss. Im ersten Stock, eine Rolltreppenfahrt vom imposanten Wintergarten mit seinen hohen Palmen, findet sich eine moderne Food Hall mit vielen kreativen Imbissständen und tollem Blick auf die Freiheitsstatue (und übrigens auch den Sonnenuntergang).

Hudson Eats • Brookfield Place, 1. Stock, 225 Liberty Street, Ecke South End Avenue • ganzjährig • Haltestelle Cortland Street mit Linie R • www.brookfieldplaceny.com

Pier A Harbor House

In Manhattan kann man nicht nur auf historischen Schiffen speisen, sondern auch auf historischen Stegen. In dem Gebäude auf Pier A war einmal die New Yorker Hafenpolizei beheimatet. Mehr als hundert Jahre hat es gedauert, bis die Öffentlichkeit eine Chance bekam, von diesem Vorzugsplatz aus den Hafen zu beobachten – geschweige denn, dazu das eine oder andere Bierchen zu trinken.

Pier A Harbor House • Battery Park City, 22 Battery Place, nahe West Street • ganzjährig • Haltestelle Bowling Green mit Linie 4, 5 • www.piera.com

River Dock Cafe

Wenn in Staten Island erst einmal das geplante Riesenrad steht, ist es mit dem Geheimtipp-Status dieses Restaurants wohl vorbei. Bis dahin kann man davon profitieren, dass viele Passagiere der Staten Island Ferry auf der Insel nur aussteigen, um direkt die nächste Fähre zurückzunehmen. Dabei gibt es gleich am Fährbahnhof dieses Fischlokal mit einer Terrasse, auf der man über den New Yorker Hafen Richtung Manhattan blickt. Die Speisekarte wartet für weniger maritime Esser auch mit Burger und Sandwiches auf.

River Dock Cafe • St. George, Staten Island, 1 Richmond Terrace • ganzjährig • Haltestelle St. George/Staten Island mit der Staten Island Ferry • www.riverdockny.com

Brooklyn Crab

Obwohl das Viertel Red Hook gar nicht so leicht zu erreichen ist wie andere Teile Brooklyns, hat dieses Restaurant sich angesichts des Besucherandrangs erweitert. Von den oberen Teilen des Gebäudes aus hat man einen herrlichen Überblick über den Hafen inklusive Freiheitsstatue, zu essen gibt es alles, was eine Krabbenbude auch hätte, teilweise in Edelversion, plus eine gute Auswahl alkoholischer Mixgetränke.

Brooklyn Crab • Red Hook, Brooklyn, 24 Reed Street, zwischen Van Brunt und Conover Street • ganzjährig • Haltestelle Ikea/Red Hook mit der Fähre oder Haltestelle Borough Hall mit 2, 3, 4, 5 und dann mit Bus B61 bis Van Brunt/Beard Street • www.brooklyncrab.com

8 Wasser, marsch!

»I work for water. Literally: They hired me fulltime.«

Angesichts der herrlichen Aussicht auf Downtown Manhattan lässt meine Aufmerksamkeit nach. Mary hat mich auf das Dach eines Hauses in der Grenzgegend von Little Italy und Chinatown geschmuggelt, und im letzten Moment sehe ich, dass Mary schon klettert. Im Nu ist sie auf der Plattform und nimmt sich die nächste Leiter vor, stößt sich ab und hängt dekorativ mit ausgestreckten Armen und einem Fuß auf der Leiter da oben, direkt am Wasserturm. Alles nur, um auf ein Problem aufmerksam zu machen.

Wasser ist für Mary Jordan eine Berufung. Dürre in Kalifornien, in Texas, am Hoover Dam: Sie rattert die Beispiele nur so herunter, warum Zugang zu Trinkwasser keine Selbstverständlichkeit ist. Wasser sollte nichts sein, was man teuer kaufen muss, was zu Umweltverschmutzung beiträgt oder zur Beschneidung von Menschenrechten, sagt sie und erzählt mir von Mädchen in fremden Ländern, die nicht zur Schule gehen können, weil sie stundenlang unterwegs sind, um halbwegs sauberes Wasser zu besorgen.

Überall auf der Welt ermuntert Mary die Menschen dazu, etwas gegen das Wasserproblem zu unternehmen. Sie sitzt in Gremien, spricht auf Konferenzen, leiert Hilfsprojekte an – und sorgt dafür, dass die Wassertürme in New York plötzlich bunt geworden sind.

Da hängt sie jetzt, ich mache Fotos vom neuesten dieser Wassertürme und frage Mary, woher sie ihre Energie nimmt. Auf dem Hinweg hat sie Leute angepfiffen, die im Begriff waren, einem der *»Ice cold water, one dollar, one dollar«*-Verkäufer etwas abzukaufen. Sie sollten sich besser eine Trinkflasche besorgen, meint Mary. Die könne man sogar an den Trinkwasserbrunnen in Parks kostenlos nachfüllen.

Ihre eigene Trinkflasche hat sie beim Herumturnen auf dem Wasserturmgerüst nicht zur Hand. Die steckt aber in ihrer Tasche. Zum Glück für mich: Es ist ganz schön heiß auf dem Dach.

Duschgetröpfel, erfrischende Hydranten und die wahren Wahrzeichen New Yorks

Mary Jordan hat das Water Tank Project gegründet. Nach jahrelanger Vorarbeit und Verhandlungen mit der Stadt, mit möglichen Geldgebern und namhaften Künstlern verwandelte sie Ende 2014 die ersten Wassertürme in Kunstwerke. Dafür hat der deutsche Zeichner Olaf Hajek eine Unterwasserlandschaft geliefert, der Italiener Lorenzo Petrantoni erinnert mit Illustrationen daran, dass wir alle zu 70 Prozent aus Wasser bestehen, und der amerikanische Modefotograf Bruce Weber trägt zu dem Projekt mit dem Foto eines surfenden Hundes bei. All diese Bilder sind auf wetterfeste Plane gedruckt und umspannen in der Stadt verteilte Wassertürme.

Hat man erst einmal einen so richtig bemerkt, springen einem die Wassertürme in New York überall ins Auge: Rund 17.000 sollen auf den Dächern der Stadt stehen. Die Idee stammt aus der Zeit der Kutschen, Gaslaternen und Zeitungsjungen, aus einem New York, das in die Höhe zu wachsen begann – und damit ein Problem schuf: Die neumodischen Erfindungen, die Wasser direkt ins Haus brachten, wollten in den oberen Stockwerken nicht funktionieren. Erst ein Wassertank auf dem Dach sorgte dafür, dass aus dem Hahn etwas anderes als abgestandene Luft kam.

Dass sie heute noch in Betrieb sind und auch immer noch demselben Zweck dienen, wissen selbst viele New Yorker nicht. Der Druck in den Wasserleitungen der Stadt reicht aus, um Wasser bis in den fünften oder sechsten Stock zu befördern, da beginnt das klägliche Getröpfel. Noch weiter oben blieben Badewanne und Spülbecken trocken, gäbe es die *water tower* nicht: Mit der Schwerkraft rauscht von dort aus Wasser in die Hausleitungen.

Wie in einer Toilette sorgt danach ein Schwimmventil dafür, dass bei Bedarf – wenn der Wasserstand im Turm nach einigem

Gebrauch sinkt – Wasser aus dem Keller nach oben gepumpt wird. Das ist übrigens einer der Gründe dafür, warum die Nachrichten bei Hurrikan- und Schneesturmwarnungen immer dazu raten, Wasservorräte im Haus zu halten. Ohne Strom haben in New York viele Wohnungen kein Wasser.

Wassertürme dienen heute zudem oft dem Feuerschutz. Immerhin passen meist 10.000 Gallonen Wasser (fast 38.000 Liter) hinein, die bei entsprechenden Wassertürmen mit Schmackes in die Sprinkleranlagen eines Hauses rauschen. Erst einmal müssen Wasser und Turm aber dort hinauf.

Früher dauerte es bis zu drei Wochen, bis ein Wasserturm funktionstüchtig auf dem Dach stand. Heute gibt es zwar nicht mehr viele Firmen, die diese Technik beherrschen, aber mit modernen Hilfsmitteln wie elektrischem Werkzeug und einheitlich geformtem Holz schaffen sie es meist an einem langen Arbeitstag, einen neuen Wasserturm aufzubauen. Zwei bis drei Stunden dauert es, bis elektrische Pumpen ihn gefüllt haben. Und dann tropft es ganz gewaltig. So sehr, dass man glauben möchte, es sei doch keine so gute Idee, einen Wasserturm aus Holz zu bauen.

Stahltanks gibt es auch, aber sie sind etwa viermal so teuer wie die Riesenholzfässer mit Spitzdach. Und das Holz ist ganz ohne Spezialanstrich dicht. Die Bretter dehnen sich durch die Feuchtigkeit nämlich aus – die Idee für diese Technologie stammt aus der Küferei, wo Fässer für Gerbereien und Wein hergestellt wurden.

Holz isoliert auch deutlich besser als Stahl, was beim New Yorker Klima von Vorteil ist. Das Wasser bleibt selbst bei der klirrenden Kälte im Januar frostfrei und noch im August verhältnismäßig kühl. Arbeit machen die Wassertürme allerdings auch noch, nachdem das Anfangstropfen aufgehört hat. Etwa einmal im Jahr müssen sie gereinigt werden, weil sich Sediment am Boden absetzt. Denn ausgerechnet durch die Wasserrohre dieser durchmodernisierten Metropole fließt pure Natur: New Yorker Wasser stammt nicht aus der Kläranlage, sondern aus Seen, und lagert in Riesenholzfässern. Allein deshalb müssten die Wassertürme eigentlich im Wappen der Stadt einen Ehrenplatz bekommen.

Mit meiner eigenen Trinkflasche in der Hand blicke ich ungläubig den Schlauch entlang, der einem Becken mit Hähnen das Wasser liefert. Er hängt an einem der Hydranten, die überall in der Stadt für Notfälle am Straßenrand stehen. Dort schließt doch sonst nur die Feuerwehr ihren Schlauch an? Doch was dort herauskommt, ist dasselbe wie zu Hause: Löschwasser ist in New York Trinkwasser.

Eben noch fand ich es so hübsch anzusehen, wenn jemand im Hochsommer einen dieser Hydranten aufdreht, damit die Kinder sich in der Fontäne abkühlen können. Jetzt sehe ich das als teures Vergnügen mit Knastpotenzial. Doch die Leute am Wasserbecken winken ab. Die Feuerwehr verleihe Vorrichtungen zum Anschrauben, die die Wassermenge deutlich verringern. Damit könnte ich ganz legal zum Bad im Hydrantenwasser einladen. Ich frage mich, ob Mary davon weiß.

★ Do it yourself ★

Wassertürme in New York kann man gar nicht übersehen. Kein Wunder, dass kreative New Yorker damit jede Menge anzustellen wissen, mit dem andere dann ihren Spaß haben können.

Das Water Tank Project umspannt immer mehr New Yorker Wassertürme mit Kunst. Eine Karte mit den Standorten und Künstlern findet sich auf der Website des Projekts [www.thewatertankproject.org].

Unabhängig von Marys Ansinnen haben zwei Künstler mit dem Material der Wassertürme gespielt. **Rachel Whiteread** hat für *Water Tower* (1998) den **Harzabguss eines echten Zedernholz-Wasserturms** im Museum of Modern Art [Midtown Manhattan, 11 West 53rd Street, zwischen 5th Avenue und 6th Avenue • www.moma.org] ausgestellt, der heute dauerhaft in dessen Rockefeller Sculpture Garden steht.

Tom Fruin baut gerne mit bunten Plexiglasscheiben: Sein *Water Tower* steht auf einem Dach in Dumbo, Brooklyn. Er ist am besten von der Manhattan Bridge aus [kurz nach dem Aufgang Jay Street Ecke Sands Street in Dumbo] oder im Vorbeifahren über die Brücke mit der U-Bahn [Linie N und Q zwischen Canal und Dekalb Street oder Linie B und D zwischen

Grand und Dekalb bzw. Atlantic Avenue – Barclay Center] aus zu sehen – besonders im Dunkeln, wenn der Wasserturm von innen leuchtet.

2017 soll die **Water Tower Bar** eröffnen: Drinks von Holz umrahmt auf dem Dach des noch im Bau befindlichen Williamsburg Hotel [Williamsburg, Brooklyn, 96 Wythe Avenue • Haltestelle Bedford Avenue mit Linie L oder Williamsburg North mit der East River Ferry].

Ein Wassererlebnis für Spaziergänger und Sportler gibt es in der Bronx: Die **High Bridge** wurde als Aquädukt über den Harlem River gebaut – unter der Fußgängerfläche floss Trinkwasser aus dem Hudson Valley nach New York. Nach rund 40 Jahren, in denen sie unzugänglich war, wurde sie vor einigen Jahren restauriert und öffnete 2015 für Fußgänger und Radfahrer. Wasser fließt dort schon seit mehr als 100 Jahren nicht mehr.

Natürliches Großstadtwasser

In New York City ist das Wasser buchstäblich den Bach heruntergegangen – und genau deshalb braucht man in der Stadt das Trinkwasser nicht in Flaschen zu kaufen. Leitungswasser in New York stammt aus einer Reihe von Stauseen weiter nördlich im Bundesstaat und hat einen Weg von bis zu 125 Meilen (rund 200 Kilometer) hinter sich. Dieser Weg ist so geneigt, dass das Wasser wie von selbst fließt; die Wasserwerke der Stadt New York benutzen keinerlei Pumpen.

Ein Großteil dieser Seen liegt in der Region der Catskill Mountains, die geologisch betrachtet ideale Bedingungen zum Wassersammeln bieten. Das Wasser ist so klar, dass es laut Gesetz nicht gefiltert werden muss. Gerade deswegen rühmt die Stadt seine Qualität. Im Sommer stellt sie sogar mobile Stationen auf, die mit der Aufschrift »NYC Tap Water« Passanten an die dazugehörigen Wasserhähne locken.

Ganz so wie aus dem See geschöpft kommt das Wasser allerdings nicht aus dem Hahn. Gegen Bakterien wird es mit UV-Licht bestrahlt und mit Chlor versetzt. Zudem gehört es zum Standard, dem Trinkwasser zur Kariesvorsorge Fluoride beizumischen. Wissenschaftler untersuchen sicherheitshalber pro Jahr mehr als 47.000 Proben des

Trinkwassers an den unterschiedlichsten Stellen in New York. Ärzten zufolge ist das New Yorker Leitungswasser eines der besten des Landes.

Die Gefahr einer Verunreinigung liegt höchstens in alten Wasserrohren. Deshalb soll man in alten Häusern das Wasser besonders morgens – wenn es länger in den Leitungen gestanden hat – vor dem Trinken (oder Kaffeekochen) etwa eine halbe Minute laufen lassen.

9 Aufs Dach gestiegen

»Unfortunately, the bugs find their way here, too.«

Amber hockt über einem Salat und zupft an den Blättern. Eben noch haben wir einem Schmetterling hinterhergeschaut, den der Wind ganz schön aus der Bahn geworfen hatte. Und jetzt schaue ich auf Blattläuse.

Eigentlich wollte ich nur die Aussicht und die frische Luft genießen. Unser Sommer ist so schwül, der Asphalt speichert die Hitze, meine Füße kleben in den Sandalen. Jeden Sommer aufs Neue blicke ich sehnsüchtig nach oben und wünsche mir Freunde mit einem der in New York recht seltenen Balkons oder begehbaren Dächern: Dort oben weht immer eine Brise. Amber dagegen denkt beim Blick auf die Skyline: Das ist doch jede Menge ungenutzter Raum.

Sie findet, New York hat jede Menge Platz für Gemüsebeete auf hohem Niveau. Deshalb hilft sie ehrenamtlich bei Brooklyn Grange. Die erste kommerzielle Dachfarm New Yorks hatte schon ihren Namen, als es mit dem Wunschdach nicht klappte. Statt in Brooklyn stehen wir auf einem riesigen Dach in Queens, bald geht die Sonne hinter dem Empire State Building unter, und Amber zeigt mir, dass so ein Bauernhof auf dem Dach jede Menge neue Erfahrungen mit sich bringt. Wie auf Kommando schwanken die Bambusstäbe über den Tomaten bedrohlich.

New Yorker wissen, dass der Wind mit steigendem Stockwerk heftiger wird. Statt meine Nase in die Brise zu halten, halte ich Bambusstöcke fest, während Amber diverse Schnüre festzurrt. Ich hoffe inständig, dass ich danach keine Krabbeltiere von Blättern kratzen soll.

Was Farmer, Gangster und Party People nach ganz oben zieht

Rooftop ist ein magisches Wort in New York. Man könnte fast meinen, die Stadtbewohner würden alte deutsche Lieder kennen und daher wissen, dass die Freiheit über den Wolken grenzenlos ist. Wenn die Wolken wirklich so tief hängen, dass die Skyline wie abgeschnitten aussieht, will zwar kaum einer dort hinauf. Aber ein Platz über den Dächern New Yorks wird selbst total abgeklärten New Yorkern nie langweilig.

Auf die Aussichtsplattformen von Wolkenkratzern wie Empire State Building, Rockefeller Center und World Trade Center One zieht es Einheimische fast nur dann, wenn Besuch von auswärts unbedingt hinwill. Wie andere Großstädter auch rümpfen New Yorker über typische Touristenaktivitäten die Nase. Jedenfalls offiziell.

Spätestens bei den Rooftop-Bars sparen sich viele die blasierte *»Been there, done that«*-Einstellung. Schließlich trinken viele New Yorker ohnehin gerne einen über den Durst, und ein Etablissement, mit dem man ein bisschen angeben kann, schubsen sie auch nicht ohne Not von der Liste.

In einer Dachbar fühlt man sich freier als anderswo. Ob es nun an der frischen Luft liegt oder an der Nähe zu den gigantischen Gebäuden drumherum, ist doch ganz egal. Manchmal konkurrieren sogar bewegte Bilder mit der Aussicht vom Dach: Mehrere Filmfestivals messen sich im Sommer auf diesem hohen Niveau.

In den meisten Rooftop-Bars kosten die Getränke allerdings noch mehr als ohnehin schon, und am Musik- und Modegeschmack scheiden sich die Geister sowieso. Deshalb steigt längst nicht ganz New York aufs Dach. Jedenfalls nicht für diese Art Feierabendbier.

In manchen Vierteln findet man die Party auf dem Boden der Tatsachen: Da grillen ganze Familien auf dem Bürgersteig, mischen sich Salsa-Klänge aus einer im Fenster stehenden Musikanlage mit dem Hip-Hop des Jüngelchen von gegenüber, der seine selbstproduzierten Hip-Hop-Reime den Nachbarn vorstellt, ob sie davon hören wollen oder nicht. Und mittendrin stöckelt ein makellos frisiertes *»Girls Night Out«*-Grüppchen in eine Bar, in der niemand Englisch spricht.

Auch auf den Dächern ist längst nicht immer nur Party angesagt. Ein Dach direkt oberhalb des Central Park in Harlem etwa sieht aus, als hätte ihm jemand einen Käfig übergestülpt. Dort bekommen die Insassen der Lincoln Correctional Facility ihre Dosis frische Luft. Andere Dächer sehen ähnlich aus, dort soll der Zaun aber nur Bälle an der Flucht hindern: Manche Innenstadtschulen haben Sportplätze in luftiger Höhe. Auch Freizeitsport gehört für manche New Yorker aufs Dach: In der Bronx und in Brooklyn landen Tauben nicht auf irgendeinem Sims, sondern im Taubenschlag.

Um die Hitze New Yorks abzumildern, hat auch die Stadtverwaltung die Dächer entdeckt. Sie versucht Hausbesitzer davon zu überzeugen, die Flachdächer mit weißer Spezialfarbe zu streichen. Im Gegensatz zum üblichen schwarzen Teerbelag saugen sie die Sonnenstrahlen nicht auf, sondern reflektieren sie – und können so zu einer messbaren Abkühlung beitragen.

Und dann sind da noch die Pflanzen. Begrünte Dächer sind bei Neubauten als Kühleinheiten ebenso beliebt wie als Blickfang. Dort wächst aber längst nicht nur Gras und Moos: *Rooftop Farming* breitet sich über New York aus, als würden die Gemüsesamen einfach von Dach zu Dach fliegen. Mehrere Restaurants ernten dort, was kurz darauf auf dem Teller landet. An der Bar im Waldorf Astoria gibt es sogar Cocktails mit dem Honig der Bienenstöcke vom Hoteldach.

Selbst die Modeschule »Fashion Institute of Technology« hat Grünzeug über den Seminarräumen: Dort wachsen keine Kräuter für die Cafeteria, sondern traditionelle Färberpflanzen für studentische Ökoprojekte. In den Läden findet man unterdessen Salate von Gotham Greens, die unter anderem direkt aus den Dachgewächshäusern der Supermarktkette Whole Foods in Gowanus (Brooklyn) stammen. Kein Wunder, dass sich die größte erdgebundene Dachfarm der USA in New York befindet. Brooklyn Grange bewirtschaftet inzwischen fast einen Hektar Spezialacker, verteilt auf zwei Dächer in Queens und Brooklyn.

Meine Blitzkarriere als Bambusstockhalterin auf dem Dach ist nun schon einige Jahre her. Amber besuche ich immer noch ab und zu bei Brooklyn Grange, und da oben auf dem Dach lachen sie inzwischen über die Unbequemlichkeiten der Anfangstage. Heute hat die Dachfarm einen eigenen Aufzug fürs Gemüse. Ich traue mich nie zu fragen, ob die Blattläuse das auch schon spitzgekriegt haben.

★ Do it yourself ★

Kultur und Cocktails verbinden kann man auf der **Dachterrasse des Metropolitan Museum of Art**, das über die grünen Wipfel des Central Park auf die neuen Wolkenkratzer von Midtown blickt – zum Getränkepreis kommt hier allerdings noch der Museumseintritt (empfohlen sind 25 Dollar, man darf aber weniger bezahlen).

Dachterrasse des Metropolitan Museum of Art • Upper East Side, 1000 5th Avenue, Ecke 82nd Street • Haltestelle 86th Street mit Linie 4, 5, 6 • www.metmuseum.org

Die »richtigen« Rooftop-Bars sind in der Regel nur für Erwachsene ab 21 Jahren eine Option. Sehr bekannt, besonders unter Touristen, ist **230 Fifth** mit seiner Aussicht auf Empire Statue Building und Chrysler Building. Einen 360-Grad-Blick und viele Cocktails gibt es auf dem **Rare View Rooftop**. Zur Happy Hour von 17 bis 19 Uhr kommt man auf dem **Bar Hugo Rooftop** recht günstig weg.

230 Fifth • Flatiron District, 230 5th Avenue zwischen 26th und 27th Street • Haltestelle 28th Street mit Linie 6, N, R • www.230-fifth.com

Rare View Rooftop • Shelbourne NYC Hotel, 303 Lexington Avenue, Ecke 37th Street • www.rarebarandgrill.com

Bar Hugo Rooftop • Soho, 525 Greenwich Street zwischen Vandam und Spring Street • Haltestelle Spring Street mit Linie C, E oder Houston Street mit Linie 1 • www.hotelhugony.com

Wer nicht im Wolkenkratzergewimmel sitzen, sondern sich auf dem Dach einen Überblick verschaffen will, verlässt Manhattan am besten. Auf dem **Z Roof** in Queens schaut man zum Beispiel an der Queensboro Bridge entlang auf die Skyline. Im nahegelegenen eleganten **Penthouse 808** kann man zudem das ganze Jahr über asiatisch essen. In Brooklyn schwören Stammgäste auf das mexikanische Essen bei **Alma**, von wo aus man die Südspitze Manhattans und den Hafen sehen kann.

- Z Roof • Long Island City, Queens, 11-01 43rd Avenue zwischen 11th und 12th Street • Haltestelle Queensboro Plaza mit Linie 7, N, Q • www.zhotelny.com/z-roof
- Penthouse 808 • Long Island City, Queens, 808 Queens Plaza South • Haltestelle Queensboro Plaza mit Linie 7, N, Q • www.penthouse808rooftop.com
- Alma • Cobble Hill, Brooklyn, 187 Columbia Street • Haltestelle Carroll Street mit Linie F • www.almarestaurant.com

Selbstverständlich bringt die Stadt, die niemals schläft, auch Unterhaltung aufs Dach. Ein Schmankerl ist etwa die Reihe **Subway Sets** [www.subwaysets.com]. Sie bringt die besten Musiker, die sonst in der U-Bahn ihren Hut aufstellen, auf diverse New Yorker Dächer. Zudem werden dort oben auch Filme gezeigt. Es empfiehlt sich, Karten online zu reservieren [www.rooftopfilms.com und www.rooftopcinemaclub.com/newyork].

Die New Yorker **Rooftop Farms** haben eine sehr unterschiedliche Politik, was Besucher angeht. Gotham Greens etwa ist nicht zugänglich. Andere Dachbauern bieten eine ganze Reihe von Möglichkeiten, sich umzuschauen, von Touren über Termine für freiwillige Helfer bis zum Freiluft-Dinner. Die Termine wandeln sich mit der Saison, die größten Chancen auf einen Besuch hat man zwischen Juni und Oktober. Entsprechende Kalender finden sich jeweils auf den Websites.

- Brooklyn Grange • zwei Standorte in Long Island City, Queens und Brooklyn Navy Yard, Brooklyn • www.brooklyngrangefarm.com
- Eagle Street Rooftops • Greenpoint, Brooklyn • www.rooftopfarms.org
- Hell's Kitchen Farm Project • Hell's Kitchen, Manhattan • www.hkfp.org

Party auf dem Dach

Die überwiegende Zahl der New Yorker hat zu Hause kein Fleckchen für Freiluftaktivitäten. Diejenigen, die eine Wohnung mit Balkon oder gar Terrasse haben, sehen sich im Sommer plötzlich von vielen neuen Freunden umgeben, die gerne mal auf ein Glas Rosé oder zum Grillen vorbeikommen möchten. Auch Gebäude mit legal zugänglichem Dach stehen hoch im Kurs.

Gleichzeitig hält sich sowohl unter New Yorkern als auch unter Auswärtigen der Traum von der coolen Party auf einem nicht weiter hergerichteten Dach – liebevoll *tar beach* (Teerpappenstrand) getauft. Doch demgegenüber stehen eine ganze Reihe von Problemen und Verboten.

Eins der möglichen Probleme ist Feuer. Grillen darf man in New York nur, wenn der Grill mindestens zehn Fuß (etwa drei Meter) von Brennbarem entfernt steht – dazu zählen Wände, Gartenmöbel und Holzterrassen. Zudem muss man laut Gesetz beim Grillen einen großen Eimer Wasser bereithalten. Mit Kohle darf man nur im Garten oder auf der Terrasse grillen, nicht aber auf einem Balkon oder Dach. Elektrische Grills sind erlaubt, Propangrills dagegen überall in der Stadt verboten.

Ein ganz normales Hausdach in New York ist meist flach, und es gibt eine Tür nach draußen. An ihr hängt oft ein Schild, das den Zutritt nur im Notfall erlaubt. An einen Alarm gekoppelt ist sie aber nicht unbedingt. Deshalb kennt fast jeder New Yorker jemanden, der schon mal auf seinem Dach herumspaziert ist.

Weil es dazu nicht gedacht ist, fehlen Schutzvorrichtungen. Jedes Jahr fallen Menschen von dort in den Tod, sie stolpern betrunken über den Rand oder unterschätzen den Wind. Meist laufen Partys aber glatt, auch auf Dächern, die nicht dafür vorgesehen sind. Allerdings können sie teure Spätfolgen haben.

Dächer, die nicht als Dachterrasse hergerichtet sind, sind nur mit Teerpappe abgedichtet. Immer öfter ist diese zwar weiß angemalt, aber auch nicht dicker als vorher. Menschlichem Gewicht hält dieses Material nicht stand, es bricht und reißt, und beim nächsten Regen oder bei Tauwetter Monate später kann es passieren, dass in den Wohnungen im obersten Stockwerk plötzlich die Decke tropft. Deshalb drückt längst nicht jeder Vermieter ein Auge zu, wenn Hausbewohner ihm aufs Dach steigen – selbst wenn sie dort keine Party schmeißen, sondern friedlich in der Sonne braten.

Das heiße Dach kann allerdings zur Falle werden. Dazu kursieren ungefähr ebenso viele peinliche Geschichten in New York wie Ratschläge, wie man vorbeugen kann: Allzu leicht sperrt man sich dort oben nämlich aus dem Haus aus. Das hat immer denselben Grund: Die Tür fällt zu. Weil die meisten Dächer zu den Fluchtwegen gehören, müssen ihre Türen sich jederzeit nach außen öffnen lassen – von außen allerdings sind sie meist fest verschlossen, um Dieben keine Chance zu lassen.

Feuerleitern sind keine Alternative. Angesichts der pittoresken Feuerleitern an manchen Häusern, deren gusseiserne Verzierungen an romantische Balkons erinnern, bricht es einem das Herz, dass dort weder Grills noch Blumentöpfe stehen dürfen. Andererseits möchte auch niemand bei der Flucht vor einem Wohnungsbrand auf einer rostigen Leiter im fünften Stock über den Prüll der Nachbarn stolpern.

10 Sie nennen es Melting Pot

»Deportable.«

Ich habe überhaupt nichts angestellt, aber das Wort saust direkt in meine Magengrube. Dabei hat Angy nur festgestellt, was sie und ich gemeinsam haben: Wir können aus den USA abgeschoben werden. Das ist nicht anders als in anderen Ländern auch: Wer kein Staatsbürger ist, kann rausfliegen. Auch mit einer Greencard.

Angy hat keine Greencard. Sie ist in New York aufgewachsen, aber im Gegensatz zu ihren auf US-Boden geborenen Geschwistern fehlt ihr die Aufenthaltsberechtigung. Ihre Mutter hatte sie mit vier Jahren aus Kolumbien in die USA geschmuggelt. Was das bedeutet, wurde ihr erst gegen Ende der Schulzeit bewusst: Als engagierte, sehr gute Schülerin war sie von Lehrern umgeben, die fest davon ausgingen, sie würde studieren und Großes vollbringen – und nicht ahnten, dass Angy sich weder für öffentliche College-Fördermittel bewerben noch legal arbeiten und das Geld zusammensparen kann. So etwas verschweigt man besser.

Vor meinem geistigen Auge tauchen Razzien gegen die sogenannten *undocumented* auf. In New York laufe das subtiler, erklärt mir Angy. Zwar darf ein Polizist in New York niemanden nach Einwanderungspapieren fragen, aber selbst kleine Vergehen – etwa Schwarzfahren – können zu einer Verhaftung führen, bei der standardmäßig die Personalien überprüft werden, und das kann schnell in Abschiebehaft münden. Dass New York so stolz sein Image als Einwandererstadt poliert, findet Angy entsprechend heuchlerisch.

Trotzdem bescheinigt sie New York Vorteile für Menschen aus der Fremde, egal, welchen Aufenthaltsstatus sie haben. »Du findest hier immer irgendwo Menschen, die deine Sprache sprechen, eine

Gemeinschaft«, sagt sie. Und Menschen ohne Papiere können zumindest einen Gefahrenpunkt in New York besser vermeiden als anderswo: Wegen der vielen öffentlichen Verkehrsmittel brauche man zum Glück kein Auto. Auf meinen verwunderten Blick sagt sie: »Ohne Papiere kannst du keinen Führerschein machen.«

Ein Leben zwischen Wodka, Kölsch und Voodoozauber

New York sonnt sich in seinem Ruf als Zentrum kultureller Vielfalt. Barbekanntschaften sagen einem stolz ihren Nachnamen als Beweis dafür, dass sie auch deutsch sind (die Familie kam allerdings irgendwann im 19. Jahrhundert her), andere erklären sich zu einem Achtel liberianisch und zu einem Viertel italienisch. Auf Ellis Island widmet sich ein ganzes Museum der Einwanderungsgeschichte, da kann man gegen Gebühr nachforschen, ob die eigenen Vorfahren auch einmal dort einreisten. Von der jüngsten Einwanderungsgeschichte erfährt man dort auch, aber weniger ausführlich.

Dabei geschieht in New York, was an Stammtischen und in vielen Teilen der Weltkugel unmöglich erscheint: Die Kulturen rücken auf engstem Raum zusammen, ohne sich die Köpfe einzuschlagen. Im Gegenteil: Die »Fremden« sind der Motor, der New York am Laufen hält. In punkto Wirtschaftswachstum überholen diejenigen Viertel die Stadt als Ganzes, die am dichtesten mit Einwanderern besiedelt sind.

Das kann man mit bloßem Auge sehen: Bunte Seidenstoffe, feingliedriger Schmuck, Bollywoodfilme und frische Curryblätter säumen die Auslagen in dem Teil von Jackson Heights in Queens, der als Little India bekannt ist. Gleich nebenan wehen Cumbia-Takte aus einem Fenster, in einer Kneipe feuern die Gäste einen Fußballer im Fernseher an, und draußen steht schon wieder eine Schlange bei der Arepa-Lady. Sie verkauft die kolumbianischen Spezialitäten, deren Ruf selbst die Gastronomie-Kritiker aus Manhattan zu einer Reise mit der Linie 7 bewegt.

Liebe geht eben durch den Magen. Praktischerweise sind New Yorker immer auf der Suche nach einem neuen kulinarischen

Abenteuer. Auf den »Dosa Man« mit seiner indisch-vegetarischen Pfannkuchenversion lassen im Washington Square Park weder eifrige Studenten noch halbseidene Gestalten etwas kommen. Und Gourmets essen in New York nicht nur Französisch; auch indische oder chinesische Gerichte brutzeln dort auf Sterneniveau.

Viele Köche haben außerdem ihre helle Freude daran, gleich mehrere Kulturen in die Pfanne zu hauen. Wer abenteuerlustig ist, kann Irish Cheddar Nachos oder Flunder mit Maniok-Reis und nordspanischen Chilischoten probieren, ein japanisch-jüdisches Restaurant besuchen oder mexikanisch-philippinisch essen. Denn New Yorker haben keine Berührungsängste, dafür leben sie viel zu dicht mit Millionen anderen Menschen zusammen. Sie wissen es sogar zu schätzen, dass die Welt zu ihnen kommt – das spart manche Reise.

Natürlich könnten New Yorker sich zu Hause genauso wie am Souvenirstand auf Reisen mit der Frage aufhalten, was eigentlich authentisch ist. Zum Entsetzen mancher deutscher Bierpuristen ist etwa »typisch deutsches« Kölsch in der Stadt relativ verbreitet. Ein Schelm, wer das dem wässrigen Klischee-US-Bier zuschreibt. Und was in Manhattan einmal Little Italy war, ist zu einer Art Times Square für Pastafreunde geworden. Richtig viele Italiener wohnen dort schon lange nicht mehr.

Genauso jammern in Yorkville nur noch ein paar alte Schachteln mit deutschem Akzent, dass die Tante-Emma-Läden Geschichte sind. Einwanderer verlassen ihre Stammviertel, weil die Gentrifizierung sie mit steigenden Mieten aus der Gegend treibt – oder weil sie ihr kleines Häuschen zusammengespart haben. Dasselbe passiert auch außerhalb von Manhattan.

Trotzdem können New Yorker fremde Welten mit der U-Bahn erreichen, zum Beispiel Little Odessa. Kyrillische Buchstaben künden in dem russisch-ukrainischen Viertel davon, welche Art Gebäck in den Plastikkästen vor dem Lebensmittelladen liegt. In den Läden an der Hauptstraße direkt unter der U-Bahn, die hier als Hochbahn rattert, glitzern Schuhe mit kilometerhohen Absätzen und jede Menge Pelze. Russische Mütterchen verkaufen auf der Straße aus Ziegenhaar handgestrickte Orenburger Schals. Gleich daneben stehen noch Ende Dezember Händler mit Weihnachtsbäumen. In der russisch-orthodoxen Kirche gehen die Uhren eben anders. In den Kneipen gibt es auch mittags schon Wodka, und ganz in der Nähe lockt ein russisches Bad.

Eigentlich heißt Little Odessa Brighton Beach, und an dessen Strandpromenade schauen Kriegsveteranen gedankenverloren aufs Meer, Handtaschenhündchen trippeln dahin, jüdisch-orthodoxe Familien belegen Bänke, mit Klunkern behängte Matronen tauschen mit großer Geste die Neuigkeiten aus, überholt von Joggern und Radfahrern, die aus dem benachbarten Coney Island herüberschwappen – und kein Wort verstehen.

Auch das ist typisch New York. Ins russische Bad zieht es nicht nur Russen (und Ukrainer) und zur Thai-Massage gehen längst nicht nur Leute, die asiatische Schriftzeichen lesen können. Das Filmprogramm im Französischen Kulturzentrum läuft stets mit englischen Untertiteln, und die Karaokebars in Koreatown sind voller Leute, die auf Englisch singen.

Richtig tief geht die Vermischung der Kulturen aber nicht. Da stehen beispielsweise zwei katholische Kirchen auf engstem Raum, weil dort einmal die Iren nicht mit den Italienern beten wollten. Den Liebestrank in der *Botanica* kaufen fast nur Leute, die mit Voodoo-Ritualen aufgewachsen sind, andere betreten solche Läden erst gar nicht. Und die wenigsten New Yorker lernen Spanisch, wenn sie nach Spanish Harlem ziehen. Das stört aber nicht. Die meisten New Yorker akzeptieren einfach, dass sie mehrmals am Tag Dinge sehen und Menschen begegnen, die sie nicht verstehen.

Anders als in einem wahrhaftigen Schmelztiegel bleibt in New York deshalb jede Menge Eigenständiges von den Kulturen übrig, auch von jenen neuen Zweigen, die sich in zweiten und dritten Einwanderergenerationen entwickeln. So entstehen Parallelwelten im besten Sinne. Wer Neues so heiß begehrt wie die Menschen in New York, der begegnet eben auch dem Fremden eher neugierig als argwöhnisch.

Angy begegne ich bei einer Aktivisten-Veranstaltung. Sie sei in dieser Ecke nicht gelandet, weil sie unbedingt Aktivistin werden wollte, sagt sie leise. Die Erfahrung, dass ihr das Studium verwehrt bleiben sollte, brachte Angy dazu, in aller Öffentlichkeit in New York zu bekennen: Ich habe keine Papiere. Seither kämpft sie dafür, dass Jugendliche ohne Papiere in den USA eine Chance auf Hochschulbildung bekommen.

Inzwischen hat Angy ein Visum, aber ich müsste schon Zynikerin sein, um ihr dazu zu gratulieren. Den Weg in die legale Anwesenheit öffnete ihr ein traumatisches Erlebnis: Ein U-Visum wie ihres bekommen nur Gewaltopfer. Zum Feiern war Angy nicht zumute, als sie endlich ihre Papiere bekam. Aber ihren Plan mit dem Studium hat sie durchgezogen.

★ Do it yourself ★

Um die ethnische Vielfalt New Yorks zu erleben, braucht man nur in die U-Bahn einzusteigen, was ohnehin zu jedem New-York-Besuch gehören sollte. Man kann auch gezielt in bestimmte Viertel fahren. Bei beidem sollte man unbedingt bedenken: Anders als in Deutschland starren New Yorker andere Menschen nicht an, das gilt als extrem unhöflich und kann entsprechende Reaktionen nach sich ziehen. Wer fühlt sich schon gern wie im Zoo? Hier eine Liste mit einigen der **Haupteinkaufsstraßen** diverser Viertel, in denen man auch gut essen kann:

- Koreatown (koreanisch) • Midtown, West 32nd Street zwischen Broadway und 5th Avenue • Haltestelle 34th Street/Herald Square mit Linie B, D, F, M, N, Q R
- El Barrio alias Spanish Harlem (puerto-ricanisch, mexikanisch) • 116th Street zwischen 5th Avenue und 1st Avenue • Haltestelle 116th Street mit Linie 6
- Little India, Little Colombia, Little Nepal und weitere Kulturen in Jackson Heights, Queens • Haltestelle Roosevelt Avenue/Jackson Heights mit Linie 7, E, F, M, R
- Little Odessa (russisch-ukrainisch) • Brighton Beach (Brooklyn) • Haltestelle Brighton Beach mit Linie B, Q

Auch Gärten (siehe Kapitel 19) sind Treffpunkte verschiedener Kulturen. Poetisch zeigt das der **Hua Mei Bird Garden**, in den chinesische Männer frühmorgens Bambuskäfige mit Kanarienvögeln, Finken und Hua-Mei-Vögeln tragen, um sie dort singen zu lassen.

- Hua Mei Bird Garden • Lower East Side, Sara D. Roosevelt Park zwischen Delancey, Forsythe und Chrystie Street • Haltestelle Bowery mit J, Z oder Grand Street mit B, D

Die **League of Kitchens** bringt Kulturen kulinarisch zusammen: Mit einer Online-Reservierung darf man in sehr kleine Gruppen Einwanderinnen aus dem Libanon, Japan oder Usbekistan in deren Zuhause besuchen und mit ihnen landestypische Gerichte kochen und essen.

- League of Kitchens • www.leagueofkitchens.com

Die Filmreihe **»We Are New York«** dagegen ist eigentlich für Neu-New-Yorker gedacht. Die im Internet einsehbaren, preisgekrönten Episoden zeigen aber ebenso gut, wie Einwanderer die Eingewöhnungsphase in New York erleben.

- Filmreihe »We Are New York« • www.nyc.gov/learnenglish

Hintergrundwissen über die Vielfalt der Bewohner New Yorks bringen auch spezielle **Museen und Denkmäler**. Einige erinnern an die ganz unterschiedlichen Bedingungen, unter denen verschiedene Völker in New York ankamen, andere zeigen, was sie heute mit ihrer Kultur verbindet – und es gibt auch eines, das den einzigen Menschen Respekt zollt, die tatsächlich aus Amerika stammen: die Ureinwohner.

- National Museum of the American Indian • Lower Manhattan, One Bowling Green • Haltestelle Bowling Green mit 4, 5 • www.nmai.si.edu
- Museum of Chinese in America • Soho, 215 Centre Street zwischen Howard und Grand Street • Haltestelle Canal Street mit Linie 6, N, Q, R, J, Z • www.mocanyc.org
- El Museo del Barrio • East Harlem, 1230 5th Avenue zwischen 104th und 105th Street • Haltestelle 103rd Street mit Linie 6 • www.elmuseo.org
- Museum of Jewish Heritage • Battery Park City, 36 Battery Place, Ecke 1st Place • Haltestelle Bowling Green mit Linie 4, 5 • www.mjhnyc.org
- Museum of Contemporary African Diasporan Arts • Fort Greene, Brooklyn, 80 Hanson Place • Haltestelle Atlantic Avenue/Barclay Center mit Linie 2, 3, 4, 5, B, Q • www.mocada.org

- Ukrainian Museum • East Village, 222 East 6th Street zwischen 2nd und 3rd Avenue • Haltestelle Astor Place mit Linie 6 • www.ukrainianmuseum.org
- Scandinavia House • Murray Hill, 58 Park Avenue • Haltestelle Grand Central mit Linie 4, 5, 6, 7 • www.scandinaviahouse.org
- Irish Hunger Memorial •Battery Park City, North End Avenue Ecke Vesey Street • Haltestelle Chambers Street mit Linie 1, 2, 3, A, C, E

Kulturen in Zahlen: Schon mal von Guyana gehört?

Wer nur lange genug mit der New Yorker U-Bahn durch das gesamte Stadtgebiet fährt, kann dort 800 verschiedene Sprachen hören. Auf den Straßen ziehen die Paraden vorbei, sie feiern den pakistanischen Unabhängigkeitstag, das puerto-ricanische Erbe oder einen deutschen General. Und noch immer schreiben Redakteure Zeitschriften und Websites voll, die nicht nur in spanischer, arabischer oder russischer Sprache erscheinen, sondern auch in Mandarin, Urdu, Tagalog, Kreolisch, Estonisch oder Portugiesisch.

3,07 Millionen Einwanderer leben in New York, sie machen 37 Prozent der Bevölkerung aus – denselben Anteil, den sie auf der Höhe der Ellis-Island-Einwanderungswelle im Jahr 1900 hatten. Allerdings kommen sie heute nicht mehr zum größten Teil aus Europa. 380.000 Dominikaner leben in New York, 350.000 Chinesen, 186.000 Mexikaner, 169.000 Jamaikaner und 140.000 Menschen aus Guyana. Auf den nächsten Plätzen der größten Einwanderergruppen folgen Ecuador, Haiti, Trinidad, Indien und Russland.

Und an jeder Ecke kann man sehen, wie die Stadt von diesen Zugezogenen aus fremden Ländern profitiert: Die Hälfte der New Yorker Ärzte stammt aus dem Ausland, ebenso wie mehr als jeder fünfte Lehrer. Und die reichen Damen der Upper East Side schwören auf die Nähkunst der Perserin Shahin, die dort einmal als Änderungsschneiderin in einem Designerladen begann und sich ein eigenes Atelier erarbeitet hat.

Einer Erhebung aus dem Jahr 2013 zufolge wurden 35,3 Prozent der Firmenbesitzer im Großraum New York im Ausland geboren; ihnen gehörte zudem fast die Hälfte der typischen Main-Street-Geschäfte – Einzelhandel und Gastronomie.

Auch Einwanderer ohne Papiere tragen zum Wohlstand in den USA bei. Allein im Bundesstaat New York zahlen sie rund 1,1 Milliarden Dollar Steuern im Jahr, einen Großteil davon über Umsatz- und Immobiliensteuern. Etwa die Hälfte von ihnen zahlt zudem Einkommensteuer. In den gesamten USA gibt es schätzungsweise 11 Millionen illegale Einwanderer.

11 Black Lives Matter

»That only happened because you were carrying those.«

Mist. Diesmal höre ich nicht nur die leise Schelte eines Gentlemans, der es nicht ertragen kann, wenn eine Dame Einkäufe schleppt. Dabei habe ich Robert außer heute immer nur im Anzug gesehen und schätze seine Manieren.

Ich muss ein bisschen schmunzeln bei der Erinnerung daran, wie er mir die Autotür aufhielt. Robert arbeitet als Chauffeur für einen Mann, der sein Erbe verwaltet, sich auf eleganten Gesellschaften zeigt, Geschäfte auf einem Golfplatz in Pennsylvania macht – und sich nirgendwo mit Verkehr und Parkplatzsuche aufhalten will. Deshalb weiß Robert nicht nur, wo man in Manhattan parken und auf den Chef warten kann und was in sämtlichen Tageszeitungen steht, sondern auch, wie lange ein Business-Lunch dauert.

Da könnten wir locker eine Runde drehen, hatte er mir versichert, das gäbe ganz bestimmt keinen Ärger. Sein Boss besitze ein deutsches Auto, das sei doch quasi Heimat für mich, darin müsse ich wenigstens einmal sitzen. An diesem Tag hatte ich dann endlich erfahren, wieso ich den netten Nachbarn manchmal so spät abends nach Hause kommen sehe. Er muss das Auto nach den abendlichen Terminen in dessen Garage parken und dann eine knappe Stunde in der U-Bahn sitzen.

Heute ist der Anzug mit einigen Hemden in der Reinigung, Robert hat frei. Als ich ihm über den Weg laufe, ist er auf dem Weg in den Baumarkt, dafür hat er das Auto seines Bruders geliehen. Volltreffer für mich: Solche Transportmöglichkeiten sind selten, und ich darf mitkommen. Wir kaufen also ein, zahlen an der Selbstbedienungskasse, und während Robert nach dem Autoschlüssel tastet, nehme ich seine Tüte schon mal mit zum Ausgang.

Dort staut sich die Kundschaft. Ein uniformierter Mann schaut in die Einkaufstüten, lässt sich Belege zeigen, hakt irgendetwas ab. Ich will Robert gerade fragen, ob er den Kassenzettel in seine Tüte gesteckt hat, da nickt der Kontrolleur mir zu und heftet seinen Blick auf die Leute hinter mir. Ich schaue fragend zu Robert, ob er das mitbekommen hat und erklären kann. Er wendet erst einmal dem Kontrolleur im Vorbeigehen seine leeren Hände zu. Und dann erklärt er mir, das freie Geleit aus dem Baumarkt läge an mir. Ich frage ihn, ob er so etwas oft erlebt, und er lacht.

Rob hat dunkle Haut, viele deutsche Besucher würden ihn als Schwarzen bezeichnen. Doch seine Eltern stammen aus der Karibik, bei der Volkszählung muss er *hispanic* angeben – in Szenen wie dieser macht das aber kaum einen Unterschied. Als ich mich ungläubig umdrehe, sehe ich es: Nur Leute, die aussehen wie Rob, werden kontrolliert.

Tote Schwarze, freigesprochene Polizisten und jede Menge Hashtags

Asiaten sind super am Computer, Latinas sind feurig. Solche Vorurteile hört man durchaus in New York. Kaum jemand aber sagt, dass die Vorväter des heutigen Nordamerikas sich erst einmal von den Ureinwohnern durchfüttern lassen mussten und es ihnen dankten, indem sie sie als minderwertige Wilde betrachteten, ihnen später das Land wegnahmen und sie in Reservate sperrten. Oder dass die Urväter der Nation in Afrika Menschen entführten, um sie wie Tiere zu behandeln und zu Besitztümern zu erklären. 150 Jahre ist es her, dass die Sklaverei in den USA offiziell abgeschafft wurde. Die *peonage,* eine Art Schuldknechtschaft für Schwarze, gab es noch vor 50 Jahren.

Doch die Idee, sich aufgrund der Hautfarbe überlegen zu fühlen und das Recht zu haben, Andersartigen jedes Recht abzusprechen, löst sich nicht mit der Zeit von allein auf. Schon gar nicht, wenn die Menschen sie unter den Teppich kehren. Wie lebendig der Rassismus ist, führen Menschen wie der New Yorker Donald Trump vor.

Er will Muslime aus den USA aussperren, nennt Mexikaner öffentlich Vergewaltiger und Drogenhändler, und Tausende jubeln ihm dabei zu. Damit hat Trump etwas verändert: New Yorker verschließen nicht mehr ihre Augen davor, dass Rassismus real ist.

Im Wahlkampf um die Nominierung der Präsidentschaftskandidaten brachte Trump mit seinem Standpunkt selbst die ansonsten oft vage formulierende Hillary Clinton dazu zu sagen: »Amerikas langer Kampf mit Rassismus ist noch lange nicht vorbei, wie wir bei diesen Wahlen sehen.« Und ob Trump nun die Wahl gewinnt oder nicht: Seine Anhänger und ihre rassistischen Parolen und Verhaltensweisen bleiben im Land.

Rassismus in New York hat viele Gesichter. Viele davon bekommen Weiße nie zu sehen. Fragt man Schwarze, ob sie schon mal grundlos von der Polizei angehalten wurden, reagieren viele, als hätte jemand gefragt, ob sie schon mal eine Straße überquert hätten. Weiße dagegen kennen so etwas kaum. Das ist vielleicht einer der Gründe, warum es so lange gedauert hat, bis das sogenannte *stop and frisk* genauer unter die Lupe genommen wurde.

Ein Gerichtsurteil von 2013 bestätigte: Die Art und Weise, wie die größte Polizeibehörde der USA diese Art von Befragung betreibt, verstößt gegen geltendes Recht. Nach einigem juristischen Hin und Her hat die Stadt New York neue Regeln für die Polizeipraxis durchgesetzt, und die Anzahl der von der Polizei Angehaltenen ist deutlich gefallen – die statistische Verteilung von vielen Schwarzen und Latinos gegenüber wenigen Weißen ist dabei allerdings bis heute gleich geblieben. Und es bleibt nicht bloß beim Generalverdacht.

Immer wieder sterben unbewaffnete Schwarze durch die Hand eines Polizisten. Überall in den USA, auch in New York. Nicht nur diese Fälle von Polizeigewalt, sondern auch, dass die Verantwortlichen verdächtig oft ohne Strafe davonkommen, beklagen Aktivisten immer lauter. Sie haben es allerdings schwer, andere davon zu überzeugen, dass Rassismus in New York und im Rest der USA eine Realität ist. Ganz egal, wie viele Beweise sie vorlegen: Es klingt, als hätte sich seit den 1950er-Jahren nichts verändert, und das möchte niemand glauben. Tatsächlich ist heute etwas anders als damals, und das könnte Folgen haben.

Mit moderner Technologie gibt es neue Möglichkeiten, Unrecht sichtbar zu machen und Massen zu mobilisieren. Als der schwarze Teenager Trayvon Martin 2012 in Florida von dem Bürgerwehrmitglied George Zimmerman erschossen wurde, fand der Fall zunächst keine breite Beachtung. Zimmerman sprach der Polizei gegenüber von Selbstverteidigung, obwohl Martin unbewaffnet war. Er durfte nach Hause gehen, und damit wäre der Fall beinahe erledigt gewesen.

Doch dann startete ein unbeteiligter Anwalt eine Petition für Zimmermans Verhaftung und eine komplette Untersuchung des Falls. Binnen kürzester Zeit hatte sie zwei Millionen Unterschriften. Schließlich kam Zimmerman wegen Mordes vor Gericht – und wurde freigesprochen.

Ihre Enttäuschung darüber schrieb die Aktivistin Alicia Garza auf Facebook nieder und versah sie gemeinsam mit Patrisse Cullors mit dem Hashtag *#BlackLivesMatter.* Ihre Mitstreiterin Opal Tometi aus New York kam auf die Idee, diese Formulierung zur Grundlage für eine bundesweite Bewegung zu machen. Friedliche Protestmärsche, an denen sich auch viele Weiße und Latinos beteiligen, sind nur ein Teil dessen, wie Black Lives Matter inzwischen auf exzessive, rassistisch gefärbte Polizeigewalt aufmerksam macht.

Die Anhänger von Black Lives Matter finden auch Symbole, die es ermöglichen, die Fälle in Windeseile über Soziale Medien wie Twitter, Snapchat, Instagram und Facebook zu verbreiten. Fantasievolle Aktionen wie *Die-Ins* – dabei legen sich die Teilnehmer an belebten Plätzen wie Grand Central Terminal zur Rushhour wie tot auf den Boden – werden von Passanten fotografiert und verbreitet. Die Kapuze, die Trayvon Martin bei seinem Tod trug, wurde gar zum Ausgangspunkt des *Million Hoodie March* am New Yorker Union Square.

Über Soziale Medien kann die jüngste Generation der Antirassisten zudem andere dazu aufrufen, Fälle zu melden, Daten und andere Beweise zu sammeln – und in Windeseile Rückmeldungen erhalten. Das Million Hoodies Movement hat auf diese Weise zwischen 2012 und 2014 allein in New York 2.000 Fälle von Fehlverhalten der Polizei und institutioneller Diskriminierung gegengeprüft, öffentlich gemacht und gezeigt: Hinter jedem dieser Fälle stecken Menschen.

Einer davon hieß Eric Garner. Polizisten warfen dem Schwarzen vor, geschmuggelte Zigaretten einzeln zu verkaufen. Als Garner dies bestritt und die Polizisten aufforderte, ihn in Ruhe zu lassen, nahm einer von ihnen ihn im Würgegriff, und die anderen drückten ihn zu Boden. »*I can't breathe*«, der Satz, den der New Yorker vor seinem Tod elfmal sagte, wurde zu einem weiteren Hashtag. Bekannt wurde der Satz deshalb, weil ein Passant den Hergang filmte. Keiner der Polizisten leistete Erste Hilfe, als Garner bewusstlos liegen blieb.

Er starb auf dem Weg zum Krankenhaus, und der Leichenbeschauer stellte ein Tötungsdelikt als Todesursache fest. Inzwischen gab es Proteste, unter anderem einen poetischen Flashmob vor dem Polizeigebäude am Times Square: Gut hundert Broadway-Künstler summten zu einem Spoken-Word-Stück von Schauspieler Daniel J. Watts. Auf dessen schwarzem T-Shirt stand in roter Schrift: *Love terrorist* (Liebesterrorist). Schließlich sollte ein Geschworenengericht entscheiden, ob der Polizist, der den bei der NYPD illegalen Würgegriff angewandt hatte, angeklagt würde. Es sprach ihn frei.

Selbst der New Yorker Bürgermeister Bill de Blasio sagte daraufhin, Amerikaner müssten beginnen, sich ehrlich über ihre rassistische Geschichte zu unterhalten, und die Polizei müsse neu geschult werden. »Dies ist ein strukturelles Problem«, sagte er. »Und wir müssen offen über die historische Rassendynamik sprechen, die ihm zugrunde liegt.«

Seither ist ein Teil der New Yorker Polizei mit Uniformen ausgestattet, die an der Schulter eine Kamera haben. Sie soll festhalten, was die Polizisten tun. *Stop and frisk* wurde stark zurückgefahren, der Würgegriff war vorher schon verboten. Und zumindest in Manhattan wurde das Prozedere im Umgang mit kleinen Vergehen geändert.

Die Aktivisten wissen, dass sie gegen das Problem mit Protesten allein nicht weiterkommen. Organisationen wie das Million Hoodies Movement haben deshalb den Weg durch die Institutionen gewählt. Sie sammeln Fälle und Daten, schreiben ihren Abgeordneten, drängen auf politische Lösungen. Trotzdem konnten sie nicht verhindern, dass New York mehr als tausend zusätzliche Polizisten einstellte.

Einen Polizisten sehe ich nirgendwo. Aber die Menschen am Ausgang eines anderen Ladens tragen eine ganz ähnliche Uniform – und kontrollieren mich. Ob heruntergezogene Kapuze oder Krawatte, schwarz, weiß, braun, gelb, derentwegen wahrscheinlich auch lila: Die Tüten-und-Kassenzettel-Prüfer kennen dort keine Ausnahmen. Die gesamte Kundschaft steht unter Ladendiebstahl-Generalverdacht. Sie sind halt Menschen. Und man weiß ja, wozu die fähig sind.

★ Do it yourself ★

Schwarze schufteten nicht nur auf den Plantagen der Südstaaten als Sklaven. An die Sklavereigeschichte New Yorks erinnert der **African Burial Ground**. Diese Grabstätte wurde bei Bauarbeiten 1991 entdeckt und zum Nationaldenkmal hergerichtet. Im dazugehörigen Visitor Center erfährt man etwas über das Leben dieser Sklaven. Da sich das Visitor Center in einem staatlichen Gebäude befindet, muss man beim Eintreten zunächst durch einen Metalldetektor.

African Burial Ground • 290 Broadway, zwischen Duane und Read Street • Haltestelle Brooklyn Bridge/City Hall mit 4, 5, 6 • www.nps.gov/afbg

Über die jüngere Geschichte kann man sich im **Schomburg Center** informieren. Das Forschungszentrum für schwarze Kultur ist an die New Yorker Bibliothek angebunden und gestaltet seine Aufgabe mit Veranstaltungen von Vorträgen bis Tanzabenden sehr lebendig.

Schomburg Center • Harlem, 515 Malcolm X Boulevard, Ecke 135th Street • Haltestelle 135th Street mit Linie 2, 3 • www.nypl.org/locations/schomburg

Sisters Uptown Bookstore & Cultural Center ist der einzige Buchladen in Manhattan in schwarzer Hand. Unter dem Motto »Wissen ist Macht« gibt es dort nicht nur jede Menge Lektüre, sondern auch spannende Veranstaltungen.

Sisters Uptown Bookstore & Cultural Center • Washington Heights, 1942 Amsterdam Ave, Ecke 156th Street • Haltestelle 155th Street mit Linie C • www.sistersuptownbookstore.com

Wenn die Polizei nicht jedermanns Freund und Helfer ist

Stop and frisk heißt es im Polizeijargon, wenn ein Cop jemanden anhält, ihn befragt und auf eine Waffe abtastet. Die rechtliche Grundlage dafür ist ein begründeter Verdacht, dass diese Person eine akute Gefahr für andere darstellt, ein Verbrechen begangen hat oder gerade eines vorbereitet. Dass bei der NYPD, der New Yorker Polizei, dahinter stattdessen oft das illegale *racial profiling* steckt, stellte sich erst nach langwieriger Arbeit von Bürgerrechtsorganisationen heraus.

Nachdem 1999 der unbewaffnete Amadou Diallo mit 41 Schüssen von Polizisten getötet wurde, erreichte das Center for Constitutional Rights mit einer Klage unter anderem, dass die NYPD nachhält, wen sie per *stop and frisk* anhält und warum. Der Zugang zu diesen Daten ermöglichte weitere juristische Schritte – und brachte statistische Beweise dafür, dass erstens diese Taktik nicht sonderlich viel zur Verbrechensbekämpfung beiträgt – fast neun von zehn der Verdächtigten erwiesen sich demnach als völlig unschuldig, und in weniger als 0,2 Prozent der Stopps wurde eine Waffe gefunden – und dass zweitens überproportional viele Schwarze und Latinos von der Polizei angehalten werden.

Zwischen 2004 und 2012 erlebten der öffentlich zugänglichen NYPD-Datenbank zufolge 2,3 Millionen Schwarze *stop and frisk,* gegenüber 435.000 Weißen. In beiden Gruppen wurden dabei 16.000 Mal Drogen oder Waffen gefunden. Anders ausgedrückt: Die New Yorker Polizei hielt in dieser Zeit 143 Mal einen Schwarzen an, bis einer tatsächlich etwas Illegales bei sich führte, während bei den Weißen die Trefferquote nach 27 Fällen erfüllt wurde. Für Latinos gilt dabei Ähnliches wie für Schwarze, ihr Quote liegt bei 1,4 Millionen Fällen zwischen 2004 und 2012 und 99 Stopps bis zu einem Fund.

Diese Praxis ist nicht nur illegal. Sie hat auch zu einem Riss in der New Yorker Gesellschaft geführt. Viele Schwarze und Latinos rufen wegen ihrer negativen Erfahrungen nicht unbedingt den Notruf, wenn etwas passiert.

12 Das (lokal-)patriotische Herz

»I'm hungry.«

Das ist keine alltägliche Feststellung, mit der mich Takeru Kobayashi zum Essengehen anstiften will. Es ist ein trotziges Statement, das er an die ganze Welt richtet. Oder zumindest an Leute wie mich, die wissen wollen, was seit gestern passiert ist. Seit Kobayashi aus unserem Blick verschwand.

Seit 1972 lädt der Schnellimbiss »Nathan's Famous« in Coney Island jedes Jahr am 4. Juli zum Wettessen: Wer binnen zehn Minuten die meisten Hotdogs verdrückt, hat gewonnen. Heute wird Nathan's Hot Dog Eating Contest im Sportfernsehen live übertragen, und jahrelang machten ihn zwei Erzrivalen spannend: der Kalifornier Joey Chestnut und der Japaner Takeru Kobayashi. Mal gewann der eine, mal der andere. 2008 lagen sie gar mit 59 Hotdogs in zehn Minuten gleichauf und mussten in der Nachspielzeit weitere fünf Hotdogs verdrücken – Chestnut war schneller. Doch jetzt wird Kobayashi eigensinnig, und das bringt ihn gleich noch zu seinem Statement.

Er verweigert seine Unterschrift unter den Vertrag mit Major League Eating, der amerikanischen Bundesliga der Vielfraße, um frei für anderweitige Wettbewerbe zu bleiben –Vielfraße haben nämlich genauso wie Schönheitsköniginnen mehrere Wettbewerbsveranstalter zur Auswahl. Für die Aussicht auf ein Preisgeld isst der Japaner Unmengen an Hamburgern, Reisbällen und Pizza, frei nach Schnauze, sozusagen. Sein Freiheitsdrang bringt Kobayashi allerdings zunächst einmal nichts als eine Sperre für das Hotdogessen in Coney Island ein.

Joey Chestnut zeigt sich im Vorfeld etwas traurig. Dann gewinnt er mal wieder. 54 Hotdogs schlingt er in zehn Minuten herunter.

Enttäuschend, wird er hinterher sagen, er hätte sich einen neuen Rekord von 70 vorgenommen.

Kobayashi lässt das nicht kalt. Er taucht trotz allem beim Hotdogessen auf – zunächst steht er mit seinem *»Free Kobi«*-T-Shirt im Publikum, dann stürmt er die Bühne. Dazu skandieren die Leute drumherum lautstark: *»Let him eat, let him eat!«*

Aber dazu kommt es erst gar nicht, und Kobayashi macht obendrein einen Fehler. Als Sicherheitskräfte versuchen, ihn auf den Boden der Tatsachen zu holen, widersetzt er sich. Das brockt ihm eine Nacht in Gewahrsam ein. Und so sind wir beim heutigen Mittag angelangt. Kaum dass er wieder auf freiem Fuß ist, gibt Takeru Kobayashi ein Statement ab: Er habe Hunger.

Was die individualistischen New Yorker eint

Der 4. Juli ist unser Unabhängigkeitstag, da feiern die USA Geburtstag, und dazu gehören in New York jede Menge Fahnen, blau-weiß-roter Krimskrams, Feuerwerk – und eben auch Hotdogs im Schnelldurchlauf. Das passt besser zum Nationalfeiertag, als es auf den ersten Blick scheint. In der Zeitung lese ich zum Beispiel, die Veranstaltung zolle den beiden großen Lieben der US-Amerikaner Tribut: Hotdogs und Wettbewerb. Das könnte man nun auch in Springfield oder Newark behaupten. Doch ihnen hat New York eine seltsame Facette des Patriotismus voraus: die Energie einer Masse Einwanderer auf engstem Raum.

Das Schnellrestaurant »Nathan's Famous«, das den Wettbewerb veranstaltet, nimmt die Erfindung des Hotdogs für sich in Anspruch. Eigentlich geht sie auf einen deutschen Einwanderer namens Charles beziehungsweise Karl Feldman zurück, der vor gut hundert Jahren in Coney Island Wurst in Brot gesteckt haben soll. Dessen polnischer Brötchenschneider Nathan Handwerker sparte sich das Geld für einen eigenen Stand vom Munde ab, und als er schließlich 1916 eröffnete, unterbot er seinen Ex-Chef und baute sich mit Würstchen nach dem Rezept seiner Frau Ida einen rasch wachsenden Kundenstamm auf.

Mit Plackerei, Unternehmergeist und Erfindungsreichtum ackerte so mancher Einwanderer in New York an dem, was einmal der amerikanische Traum werden sollte. Und eben diese Einwanderer setzen sich auch heute noch am intensivsten mit der Frage auseinander, was es bedeutet, ein US-Amerikaner zu sein.

Manche Neu-New-Yorker sehen dabei zuallererst den Respekt vor dem Leben, den sie so aus ihrem Herkunftsland nicht kennen. Manche beobachten skeptisch, wie der freie Wille als Wert hochgehalten wird. Manche lassen sich vom Unternehmergeist mitziehen. Manche finden das Essen, die Verkehrsregeln und die Politikerfrisuren einfach nur seltsam. Aber so gut wie alle Einwanderer sind dankbar, US-Bürger sein zu dürfen.

Das ist der gemeinsame Nenner, auf den der turbantragende Taxifahrer und die in Hongkong geborene Headhunterin, die rumänischstämmige Restaurantbetreiberin und der Programmierer aus Pakistan kommen: Letztlich sind sie inzwischen alle US-Amerikaner, puh! Und als Erinnerung daran wehen die Fahnen. Dieser Fahne haben sie schließlich bei ihrer Einbürgerungszeremonie die Treue geschworen.

Mehr als 136.000 Menschen sind im Großraum New York im Jahr 2013 US-Staatsbürger geworden; fast doppelt so viele wie im Einzugsgebiet von Los Angeles. Diese Menschen halten die Frage, was es bedeutet, US-Amerikaner zu sein, lebendig. Eine auf verkrustete Traditionen ausgerichtete Vaterlandsliebe stößt New York deshalb ab wie einen falsch gepolten Magneten. Die globalisierte Welt ist in New York zu Hause, sie bringt ihre Fußbälle, Tacos und Akupunkturnadeln mit und macht sie zu einem Stück USA. Dass auch der Rest der Bevölkerung größtenteils nicht ursprünglich aus Amerika stammt, geht im Alltag unter. Immerhin beherbergt New York aber das Museum of the American Indian.

Und dann ist da noch die Sache mit New York an sich. New Yorker sind stolz darauf, dass sie New York irgendwie überleben. Wie überteuert die Miete ist, geben sie nicht etwa kleinlaut zu, sondern mit Triumph in der Stimme. Und zum Wetterbericht in einer der sommerlichen Hitzewellen zeigen die Lokalnachrichten stolz, wie ein Ei auf dem Metalltischchen eines Straßencafés brutzelt. Egal, wie schlimm es wird: In New York glitzern sogar die Zumutungen.

New Yorker leben auf engstem Raum mit Dingen, denen sie anderswo aus dem Weg gehen würden: Keinen Meter entfernt streitet ein Paar über Vertrauensfragen, als säße es nicht in der U-Bahn, sondern auf der Therapiecouch. Aus der Ecke dringt der Geruch eines Menschen, der weder Dusche noch Bett hat, gleich drei fremde Sprachen mischen sich ins nervenzerrüttende Quietschen auf den Gleisen.

Weil man sich der Stadt und ihrem Gefühlschaos nicht entziehen kann, haben viele New Yorker Nerven wie Drahtseile – mindestens angespannt, oft angesägt, manchmal nur ein Wort vom Zerreißen entfernt. Da hilft nur die innere Abgrenzung, der radikale Individualismus: New Yorker sind Eigenbrötler in der Masse. Es sei denn, es passiert etwas, das gegen New York geht.

Nach den Terrorangriffen auf die Türme des World Trade Center waren Sternenbanner überall in den USA im Nu ausverkauft. Doch in New York rückten die Menschen zusammen. Nachbarn, Kneipengäste, Berufspendler – Fremde, die eben noch ihre Ruhe vor den anderen haben wollten, wollten nun nur noch eins: beieinander sein. Und helfen, wo es geht. Plötzlich waren alle in erster Linie Inselbewohner, die Brücken und Tunnel geschlossen, Amerika groß, toll, erschüttert und irgendwie aber auch fern.

New Yorker nennen ihre Superpower *resilience,* und die beanspruchen sie für sich: New York erholt sich von jeder Art Tiefschlag, New York baut wieder auf, was kaputtgegangen ist, und zwar besser als zuvor. Und wenn es drauf ankommt, steht New York zusammen wie der Fels namens Manhattan. Diese Art von Lokalpatriotismus hat New York nicht nur nach 9/11 geprägt.

Als der Hurrikan »Sandy« im Jahr 2012 die Ostküste getroffen hatte, kamen kein Zug und kein Auto mehr zum Strandviertel Rockaway. Prompt hängten rund hundert Leute in Williamsburg Anhänger an ihre Fahrräder und karrten Wasser, Essen, Schaufeln, Taschenlampen und Batterien 16 Meilen (gut 25 Kilometer) weit nach Rockaway, um dort den ganzen Tag zu helfen. Anhänger von Occupy Wall Street lieferten ihr Organisationstalent und sammelten schneller als die Bundesbehörden Informationen darüber, was die Einwohner der überschwemmten Gebiete am dringendsten brauchten. »*We will rebuild*« stand in Nullkommanichts an Hunderten Häusern.

Patriotismus bedeutet für viele US-Amerikaner, sich einzigartig zu fühlen. Im Ausland kommt diese Das-beste-Land-der-Welt-Haltung nicht immer so gut an. In New York muss man sich sein Stück vom Einzigartigkeitskuchen erst einmal verdienen: »*If I can make it there …*« New York glaubt treu an die Früchte des Ehrgeizes. Und so passt Wettbewerb – ob nun an der Wall Street, auf dem Broadway oder auf einer Bühne in Coney Island – tatsächlich zum Nationalfeiertag.

Takeru Kobayashi hat diese Facette des amerikanischen Patriotismus offenbar auch begriffen. Im Jahr nach seiner Verhaftung weiß er alle Augen auf sich, als der 4. Juli naht. Ungebrochen ist sein Wille, Wettbewerbe frei auszusuchen. Doch ebenso sehr will er Geld verdienen. Diesmal spart er sich deshalb die Fahrt nach Coney Island – und macht seine eigene Veranstaltung: ein Hotdogwettessen mit sich selbst.

In einer Dachbar in Manhattan versucht er sich an einem neuen Rekord. Die 69 Hotdogs, die er dort vor jubelndem Publikum gegessen haben will, werden offiziell nicht anerkannt, und Kobayashis Stern in der Wettesserszene verblasst, bald schon lästert sie über seine Auftritte bei kleinen Festivals. Enttäuschung abschütteln, Fehler analysieren, etwas Neues ausdenken, wieder antreten: Der Japaner gibt nicht auf – wie ein US-Amerikaner, sozusagen.

★ Do it yourself ★

Nathan's Hot Dog Eating Contest findet jedes Jahr am 4. Juli mittags in Coney Island statt.

Nathan's Famous • Coney Island, Brooklyn, 1310 Surf Avenue, Ecke Stillwell Avenue • Haltestelle Stillwell Avenue mit Linie D, F, N, Q • www.nathansfamous.com

Zum Nationalfeiertag gibt es in New York auch immer ein Riesenfeuerwerk mit Musik- und Staraufgebot. **Macy's July 4th Fireworks** wird von Lastkähnen aus auf dem East River abgefeuert, die Zuschauerplätze sowohl in Manhattan als auch in Brooklyn sind oft überfüllt. Das Ganze wird aber auch im Fernsehen übertragen und lässt sich in einer Bar oder im Hotelzimmer anschauen.

Macy's July 4th Fireworks • www.macys.com/fireworks

Einem Stück patriotischer Geschichte kann man in **Fraunces Tavern** nachspüren: In dieser Kneipe feierte George Washington Ende 1783 den Abzug der Briten und seinen Abschied von den Truppen, später hatte das erste Außenministerium der frisch gegründeten USA für eine Weile hier seinen Sitz. Zum Restaurant im restaurierten Haus gehört heute ein Museum.

Fraunces Tavern • Financial District, 54 Pearl Street, Ecke Broad Street • Haltestelle Whitehall/South Ferry mit Linie 1, R oder Bowling Green mit Linie 4, 5 • www.frauncestavernmuseum.org

Ein Überraschungserfolg am Broadway hat die US-Amerikaner ganz neu für Politik, Geschichte und Patriotismus begeistert: Das Musical **»Hamilton«** erzählt in Hip-Hop-Reimen die Geschichte von Alexander Hamilton, dem ersten Bürokraten Amerikas. Die Show ist lange im Voraus ausverkauft, es gibt aber eine Ticket-Lotterie.

Hamilton • www.hamiltonbroadway.com

Hotdog-Wettessen

Nathan's Hot Dog Eating Contest ist eines der bekanntesten Wettessen in den USA. Die Teilnehmer essen binnen 10 Minuten so viele Hotdogs, wie sie können – seit 2011 gibt es auch eine Runde für Damen.

Normalbürger müssten wohl nach vier oder fünf Hotdogs brechen, doch die Teilnehmer am Wettessen stopfen mit Methode: Sie haben Muskeln und Dehngewebe in Schlund und Magen auf Höchstleistung trainiert. Wer dennoch die Hotdogs nicht bei sich behalten kann – im Fachjargon *reverse of fortune* – wird disqualifiziert.

13 Superhelden

»That makes it easier to talk to them.«

Ich beäuge den schwarzen Stoff und nicke. Die hiesigen Ratgeberbücher haben recht, wenn sie vor gesellschaftlichen Anlässen empfehlen, ein *statement piece* zu tragen – einen ungewöhnlichen Schmuck oder sonst irgendetwas, auf das andere Leute einen ansprechen können.

Life bricht das Eis in Schwarzweiß. Er trägt ein weißes Hemd, seine Weste und Krawatte sind schwarz – ebenso wie seine Maske. Er sieht aus wie Zorro ohne Peitsche. Life braucht keine Peitsche, er sorgt auf andere Art für ein Stück Gerechtigkeit. Wie Bruce Wayne oder Peter Parker führt er ein Doppelleben. Seine Superkraft heißt Hilfsbereitschaft.

Die Verwandlung begann, als Life von den sogenannten *Real Life Superheroes* hörte. Er ging zu einem Treffen und probierte zaghaft aus, was sie ihm erzählten. In einer Superheldenuniform übersprang er mühelos die Schwelle, an der er vorher scheiterte: Er kam mit Obdachlosen ins Gespräch.

Die von der Maske umrandeten Augen werden ganz groß: »Viele von ihnen brauchen dringend trockene Socken«, sagt Life. »Wärst du darauf gekommen?« Als Superheld dreht er seine Runden und findet heraus, was die Obdachlosen in der Gegend gerade am dringendsten brauchen. Er weiß: Wer auf der Straße lebt, kriegt früher oder später nasse Füße. Und wer die nicht trockenlegen kann, wird um die Zehen herum nicht nur hässlich, sondern auch krank.

Deshalb gehören trockene Socken in die *life packs,* die der junge Mann auf seinen Superheldentouren in Anzug und Maske bei sich trägt. Auch Rasierklingen und Seife verteilt er, manchmal gerade rechtzeitig vor einem Vorstellungsgespräch. Wer nach drei Tagen ohne Dusche ein Jobangebot sieht, braucht vielleicht keinen Superhelden, der ihn dort hinfliegt. Aber Life hilft ihm dabei, zivilisiert auszusehen.

Seine Eltern rufen ihn Chaim, das bedeutet Leben. Es lässt sich nicht mehr entwirren, ob er seinen Weg nun deswegen eingeschlagen hat oder doch eher wegen New York. Er habe Schwierigkeiten mit dem Wegsehen, sagt Life.

Weltretten für Anfänger und Fortgeschrittene

Life ist nicht der einzige *Real Life Superhero* in New York. Andere rücken ganz dicht an die Idee der Superhelden aus Comics und Filmen: Hinter Dark Guardian steckt zum Beispiel ein Kampfsportlehrer, der es sich zur Aufgabe gemacht hat, Verbrechen zu verhindern. DG prangt auf seiner roten Weste, und die ist schusssicher.

Damit traut er sich nachts etwa in einen kleinen Park, um dort mit seiner Anwesenheit den Drogenhandel zu stören. Oft zieht er mit einer kleinen Gruppe Gleichgesinnter los. Manche haben selbstgemachte Kostüme. Passende Kleidung kann man in New York aber sogar kaufen.

Doch diese Art von Patrouille findet Kritiker in der Stadt. Schließlich ist dabei nur die Nähe zu Superheldengeschichten neu; Bürgerwehren dagegen kennt New York schon lange. 1979 wurde die wohl berühmteste dieser Gruppen in New York gegründet: die Guardian Angels. Sie kamen in Verruf, als herauskam, dass sie Verbrechen vorgetäuscht hatten – um Aufmerksamkeit zu bekommen. Auch heute noch gibt es in einigen Stadtteilen Anwohnergruppen, die vor Überfällen, Einbrüchen und ähnlichem schützen wollen. Doch immer wieder überschreiten sie die Grenze dessen, was Recht ist.

Vielleicht liegt es ein wenig an den Vorbildern in den Superheldengeschichten. Sie kommen vom rechten Weg ab oder handeln unter Druck schon mal unter der Maxime »Der Zweck heiligt die Mittel«. In New York liegt es besonders nahe, sich zum Superhelden aufzuschwingen: Sehr viele Comic- und Filmhelden haben fiktive oder sogar reale Adressen in Gotham City, wie ein Spitzname für

New York lautet – übrigens bereits seit 1807, also lange bevor *Batman* in Erscheinung trat.

Um das Leben in der Stadt ein Stück besser zu machen, braucht es aber mehr als strahlende Helden. Zum Glück wissen das viele Leute ohne Superheldenmaske im Schrank. Im Großraum New York kommen im Jahr mehrere hundert Millionen Stunden ehrenamtlicher Arbeit zusammen – ähnlich wie in Deutschland ist es besonders unter gebildeten Menschen verbreitet, sich für andere zu engagieren.

Freiwillige Helfer haben jede Menge zu tun: Sie bereiten Teenager auf den Schulabschluss vor, reichen Marathonläufern unterwegs Wasser, füllen Geringverdienern die Steuererklärung aus, kontrollieren bei einer Kultur-Schnitzeljagd die Aufgaben der Teilnehmer, pflanzen Strandgras, kochen in aller Frühe für Obdachlose, bringen bettlägerigen Alten einen Hund zum Streicheln, sortieren körbeweise zurückgegebene Kinderbücher in die Regale einer unterbesetzten Bibliothek ein. Besonders oft arbeiten New Yorker gratis daran, dass andere etwas zu essen bekommen – von Tafeln über Suppenküchen bis zu Bringdiensten.

New York gilt zudem als ein Mekka für wohltätige Organisationen. Rund 46 Prozent der Bevölkerung im Großraum New York spendet mehr als 25 Dollar im Jahr; und unter den Reichen der Stadt gehört Philanthropie zum guten Ton. Oft wollen sie dafür Anerkennung – und deshalb hat so manche Einrichtung der Stadt einen ganz schön langen Namen. Seit einer 100-Millionen-Spende im Jahr 2008 heißt das berühmte Hauptgebäude der New Yorker Bücherei nun Stephen A. Schwarzman Building.

Auch die Heimat der New Yorker Philharmoniker, wurde umbenannt; aus der Avery Fisher Hall wurde im September 2016 die David Geffen Hall, weil jener ebenfalls 100 Millionen spendete. Die Familie Fisher war darüber nicht erfreut, sie bekam eine Art Abfindung. Die Carnegie Hall dagegen beharrt auf ihren Namen und muss Großspendern gegenüber kreativ werden: Schon mal von der Ronald O. Perelman Family Stage gehört?

Die wohl skurrilste Spenderehrung hängt im New Museum of Contemporary Art über den Toiletten. »Jerome und Ellen Stern

Restrooms« steht da, weil der damals 83-jährige Herr Stern seinen Namen nach seiner sechsstelligen Spende gern an einem Ort sehen wollte, an dem er viel Zeit verbringen würde.

Life erklärt mir, dass gute Taten gar nicht viel Kraft und Geld kosten müssen. Im Dollar-Store gebe es schließlich allerlei Dinge, die Menschen, die nichts haben, gut gebrauchen können. Zwei, drei Müsliriegel kann man unterwegs immer loswerden, findet er und schmunzelt. »Du brauchst dazu nicht mal eine Maske zu tragen.«

Den Alltagssuperhelden interessiert es nicht die Bohne, ob sein Name einmal auf einer Messingplakette blankpoliert wird. Die Leute in seinem Viertel kennen ihn als Life mit der Maske. Er bezweifelt, dass sie wissen, wie er als Normalbürger aussieht. Ich weiß es jedenfalls nicht.

★ Do it yourself ★

Die **Brooklyn Super Hero Supply Co.** gehört zu einem Projekt, das das Schreibtalent aus Kindern und Jugendlichen herauskitzelt. Dort gibt es neben Capes und Masken auch Intelligenz in Dosen. Der Laden wird von Ehrenamtlichen geführt, der Erlös kommt dem Schreibprogramm zugute.

Brooklyn Super Hero Supply Co. • Park Slope, Brooklyn, 372 5th Avenue zwischen 5th und 6th Street • Haltestelle 4th Avenue/9th Street mit Linie F, G. R • www.superherosupplies.com

Dienste wie **New York Cares** [www.newyorkcares.org] und **NYC Services** [www.nycservice.org] fassen die Suchanfragen kleinerer Hilfsorganisationen zusammen, damit jeder sich ganz einfach ehrenamtlich engagieren kann. Vor dem ersten Einsatz steht eine separate Schulung. Für Kurzreisende ist diese Form des Engagements daher schwierig.

Hilfsorganisationen in New York machen an vielen Orten auch das Spenden so einfach wie möglich – und verbinden es zuweilen mit Spaß. Mit einer ganzen Reihe von zum Teil hervorragend sortierten Secondhandläden generieren sie Einnahmen für den guten Zweck: Der **Angel Street Thrift Store** [www.angelstreetthrift.org] etwa lässt seine Einnahmen Drogensüchtigen und psychisch Kranken zukommen. **Goodwill** [www.goodwillnynj.org] kümmert sich mit sieben Läden in Manhattan um Arbeit für Behinderte. **Housing Works** [www.shophousingworks.com] kümmert sich um HIV-Positive und Aidskranke. Housing Works führt neben seinen 13 Kleider- und Möbelläden in Manhattan und Brooklyn auch den Housing Works Bookstore mit einem kleinen Café.

Aus Film und Comic bekannt: Superhelden-Orte in New York

Viele Superheldengeschichten sind von New York inspiriert oder sie spielen im echten New York. Bei einem Spaziergang kann man dieser Inspiration auf den Grund gehen. Startpunkt ist Tudor City [40th Street zwischen 1st und 2nd Avenue].

Die Gebäude von **Tudor City** dienten unter anderem als Kulisse für die Wohnung der Osborns in den *Spiderman*-Filmen mit Tobey McGuire. Von dort aus geht es auf die 42nd Street und ein Stück weiter nach Westen. Schon glaubt man sich beim Daily Planet, der Zeitung, bei der *Superman* (Christopher Reeves) als Clark Kent arbeitet. Das Haus ist in Wahrheit das **NY Daily News Building** [220 East 42nd Street zwischen 2nd und 3rd Avenue]. In dessen Lobby steht tatsächlich eine große Weltkugel. Von dort aus sieht man schon die Spitze des **Chrysler Buildings** anderthalb Blocks weiter [42nd Street Ecke Lexington Avenue]. Dieses nutzen die *Avengers,* um einen besonders fiesen Blitz einzufangen. Eine Verfolgungsjagd bringt auch den Silver Surfer der *Fantastic Four* dorthin. Sie hat im wahren Leben auch eine spannende Geschichte: Im Wettkampf um das höchste Gebäude in New York ließ deren Erbauer die Spitze heimlich im Inneren des Hauses bauen, bis sein Rivale fertig war – und übertrumpfte ihn dann mit eben jener Spitze.

Die große Halle des nahegelegenen **Grand Central Terminal** [vom Chrysler Building aus ein Stück die 42nd Street herunter] wiederum erkennen gleich mehrere Superheldenfans: Sowohl die *X-Men* als auch die

Avengers hatten dort schon große Kampfszenen. Wer mag, macht noch einen Abstecher bis zur Ecke Fifth Avenue. In der dortigen **New York Public Library** sagte Onkel Ben Peter Parker alias *Spiderman* den legendären Satz: »*With great power comes great responsibility.*«

Der Hauptsitz der *Avengers* befindet sich eine kurze U-Bahn-Fahrt Uptown. Auf dem Weg zur Arbeit bei Marvel kam der Comic-Redakteur Stan Lee an einer Villa vorbei, die ihn inspirierte. Fans können sie sogar betreten: Sie beherbergt im wirklichen Leben die **Frick Collection** [Upper East Side, 1 East 70th Street, Ecke 5th Avenue, 68th Street • Haltestelle 68 Street – Hunter College mit Linie 6 • www.frick.org].

Von dort aus ist es ganz ohne Superkräfte ein Katzensprung in den **Central Park**. Die meistgefilmte Location der Welt diente natürlich auch als Kulisse in so manchem Superheldenabenteuer. Für *Spiderman* wird es dort traurig: An der Bow Bridge trennt sich seine Freundin von ihm.

14 It's showtime!

»Where are they all going?«

Sitzt mir doch in der U-Bahn ein Hund gegenüber und fragt, wohin die Leute denn bloß alle laufen. Ich bin nicht etwa dank der öffentlichen New Yorker Verkehrsmittel dem Irrsinn anheimgefallen (auch wenn sie zeitweise das Ihrige dazutun). Das war wirklich so. Der Hund hatte sogar eine Übersetzerin dabei.

Die lacht sich zunächst einmal kaputt, als der Hund sich über irgendetwas indigniert zeigt und dann seinen Kopf in meine Richtung dreht. »Der schaut dich an«, sagt sie, aber ich sehe: Tut er gar nicht. Seinen Namen verrät er mir aber auch nicht. Diese männliche französische Bulldogge fährt gerne mit der New Yorker U-Bahn. Der Kerl macht sich sogar manchmal auf den Weg die Treppen herunter, wenn er das gar nicht soll. Trotzdem fängt er in der U-Bahn irgendwann an zu jammern. Und zwar immer dann, wenn die Türen aufgehen.

»Er findet das spannend und fragt sich, wo die alle hinwollen«, warnt mich die Frau am anderen Ende seiner Leine. Der Hund sitzt schweigend da und schaut so vorwurfsvoll, wie diese plattnasigen Tiere eben vor sich hin schauen. Zwei Stationen weiter fängt er dann an zu sprechen. Diesmal allerdings in Hundesprache.

Unterhaltungskünstler in der U-Bahn

Solche Zirkushunde gehören sicherlich nicht zum Alltag in der New Yorker U-Bahn. Um Aufmerksamkeit heischen dort aber jede Menge Menschen, und was auch immer sie tun, sie wollen mehr als nur Auge und Ohr der Fahrgäste. Sie wollen sich etwas verdienen: Geld, meistens, aber auch Essen oder Getränke.

Bettlerei, Handel und bezahlte Dienstleistungen sind in den öffentlichen Verkehrsmitteln zwar verboten. Selten sind sie deshalb noch lange nicht. Und so mancher findet, die Show in der U-Bahn sei eine New Yorker Tradition.

Neben Bettlern, die wie in anderen Großstädten ihre traurige Geschichte erzählen und eine milde Gabe erhoffen, gibt es in New York jede Menge Menschen, die den ganzen Waggon zu unterhalten versuchen. Irgendeiner von diesen Unterhaltungskünstlern begann damit, seine Show mit der Ankündigung *»It's showtime!«* einzuführen. Sie wurde in der Stadt zum geflügelten Wort.

Um ein Gefühl für den Erfindungsreichtum der New Yorker zu bekommen, wenn es ums Geldverdienen geht, braucht man nur ein paar Mal in die U-Bahn zu steigen. In den meisten Fällen ist es die Not, die erfinderisch macht. Da polstert eine komplette Mariachi-Band ihre magere Gage damit auf, Songs auf die Fahrtzeit zwischen zwei Haltestellen zu trimmen und dann die großen Hüte aufzuhalten. Musiker trifft man viel öfter an den Bahnsteigen und Übergängen – dort dürfen die Leute mit der singenden Säge, dem Didgeridoo oder der Blaskapelle sogar legal auftreten.

Im U-Bahn-Waggon erscheint unterdessen besonders oft eine Gruppe Jungs mit Ghettoblaster. Sie sagen das mit der showtime, und damit meinen sie Tanz und Akrobatik: Sie lassen Baseballkappen scheinbar mühelos vom Knie zur Schulter zum Fuß und auf den Kopf hüpfen, tanzen mit halsbrecherischer Fußarbeit, hangeln sich in aberwitzigem Tempo durch die Haltegriffe und schwingen kopfüber an den Stangen. Sie nennen diesen Tanzstil *Litefeet,* und die durchtrainierten Körper der U-Bahn-Tänzer künden davon, wie viel Arbeit hinter der Show steckt.

Und die führen sie dem härtesten Publikum der Welt vor: U-Bahn-fahrenden New Yorkern, die einfach nur in Ruhe gelassen werden wollen. Die Tanzgruppe hofft trotzdem auf ein paar Dollar. Manchmal heuert sie auch jemand als Tänzer in Musik- und Werbevideos an. Das Charisma eines U-Bahn-Tänzers mit dem Künstlernamen »Kid the Wiz« lobte sogar Heidi Klum: Sie sitzt in der Jury der Fernsehshow *America's Got Talent,* in der der U-Bahn-Tänzer es weit brachte. Bis er ausrutschte.

Unfallgefahr zitieren auch die New Yorker Ordnungskräfte als Grund dafür, warum sie die U-Bahn-Tänzer immer wieder mit harten Strafen verfolgen. Fahrgäste dagegen wechseln oft einfach den Platz, wenn der Schlachtruf *»It's showtime!«* ihnen Furcht vor einem Tänzerfuß in der Visage macht. Denn einmal abgesehen von der Schmerzvermeidung: Versichert sind die U-Bahn-Tänzer natürlich nicht. Aber es findet sich bis dato auch kein Bericht über Leute, die von U-Bahn-Unterhaltungskünstlern verletzt wurden.

Angst habe ich gerade nun wirklich nicht. Ich lächle den drei älteren Herren zu, die in einer Reihe hintereinander langsam durch den Waggon wippen. Dazu singen sie dreistimmig Lieder wie *Stand By Me* mit abgewandeltem Text, den sie auf aktuelle Ereignisse gemünzt haben. Ihr Markenzeichen ist ein Spruch nicht zu Beginn, sondern am Ende der Darbietung. *»Smile! It won't mess up your hair.«*

Das funktioniert immer wieder, auch noch, als der Anführer der Bande mir immer schon verschwörerisch zulächelt, wenn er einsteigt. Man kennt sich, die U-Bahn ist eben manchmal auch nur ein Dorf. Und meine Frisur kann man ohnehin nicht noch mehr durcheinanderbringen.

★ Do it yourself ★

An den U-Bahn-Stationen dürfen **Musiker** ganz legal die Wartenden unterhalten und Spenden einsammeln, für Durchsagen müssen sie ihre Kunst allerdings unterbrechen. [Besonders häufig trifft man zum Beispiel an Haltestellen wie Union Square, Herald Square, Times Square, Columbus Circle und Delancey/Essex Street auf gute Musiker.]

Die New Yorker Verkehrsbetriebe MTA vergeben mit ihrem Programm **Music Under New York** die beliebtesten Plätze an besonders talentierte Musiker. Jedes Frühjahr gibt es dazu ein öffentliches Vorspielen [http://web.mta.info/mta/aft/muny/auditions.html].

Litefeed-Tänzer trifft man vor allem in den Express-Linien der U-Bahn [in Manhattan etwa 2, 3, 4, 5, A, D, Q] – dort haben sie zwischen den Haltestellen mehr Zeit für ihr Programm.

Ein Pilotprojekt will sie neuerdings auch aus dem Untergrund holen: **It's Showtime NYC** soll Tänzern Auftritte auf Basketballplätze und Parkflächen einbringen. Ein Veranstaltungskalender steht im Internet [www.itsshowtime.nyc].

Manche der jüngsten U-Bahn-Tänzer lassen sich von den Vorgängern ihrer Kunst schulen: Das Kollektiv **Full Circle** wurde bereits 1996 von zwei Hip-Hop-Urgesteinen gegründet. Ihre Schüler und Gruppen treten bei Veranstaltungen von *block parties* bis Museumsfesten auf [www.fullcirclesouljahs.com].

U-Bahn-Fahren wie ein New Yorker

24 Stunden am Tag fährt die U-Bahn. Eine Wochenkarte für die U-Bahn lohnt sich bei fast jedem New-York-Besuch – nicht nur wegen der Chance auf Unterhaltung, sondern auch wegen der Chance auf einen Sitzplatz, einmal abgesehen vom Erleben des wahren New Yorker Alltags. Wer ein paar Regeln beachtet, geht im Nu als New Yorker durch.

Apropos im Nu: Die Fahrkarte sollte man unbedingt hervorgeholt haben, ehe man sich einem Drehkreuz nähert, und sie dann beherzt durch den Schlitz ziehen. Wenn mich Freunde besuchen, schaffen sie das am besten, nachdem ich ihnen gesagt habe, sie sollen es ohne Hinschauen und Nachdenken tun.

Auf dem Weg aus der U-Bahn heraus gilt dasselbe: Bitte im Nu. Also nicht schon auf der Treppe stehenbleiben, um in der Tasche zu kramen oder den Rest der Truppe zu finden, sondern erst draußen, und auch dort erst, nachdem man zur Seite getreten ist. In der U-Bahn selbst helfen folgende Fragen:

- **Uptown oder Downtown?** Vor dem Abstieg in den Untergrund unbedingt prüfen, auf welchem Gleis man landet. Nur manche Stationen haben Durchgänge zu beiden Richtungen, und wer erst einmal durchs Drehkreuz ist, kann nicht mehr umkehren (jedenfalls nicht, ohne noch einmal zu zahlen oder mit Wochenkarte etwa 20 Minuten zu warten).

- **Links oder rechts?** Hinter dem Drehkreuz kommt meist eine weitere Treppe nach unten. Kluge Menschen achten auch dort noch einmal auf die Beschilderung über dem Ende der Treppe. Sie zeigt an, welche Züge links und welche rechts fahren. Am Gleis sucht man diese Information oft vergeblich.
- **Express oder local?** New Yorker sind farbenblind, was die U-Bahn-Linien angeht. Sie nennen die Zahl oder den Buchstaben des *train,* und sie wissen, welche der Züge Express fahren. Auf den Fahrplänen verraten weiße, unausgefüllte Punkte einen *express stop.* Dort halten alle Linien einer Farbe. An den schwarzen, ausgefüllten Punkten halten nur die *local trains.* Touristen erkennt man in der U-Bahn zum Beispiel daran, dass sie verdattert fragen, warum die Bahn an der 81st Street (American Museum of Natural History) vorbeirauscht. Weil, na? Weil der *A train* Express fährt und die Haltestelle ein *local stop* ist. Sie hätten in Linie C einsteigen sollen.
- **Mitdenker oder Vollidiot?** In der U-Bahn bewegt man sich weiter nach innen, damit auch andere Leute noch einsteigen können. Natürlich gibt es auch Egoisten, die an der Tür stehen bleiben, oft sind es aber ängstliche Touristen. Rucksäcke sollte man nach vorne nehmen oder abstellen (natürlich so, dass man sie bestens im Blick hat!), und nicht anderen in die Rippen hauen. Wer dann von der Mitte des Waggons aus aussteigen will, braucht bloß einen Schuss Selbstbewusstsein: Man bewegt sich wie selbstverständlich Richtung Ausgang. Ein deutliches *»Excuse me!«* wirkt dabei oft Wunder.

15 Das showreife Publikum

»Can I have a vodka on a napkin, please?«

Die Kellnerin zuckt mit den Achseln. Was soll's. Ihrem Gesichtsausdruck zufolge hat sie schon Seltsameres serviert. Und Leo will jetzt eben Serviette mit Wodka. Als Klavierspieler kann er ja ohnehin fordern, was er will. Schließlich wussten schon Westernhelden, dass man auf den Pianisten nicht schießt.

Als ich mich gerade frage, ob Leo eine Spezialtechnik entwickelt hat, um während des Klavierspielens zu trinken – schließlich braucht er seine Hände ja für etwas anderes – fügt er hinzu: »Das Mikrofon hier stinkt wie hulle.«

Die letzten Lacher sind noch nicht verklungen, da konstatiert Leo schon, dass es immer noch stinke. Für seine Version eines Desinfektionstuchs brauche er etwas Härteres. Vielleicht sogar Erdbeerwodka. Von meinem Platz an der Bar sehe ich, wie die Hand des Bartenders an einer Gruppe Flaschen mit klarem Inhalt entlangschwebt. Dann greift er zu, schnuppert hier und da, und lässt schließlich etwas in einen Ministapel Servietten gluckern.

Leo nickt. Das funktioniert. Zusammen mit einigen Gästen liefert er sich ein Wodka-Quiz mit dem Bartender. Pfirsich gewinnt. Das Eis ist damit auch gebrochen. Die halbe Bar stimmt in den Refrain der ersten Broadwaymelodie ein, die Leo zum Besten gibt, und es dauert nicht lange, da singen alle mit. Bis in einer Ecke Unruhe entsteht. »Oh, ist ein, öhm, Kätzchen aufgetaucht?«, flötet Leo in einen Song hinein.

Zwei Frauen sind auf die Eckbank gesprungen, andere weichen zurück. Ich sehe nichts, aber ich ahne, was da über nackte Füße in Sandälchen gehuscht ist: ein anderes Tier mit K. In dem Aufruhr rückt die Kellnerin seelenruhig durch die Reihen und stellt das Krabbeltier – mit einer Serviette als Waffe. Leo stimmt eine Heldenhymne an. Ein Loblied auf Servietten kenne er leider nicht, sagt er.

Von Mitsingern und Besserwissern

Stillsitzen? In der Oper vielleicht. New Yorker mischen gerne mit, das hört man schon am Applaus. Kommt etwas gut an, folgt kein distinguiertes Klapp-Klapp-Klapp, sondern langes Klatschen, leidenschaftliche Rufe, Pfeifen, Trampeln. *»Make some noise«* rufen US-Bands auch in Deutschland, und manchmal wundern sie sich dann über die vornehme Zurückhaltung.

Auch in New York gibt es schüchterne Menschen. Aber gerade ihnen schenkt die Stadt einen Vorteil: Hier kann man sein, wer man will – denn niemand schert sich darum. So wie es keine klar umgrenzte Innenstadt gibt, sondern wechselnden Moden folgende Inseln auf den Inseln, so fehlt in New York eben auch der alles in dieselbe Richtung reißende Strom namens Mainstream.

Der eine würde nie ohne enge schwarze Jeans aus dem Haus gehen, weil sein Grüppchen Gleichgesinnter ebenso herumläuft, die andere fängt spontan an, laut auf der Straße zu predigen, und ein Dritter läuft mit einer Katze auf dem Kopf durch Manhattan. *Who cares?*

Komplimente hört man in New York oft von Fremden. Abfällige Bemerkungen auch, aber deutlich seltener. Und abwertende Blicke erntet man von den anderen achteinhalb Millionen New Yorkern noch seltener. Die meisten zucken nicht einmal mit der Wimper, dafür haben sie viel zu viel zu tun.

Solange die anderen nicht ernsthaft stören oder gar gefährden, hält sich niemand mit deren Schrullen auf. Soll doch der Jungspund da vorne mit seiner ausgestopften Ratte prahlen. New Yorker nehmen gern für sich in Anspruch, schon alles gesehen zu haben. Sie bekommen ja auch tatsächlich viel zu sehen. Und sie würden niemals gaffen, bloß weil einer ganz allein mit Zylinder, Frack und Taktstock auf der Parkbank sitzt.

Entsprechend braucht man in Mitsing-Bars keine Angst zu haben, nur weil man den Liedtext nicht bis auf den letzten Buchstaben kennt oder nicht ganz so treffsicher mit den Tönen ist. Die Kneipen, in denen jeder Lieder schmettern kann, haben keine Jury, und auch wenn meist ein paar wirklich gute Sängerinnen und Sänger zugegen sind: Hier geht es nicht um die Leistung Einzelner, sondern um Spaß für alle.

Diese Philosophie knallt auf den Individualismus der New Yorker. Schließlich muss man sich da draußen im Alltag erheblich anstrengen, um aus der Masse herauszustechen. Ob man nun auf einen Job aus ist oder auf ein Date. Doch erstens kennen und schätzen viele New Yorker gleichzeitig die Anonymität der Masse, zum Beispiel wenn sie nach dem verpatzten Termin heulend in der U-Bahn sitzen und sich an dem Trost festhalten, das ihnen das wenigstens nicht peinlich zu sein braucht: Sie werden die Leute um sie herum ohnehin nie wieder sehen. Zweitens bringt die Aussicht auf eine Pause vom Aufmerksamkeitsrennen zuweilen die kleine Sehnsucht auf ein Untergehen in der Masse zum Brennen. Und drittens haben zur Mitsing-Mode ein paar Einwanderergruppen beigetragen, die sich mit Gruppendenken besser auskennen. Schon mal von Karaoke gehört?

In den 1970er-Jahren kam in Japan eine Form der Unterhaltung auf, die eine damals neue Tontechnik nutzte: Restaurants und Bars spielten Aufnahmen eines beliebten Liedes ohne die dazugehörigen Stimmen, damit Gäste sich als Sänger versuchen konnten. Daraus entstanden komplette Karaoke-Maschinen, in Gang gesetzt von japanischen Bürohengsten, die zusammen mit ihren Kollegen den Feierabend einläuteten. Von dort aus breitete sich Karaoke zunächst in Asien aus, dann im Rest der Welt. In New York finden sich die meisten Karaokebars immer noch in asiatisch geprägten Vierteln wie Koreatown. Viele von ihnen nehmen sogar auf schüchterne Gesangsfreunde Rücksicht und vermieten Separees für Kleingruppen.

Der öffentliche Auftritt schreckt die meisten New Yorker aber gar nicht sonderlich. Schon im Kindergartenalter standen sie beim *show and tell* vor einer Gruppe: Bis etwa zur zweiten Klasse gehört es zum Schulalltag, vor den anderen Kindern ein Mitbringsel von zu Hause vorzustellen. Übung macht dabei nicht unbedingt alle zum Meister, aber sie nimmt vielen die Angst vor einem Publikum.

Außerdem krallt sich New York hartnäckig an seinem Ruf fest, dort könne man ganz groß rauskommen. Und da man damit ja nun einmal irgendwo beginnen muss, gehen Menschen mit Glauben ans eigene Talent zu Open Mic Nights, Poetry Slams und Storytelling-Abenden.

Immer wieder bringen solche Veranstaltungen tatsächlich große Stars hervor, manche werden sogar selbst zu einer Art Star: Die *Amateur Night* im Apollo Theater (siehe Kapitel 33) brüstet sich nicht nur damit, dass Musiker wie Ella Fitzgerald und Michael Jackson dort auf der Bühne standen, sie sonnt sich auch im eigenen Ruhm und macht eine mitreißende Show daraus, das Publikum zu lautstarken Urteilen hinzureißen, selbst wenn dort heute die Reihen der Stammgäste mit Touristen durchsetzt sind. Ganz nebenbei tragen die Talentshows aller Art zu einer recht günstigen Unterhaltungsszene bei.

Und dann sind da noch die Besserwisser. – Quizshows laufen in New York nicht nur im Fernsehen, sondern auch in Bars und Kulturzentren, meist unter dem Namen »Trivia Night«. Manchmal sind sie auf Spezialisten ausgelegt, da gibt es komplette Ratespiele zu *Game of Thrones, Harry Potter* oder *Twin Peaks.* Andere sind thematisch offen – und geben gerade schüchternen Menschen eine Chance, über ihr Rateteam mit anderen ins Gespräch zu kommen.

Ich bin froh über meinen Platz an der Bar. Der Laden hat sich gefüllt, und ich stehe nicht im Weg. Im Gegensatz zu dem Mann im Karosacko, der mit großer Geste Drinks für seinen Kollegen und die beiden teuer aufgerüschten Damen bestellt, die sie begleiten. Dann geht er mit einem Bündel Bargeld in der Hand zum Klavier. Kurz darauf erklingen »*We Are The Champions*« und »*Rocket Man*«, der Dicke-Hose-Mann plustert sich auf, und für einen Moment sieht es so aus, als befalle die Bar ein kollektiver Zweifel. Dann gewinnt das Achselzucken, und alle fallen in den Refrain ein. Soll der Typ sich doch selbst feiern. Auch seine Show ist schließlich unterhaltsam.

★ Do it yourself ★

In manchen New Yorker **Piano Bars** ist Mitsingen nicht nur erlaubt, sondern auch ausdrücklich erwünscht. Und auch wenn man in vielen dieser Mitsing-Kneipen auf echte Broadway-Sänger trifft, kommt hier niemand nur zum Zuschauen. Mindestens lautes Mitsummen sollte man draufhaben.

Auf Broadway-Melodien spezialisiert ist die Kellerbar **Marie's Crisis**. In die Pop- und Rocksongs bei **Brandy's Piano Bar** stimmen auch Kellner mit ein, die allesamt ausgebildete Musicaldarsteller sind. Bei **Don't Tell Mama** spielen die Pianisten ab 17 Uhr Cocktail-Musik, bis um 21 Uhr der *Singalong* startet. Die Bar veranstaltet außer Mitsingabenden auch einen mehrwöchigen Talentwettbewerb für Sänger, Drag Queens und Burlesque-Tänzerinnen.

- Marie's Crisis • West Village, 59 Grove Street zwischen Bleecker Street und 7th Avenue South • Haltestelle Christopher Street mit Linie 1
- Brandy's Piano Bar • Upper East Side, 235 East 84th Street zwischen 2nd und 3rd Avenue • Haltestelle 86th Street mit Linien 4, 5, 6 • www.brandyspianobar.com
- Don't Tell Mama • Theater District, 343 West 46th Street zwischen 8th und 9th Avenue • Haltestelle 42nd Street – Port Authority Bus Terminal mit A, C, E • www.donttellmamanyc.com

Die **Manhattan Association of Cabaret and Clubs** hält nicht nur Open Mic Nights ab [Termine unter www.macnyc.com], sondern sie vergibt auch Preise – etwa für die besten Piano-Bar-Musiker des Jahres. Eine gute Übersicht über Quiz-Abende an allen Tagen der Woche gibt **Trivia NYC** [www.trivianyc.net]. Besonders viele **Karaoke-Bars** finden sind in Koreatown. Schickgemachte Leute zieht die im ersten Stock über der wuseligen Canal Street gelegene Karaokebar **Up Stairs** mit zwei dicken Songbooks an – eines in Chinesisch, eines in Englisch.

- Karaoke-Bars in Koreatown • West 32nd Street zwischen 5th und 6th Avenue
- Up Stairs • Chinatown, 51 Canal Street • Haltestelle East Broadway mit Linie F

Nicht überall ist man die ganze Zeit als Mitmacher gefragt. Das Impro-Theater im **Upright Citizens Brigade Theatre** beginnt mit Zurufen aus dem Publikum.

- Upright Citizens Brigade Theatre • Chelsea, 307 West 26th Street zwischen 8th und 9th Avenue • Haltestelle 23rd Street mit Linie C, E • www.ucbtheatre.com

Wer das Showtalent von Fachleuten (oder Nerds) begutachten möchte, ohne selbst zwingend mitzumischen, findet in den Kalendern entsprechender Veranstalter sicher einen **Vortrag** über etwas, von dem er oder sie noch nie etwas gehört hat.

- www.thoughtgallery.org
- www.secretscienceclub.blogspot.com
- www.brooklynbrainery.com

New Yorker wollen's wissen

Wenn New Yorker sich zusammenfinden, geht es längst nicht immer um die große oder kleine Show. Viele Bewohner der Stadt schaffen es trotz Reizüberflutung, neugierig zu bleiben. Diese Neugier befriedigen wiederum Veranstaltungen, bei denen so mancher »Referent« gleichzeitig zu unterhalten weiß.

Da kann man nach der Diashow einer Fotografin in der New Yorker Bücherei nach Herzenslust fragen, was sie eigentlich anzieht, wenn sie stundenlang im Schneegestöber herumstapft, oder sich im Secret Science Club bei einem themenbezogenen Cocktail darüber amüsieren, wer die von Biologen angezettelte Wahl zum hässlichsten Meeresbewohner gewonnen hat.

Es gibt sogar Show-and-tell-Abende für Erwachsene und Veranstalter, die das Vortragswesen als solches oder die Jagd nach immer tieferem Spezialwissen genüsslich auf die Schippe nehmen. Zwei Dinge haben aber alle gemeinsam: Keine Angst vor dem öffentlichen Auftritt und ein Gefühl dafür, wie man sein Wissen auf spannende Weise teilt. Vielleicht liegt es daran, dass New Yorker ein anspruchsvolles Publikum abgeben. Schließlich haben sie sich auch ohne dicke Bücher das Wissen angeeignet, das es braucht, um New York zu überleben.

Reisetipps von New Yorkern

Was man nach New York mitbringen sollte

Elf New Yorker verraten, was Besucher im Gepäck haben sollten, wenn sie im Big Apple landen.

»Gute Schuhe! New York ist eine Laufstadt. Da wirst du viel mehr herumlaufen, als du es gewohnt bist, und dazu brauchst du bequeme, richtig gute Schuhe. Du kannst sie auch hier kaufen, Läden mit guten Schuhen gibt es in New York natürlich genug.«
– Stephen, Musiker

»Ein Stück von deiner Kultur. Denk dran: Das hier ist der Big Apple, er besteht aus ganz vielen verschiedenen Kulturen, davon lebt er quasi. Also trag du auch etwas dazu bei.«
– Orlando, Postbote

»Ein paar Blatt Toilettenpapier und Seife in reisetauglicher Größe. Auf New Yorker Toiletten kann beides schon mal fehlen. Diese Sachen nehmen kaum Platz weg, und oft braucht man sie nicht –aber wenn, ist man äußerst froh drum.«
– Chi, Designerin

»Spendierhosen. Du solltest begreifen, wer in NYC ein Trinkgeld erwartet und wie viel. Viele Europäer haben keinen Schimmer davon, aber ich halte solchen Fahrgästen keine Vorträge. Wenn sie aussteigen, bleibe ich so freundlich wie vorher (denke aber im Stillen: Lernt die Sitten und Gebräuche!).«
– Eugene, Taxifahrer

»Appetit! Es gibt Tausende Restaurants in New York, und Probieren geht über Studieren, gerade auf Reisen.«
– Penelope, High-School-Absolventin

»Zigaretten! Ich habe aufgehört zu rauchen, weil es in New York fast überall verboten ist, sogar in den Parks, vor allem aber, weil Zigaretten hier unglaublich teuer sind. Raucher sollten sich unbedingt zu Hause eindecken.«
– Milek, Bauarbeiter

»Manieren. Nur weil New York eine Großstadt ist, heißt das doch nicht, dass es egal ist, wie man sich aufführt. Wir freuen uns über ein Dankeschön oder über einen Sitzplatz in der Bahn.«
– Roberta, pensionierte Altenpflegerin

»Gute Laune! Angespannte Hektik haben wir hier schon genug.«
– John, Börsenanalyst

»Einen flexiblen Nacken. Ich sehe Touristen oft an den Wolkenkratzern nach oben schauen, das ist für viele sicher eine ungewohnte Belastung. Vor allem braucht man die Beweglichkeit im Nacken aber als Fußgänger im Verkehr: Du musst nach jedem Häuserblock genau schauen, ob nicht doch ein Auto oder Radfahrer kommt!«
– Kelly, Physiotherapeutin

»Offenheit. Weil New York voller Widersprüche ist, und auf die kann man sich nur einlassen, wenn man auch in der Lage ist, sie zu genießen.«
– Thomas, Filmemacher

»Cash! In irgendwelchen Reiseführern muss wohl stehen, dass man in New York alles mit Kreditkarte bezahlt. Jedenfalls gucken viele Touristen spärlich, wenn sie damit nicht landen können. An Straßenständen, Imbisswagen und selbst in manchen Pizzaläden braucht man Scheine.«
– Michele, Pizzabäcker

16 Schlangestehen

»I'm already on line.«

Ich verstehe nicht, wie mir diese Information helfen soll, Debbie zu finden. Wir haben uns zu einem starbesetzten Gratis-Konzert in einer Kirche auf der Upper West Side verabredet und wollten uns an der U-Bahn treffen. Aber ich kann sie nirgends entdecken.

Stattdessen trudelt diese ominöse Nachricht auf meinem Telefon ein: Was hat denn jetzt das Internet damit zu tun? Erst meine Rückfrage bringt mir die Erleuchtung: New York hat ein Grammatikproblem.

Wenn sich die Leute anderswo anstellen, sagen sie dazu *stand in line*. Aber New Yorker beharren darauf, dass sie *on line* stehen. Während ich noch bewundere, wie geduldig die ganzen Musikfans in der schwülen Abendhitze ausharren, legt mir Debbie schon ihre Sicht auf die Ausdrucksweise dar. Es könne gar keine bessere Bezeichnung als auf der Schlange (oder Linie) geben, weil das Ganze einem Drahtseilakt gleiche: Das Timing muss stimmen, und wer für Wirbel sorgt, fliegt.

Diesmal ist es gut gegangen. Debbie hat sich früh genug angestellt, und niemand meckert, als ich an der langen Reihe entlanglaufe und mich dann weit vorne zu ihr geselle.

Kaffee, Tickets, Schnäppchen, Bus: Anstehen ist ein Muss

Reihenweise wartende Menschen gehören vielleicht in historische Bilder vom Ostblock oder von der Ölkrise der 1970er, und man sieht sie in den Nachrichten von Flüchtlingslagern und Krisengebieten. Aber in New York? Wer glaubt, Warteschlangen hätten in der rasanten Metropole keinen Platz, muss bloß mal aus dem Ausland herüberfliegen: Vor der Einreisekontrolle steht man locker eine Stunde in Reihen, die sich von Bändern abgeteilt durch die Ankunftshalle schlängeln.

Umgeben von anderen Ahnungslosen lernt man dort aber nicht, sich wie ein wartender New Yorker zu benehmen. Der ist zwar mit den Gedanken (und oft auch dem Tun) völlig woanders, aber trotzdem jederzeit bereit für das, was am Ende der Schlange wartet. Ob man da nun vollständige Papiere vorzeigen soll oder, wie anderswo, eine Fahrkarte durch einen Schlitz ziehen, eine Bestellung aufgeben oder Geld herausrücken soll: New Yorker sorgen dafür, dass es vorangeht, sogar dann, wenn das nur im Gänseschritt möglich ist.

Sie lassen an der Bushaltestelle erst mal die anderen aussteigen und die Rollstuhlfahrer vor, und sie stellen sich in einer Reihe auf – ob an der Haltestelle, im Supermarkt oder vor der Suppenküche. Niemand tastet erst im U-Bahn-Drehkreuz oder an der Kasse nach dem Portemonnaie – und wenn es doch mal einer tut, trifft ihn der Zorn einer eiligen Mehrheit mit voller Wucht. Auch Vordrängeln wird nicht geduldet. Selbst angesäuselte Hipster pochen vor den Klohäuschen beim Open-Air-Konzert auf Ordnung.

Und dann gibt es noch die Magnetschlangen. Mitten am Tag steht da auf einmal eine Reihe Leute auf dem Bürgersteig: Diese Schlange zieht Neugierige an wie ein Magnet, und sie wächst und wächst. Denn viele New Yorker leiden unter »Fomo«: *fear of missing out.* Die Angst, etwas zu verpassen, macht Schlangen generell attraktiv, ob an deren Ende nun ein angesagter Foodtruck, ein neuer Film oder ein Schnäppchen winkt. Manche stellen sich lieber erst mal an und fragen dann die anderen, worum es eigentlich geht.

Vielleicht warten sie schon eine Stunde auf der Straße auf ihren Brunch-Tisch in dem Lokal, das beste Kritiken mit einem lässigen »Wir nehmen keine Reservierungen« quittiert hat. In New York übernachten Menschen vor einem Turnschuhladen, um am nächsten Tag dort Hype-Sneaker zu kaufen, die sie nie tragen, sondern nur ehrfürchtig im Wohnzimmer ausstellen werden. New Yorker gesellen sich auch gern zu den Hunderten Irren, die tatsächlich glauben, sie würden eine Karte für das extrem ausgebuchte Musical *Hamilton* bekommen – indem sie sich zweieinhalb Stunden vor der Mittwoch-Matinee anstellen für die Lotterie, bei der unter den Anwesenden 21 Tickets für 10 Dollar verlost werden.

Keine Frage: New Yorker haben zwar nie Zeit, aber ihr Faible für Warteschlangen ist historisch verbürgt. Schon Andy Warhol schrieb in *The Philosophy of Andy Warhol:* »Mir gefällt der Gedanke, dass die Leute in New York jetzt fürs Kino anstehen müssen. Die Vorstellung, auf etwas warten zu müssen, macht es gleich viel spannender.«

Heute hilft moderne Technologie dabei, diese Spannung leichter zu ertragen. Für die Chance auf eine Karte für *Shakespeare in the Park* musste man früher sehr, sehr früh aufstehen. Inzwischen gibt es dafür auch eine Online-Lotterie. Wer gewinnt, muss allerdings immer noch Schlangestehen, um die reservierten Gratiskarten abzuholen.

Das Verhältnis zur Wartezeit haben Smartphones radikal verändert. Manchmal sieht man noch jemanden beim Warten ein Buch lesen. Oft aber erledigen New Yorker in der Warteschlange Alltagskram: Sie bringen ihr Nachrichtenwissen auf den neuesten Stand, bezahlen Rechnungen, kaufen online ein, beantworten E-Mails, reservieren schon mal einen Tisch für später.

Inzwischen kann man sogar professionelle Schlangesteher online buchen. Gegen Geld besorgen sie das neueste Smartphone-Modell oder halten einen Platz für ein Selfie mit zwei durch Instagram berühmt gewordene Schweinchen frei. Unter anderen Schlangestehern sind solche Handel allerdings gar nicht gern gesehen. Schon gar nicht, wenn es um Schnäppchen geht.

In New York ist immer und fast überall *Sale.* Oft besteht er in einer riesig beworbenen, aber weit hinten im Laden versteckten Kleiderstange mit langweiligem Zeug. Aber eben nicht immer. Veranstaltungszeitschriften, Modeportale und Blogger listen die Perlen unter den Ausverkäufen auf. Und wenn die Branchenlieblinge zum Schlussverkauf rufen, gibt es kein Halten mehr – und eine lange Schlange.

Ganz selten schließt die Schnäppchenjagd die Schere zwischen Arm und Reich ein kleines Stückchen. Da stellen sich pelzbehängte New Yorkerinnen um sieben Uhr in der Frühe auf die Fifth Avenue:

Es ist »Day After Christmas Sale« beim Edelkaufhaus »Saks«. Eine halbe Stunde später ringelt sich die Schlange bereits um den Block, obwohl sich die Türen erst um acht öffnen.

Doch die meisten Warteschlangen zementieren die Unterschiede zwischen den New Yorkern. Sie sind eben nicht nur die Bestätigung dafür, dass man sich in diesen oder jenen Insiderkreisen herumtreibt, sondern auch dafür, dass man über den größten Luxus in New York verfügt: Zeit. Für eine lumpige halbe Stunde Mittagspause überlässt so mancher New Yorker deshalb die ewige Warteschlange vor der Burgerbude »Shake Shack« lieber den Touristen.

Debbie und ich sind inzwischen so weit vorgerückt, dass wir unsere Plauderei einstellen: Die Frau am Einlass zählt die nächsten Konzertgäste ab. Es ist schon so voll drinnen, dass sie von Kolleginnen Zahlen zugeraunt bekommt, wie viele freie Plätze diese gefunden haben. Die anderen bringen die Grüppchen dann hinein, lassen die Leute zusammenrücken, suchen Klappstühle.

Im Gänsemarsch gehen wir weiter, hören die Frau laut zählen, und dann sehen wir ihren Arm. »Sorry«, sagt sie. »Das waren die letzten Plätze.« Hinter uns seufzen die Leute, und Debbie nötigt mir eine weitere ihrer Weisheiten auf: Nur New York bringt es fertig, die vorderste Reihe zum deprimierendsten Platz in einer Warteschlange zu machen, findet sie. Andy Warhol sah das allerdings anders. Er schrieb, dass das Nicht-Hineinkommen das Aufregendste am ganzen Schlangestehen sei.

★ Do it yourself ★

Für reduzierte Eintrittskarten zu Vorstellungen von Musicals und Theaterstücken am selben Tag anzustehen ist unter Touristen an der **Broadway Ticket Booth** (offizieller Name ist **TKTS**) am Times Square äußerst beliebt. Sie hat zwei etwas weniger bekannte Filialen am South Street Seaport und in Brooklyn. Eine in Echtzeit aktualisierte Liste der verfügbaren Karten gibt es auf der Website.

TKTS • unter den roten Treppen am Times Square, Broadway, Ecke 47th Street • Haltestelle Times Square mit Linie 1, 2, 3, 7, N, Q, R, S oder South Street Seaport, Front Street Ecke John Street, Haltestelle Fulton Street mit Linie 2, 3, 4, 5, A, C, J, Z oder Downtown Brooklyn, Jay Street Ecke Myrtle Avenue, Haltestelle Jay Street/Metrotech mit Linie A, C, F, R • www.tdf.org

Für einen kostenlosen Platz beim allsommerlichen **Shakespeare in the Park** steht man traditionell am Delacorte Theater im Central Park an. Dessen Kiosk öffnet um zwölf Uhr, die Warteschlange formiert sich mehrere Stunden früher. Alternativ kann man die Online-Lotterie probieren. Informationen dazu finden sich auf der Website des Veranstalters, des Public Theater [www.publictheater.org].

Eine Übersicht über lohnenswerte **Sales** und **Sample Sales** geben Website wie **The Stylish City** [https://thestylishcity.com] und **Racked New York** [www.ny.racked.com].

Schnäppchenjagd mit den Profis

Wer in die New Yorker Sample-Sale-Szene eintauchen will, bereitet sich am besten gut vor. Die richtige Kleidung und klare Vorstellungen rechnen sich am Ende. Auch das Schnäppchenjägerlatein ist gar nicht so schwer zu durchschauen: »Bogo« beispielsweise bedeutet *buy one, get one free* (ein Teil kaufen, das zweite – immer das günstigere! – ist gratis). Bei manchem *sale* ist genau dieser Hinweis erst auf den zweiten Blick zu erkennen.

Besonders sehenswert sind die *sample sales:* Da verkaufen Modemacher die Teile, die als Muster genäht wurden. Da gibt es Prototypen für die verschiedenen Größen, Vorabstücke für Fotoshootings (stets in sehr kleinen Größen) und zuweilen auch Designs, die es am Ende nicht in die Kollektion geschafft haben. Vom oft extrem reduzierten Preis sollte man sich aber nicht dazu hinreißen lassen, auf eine genaue Inspektion zu verzichten. Insbesondere echte *samples* kommen schon mal mit Rissen, Make-up-Spuren oder fehlenden Knöpfen.

Ganz streng sehen allerdings längst nicht alle New Yorker Designer und Veranstalter diesen Begriff; oft mischen sich unter die tatsächlichen Probestücke auch Kleider aus der letzten Saison. Viele der *sales* und *sample sales* finden nicht in Läden, sondern in Geschäftsräumen, Lagerhäusern oder leer stehenden Ladenlokalen statt, auch in Showrooms, versteckt im zehnten Stock eines Firmengebäudes mit Rezeption. Daher sollte man immer die genaue Adresse und einen Ausweis mitnehmen.

Wenn diese Räumlichkeiten gar nicht für die Modekundschaft vorgesehen sind, fehlt entsprechend Raum für die Anprobe. Wo es einen *fitting room* gibt, ist er oft improvisiert, und das bedeutet: Zustände wie in einer Turnhallenumkleide, nur ohne Bänke und Kleiderhaken.

Die Profis unter den New Yorker Sale-Fans sorgen mit passender Kleidung vor: Über Tanktops und Leggings kann man die meisten Kleider einfach drüberziehen. Auch Flipflops oder Ballerinas, aus denen man leicht herausschlüpfen kann, sind für diesen Anlass beliebt.

Bargeld sollte man dabeihaben, denn manchmal wird gar nichts anderes akzeptiert, und mitunter ist die Kassenschlange dafür kürzer. Gepäck dagegen bleibt zu Hause, und man sollte darauf gefasst sein, selbst Handtaschen am Eingang abgeben zu müssen. Die Oberschlauen unter den Schnäppchenjägern recherchieren vorher, ob sich ein Besuch überhaupt lohnt: Sie schauen online, zu welchen Preisen die Kleider der jeweiligen Marke anderswo zu haben sind.

17 Urban Jungle

»It's either rabies or babies.«

Na toll. Tollwut oder Mutterschaft, beides würde die merkwürdigen Ereignisse der letzten Tage erklären. Zum Glück höre ich diesen Satz nicht von einem Arzt.

Die Diagnose stammt von einem Mitarbeiter der Kabelgesellschaft, die mich mit Internet versorgt. Wir lehnen uns über ein Fensterbrett im fünften Stock. Eben haben wir zwei große Schraubenmuttern nach unten fallen lassen, sodass sie auf den Verteilerkasten prasseln. Doch das Eichhörnchen, das auf eben jenem Kasten sitzt, lässt sich davon nicht beirren. Im Gegenteil: Es baut sich irgendwie bedrohlich auf.

Das ist jetzt blöd. Das Eichhörnchen hat mich nämlich vom Internet abgeschnitten – und beschert mir seitdem absurde Telefonate mit der Kabelgesellschaft. Die Kabelleute können – und dürfen – Eichhörnchen nicht einfangen oder gar deren Nest ausräumen. Die Tiere unterliegen in New York gesetzlichem Schutz.

Sollte das unerschrockene Eichhörnchen also tatsächlich Junge im Verteilerkasten haben, müsste ich einen zertifizierten Tierfänger rufen. Was ich aber erst einmal mit dem Hausmeister absprechen muss. Der wiederum findet, der Kasten hänge draußen und gehöre der Kabelgesellschaft, das alles sei also deren Sache.

Der Teufelskreis bricht erst, als auch der Fernseher des Hausmeisters nur noch Schnee sendet. Plötzlich stürzt er sich in den Kampf mit den Warteschleifen der Kabelgesellschaft, während ich ihm Adressen von Eichhörnchenentsorgern heraussuche. Mein Kopfkino sendet frohlockend Bilder von Tierschützern, die mit einem Eichhörnchenkäfig auf dem Schoß in den Sonnenuntergang fahren, also nach New Jersey.

Doch als der nächste Kabelmitarbeiter beim Folgetermin ankommt, ist kein Eichhörnchen zu sehen. Offenbar weiß der Mann auch gar nichts von einem etwaigen Nest und schraubt den Kasten einfach auf. Er ist leer.

Kurz darauf steht der Mann in meiner Wohnung und zieht ein nagelneues Kabel nach oben. Als ich ihm dabei die Geschichte vom Eichhörnchen erzähle, nickt er nur wissend. Den zerschlissenen Kabeln sähe man sofort an, was passiert ist. Das sei typisch New York.

Wilde Tiere zwischen Wolkenkratzern

Manhattan wimmelt nur so vor Wildtieren. Tauben erwartet wohl jeder in einer Großstadt, ebenso wie Ratten. Und in einem Klima wie in New York auch massenhaft Kakerlaken. Aber Eichhörnchen?

Das hat sich New York selbst eingebrockt – von allein kamen die Nager nämlich nicht. 1877 ließ die Menagerie im Central Park eine Handvoll Eichhörnchen frei. Ebenso wie die auf dieselbe Art angesiedelten Spatzen hielt die viktorianische Großstadtgesellschaft diese Tiere für die ultimative Landidylle.

Deshalb bauten die Naturromantiker den Neuankömmlingen Nistkästen, sorgten für Nüsse und erhoben die Eichhörnchenpflege zum Symbol für Wohltätigkeit. Doch schon im Jahr 1883 zählte der Central Park 1.500 Eichhörnchen. Statt possierlich herumzusitzen, rissen sie die Rinde von Bäumen und richteten überall im Park Schaden an. Die Stadt organisierte Jagdveranstaltungen. Doch dagegen lief die Fangemeinde der Nager Sturm.

Dass etwas Pelziges durch die Bäume hüpft, ist heute in New York ganz normal. Daran ergötzen sich fast nur Touristen, die meisten New Yorker ignorieren die Eichhörnchen. Schließlich gehören zum Großstadtdschungel im wahren Sinne des Wortes längst spannendere Tiere: Coyoten streifen nachts durch Manhattan, und das selten genug, um selbst unter abgeklärten Kosmopoliten Aufsehen zu erregen. Weißkopf-Seeadler kreisen über Staten Island. In der U-Bahn schreckt ein Opossum die Fahrgäste – ebenso wie ein toter Hai unter der Sitzbank, den jemand am Strand in Coney Island aufgelesen hatte. Da können allgegenwärtige Eichhörnchen nicht mithalten.

Der Central Park gab sich trotzdem geschlagen: 2010 stellte er sein neues Maskottchen vor – ein Eichhörnchen namens Pearl. Manchmal landet eins der Tiere jetzt in den Krallen von Rotschwanzbussarden, die sich in Manhattan niederlassen.

Doch wie ich zwei Jahre nach dem Tollwut-oder-Junge-Vorfall erneut erlebe, weigern sich die Eichhörnchen auch nach mehr als einem Jahrhundert in der Großstadt, ihre Vorstellung aufzugeben, dass alles, was auch nur annähernd wie ein Ast geformt ist, zum Knabbern und Kaputtreißen gedacht ist. Damit schneiden sie nicht nur mich (und meinen Hausmeister) vom Internet ab, sie schaffen sogar Arbeitsplätze: Diverse Firmen vertreiben die kletternden Kabelfresser in New York von Dachböden und aus Zwischendecken.

Schließlich ist der Internetausfall per Knabberhörnchen kein Einzelfall. Ein Eichhörnchen stand bereits 1987 in Verdacht, die New Yorker Tech-Börse NASDAQ für mehr als eine Stunde lahmgelegt zu haben. 1994 fiel dort erneut der Strom aus. Diesmal, sagte eine Sprecherin des Stromversorgers der Börse dazu, diesmal gäbe es Beweise, dass tatsächlich ein Eichhörnchen dahintersteckte: Sie hätten eine Leiche. Das Tätertier sei seiner eigenen Knabberattacke zum Opfer gefallen.

★ Do it yourself ★

Graue Eichhörnchen flitzen durch jeden Park in New York. Das Füttern ist verboten (übrigens für alle Wildtiere), es richtet beträchtlichen Schaden an - unter anderem, weil die Überbleibsel Ratten anziehen.

Weil es dort viele **schwarze Eichhörnchen** gibt, pilgern Tierfans in den Washington Square Park [Greenwich Village, zwischen University Place und McDougal Street, West 4th Street und Waverly Place • Haltestelle West 4th Street mit Linie A, B, C, D, E, F, M] und den City Hall Park [Lower Manhattan, zwischen

Chambers Street, Broadway und Park Row gegenüber dem Aufgang zur Brooklyn Bridge • Haltestelle Brooklyn Bridge/City Hall mit 4, 5, 6, R].

Genauer hinschauen muss man für die **Chipmunks**: Die mauskleinen, wieselschnellen Streifenhörnchen verstecken sich in bewaldeten, ruhigen Teilen des Central Park (Manhattan) und Prospect Park (Brooklyn) im Gebüsch und an Felsvorsprüngen. Der **Rotschwanzbussard** namens Pale Male gilt als der erste, der nicht auf einem Baum, sondern auf einem Hochhaus ein Nest baute – an einer Nobeladresse in Manhattan. Um den **Horst** [an der Adresse 927 5th Avenue] zu beobachten, bringen Hobby-Ornithologen in jedem Frühjahr bei Kerb's Boathouse am Modellbootteich im Central Park ihre Kameras in Stellung. Tolle Bilder der **Großstadt-Raubvögel** gibt es fast täglich auf [www.palemale.com]. **Drei Pfauen** stolzieren seit den 1980er-Jahren rund um die Kirche **St. John The Divine** [Harlem, 1047 Amsterdam Avenue, Ecke 112th Street • Haltestelle Cathedral Parkway mit 1, B, C]. Einer von ihnen ist weiß – und hat ein eigenes Twitter-Konto [@CathedralPhil].

Wenn Eichhörnchen nicht mehr putzig sind

Der Name ist Programm: Eastern Grey Squirrels, die grauen amerikanischen Eichhörnchen, sind fast doppelt so groß wie ihre rotbraunen Verwandten in Deutschland. In Europa wurden sie vor allem in Großbritannien und Italien teils ebenso absichtlich eingeführt wie im Central Park, teils entwischten sie aber auch aus dem Zoo. Schnell wurden sie zum Problem: Grauhörnchen greifen die einheimischen roten Eichhörnchen zwar nicht an, fressen ihnen aber das Futter weg. Zudem verbreiten sie eine Krankheit, die sie selbst überleben, die die kleinen roten Eichhörnchen aber in Windeseile dahinrafft.

Grauhörnchen gehen aggressiver mit Bäumen um und haben großen Appetit auf Eier. Das macht sich in einigen europäischen Regionen inzwischen beim Vogelbestand und durch Waldschäden bemerkbar. Natürliche Feinde haben sie in Europa nicht, wanderlustig sind sie obendrein, und entsprechend schnell breiten sie sich aus. Nach Deutschland sind Grauhörnchen aber bisher noch nicht vorgedrungen.

18 Platz da für den Park!

»Three shrubs will do for a park in New York City.«

Hätte Kim nicht diesen speziellen Sinn für Humor, würde ich wohl jetzt im Boden versinken. Eben noch war ich stolz wie Oskar. Kim stammt zwar aus China, ist aber bereits als Kind nach New York gekommen, und als einzige meiner Bekannten hat sie schon in allen fünf Stadtbezirken gewohnt – in Queens, Manhattan, der Bronx, Brooklyn und Staten Island. Trotzdem hat sie auf der U-Bahn-Fahrt erst noch einmal bekräftigt, es seien immer die Zugezogenen, die die tollsten Orte in New York kennen würden, und ich sei unter ihren Bekannten dabei die Nummer eins. Und jetzt stehen wir vor drei kümmerlichen Büschen.

Ich habe Kim zum Lady Moody Triangle gelotst. Die englische Witwe kam 1643 nach New Amsterdam, und zwei Jahre später gründete Lady Deborah Moody dort die Stadt Gravesend – als eine der ersten Frauen in der Neuen Welt erhielt sie Stadtrechte.

Heute ist Gravesend ein eher unbekannter Teil von Brooklyn, in dem selbst Kim noch nie war. Wir finden dort recht schnell den Friedhof, auf dem Lady Moody wahrscheinlich begraben ist. Da kann man aber nur durch die Gitter schauen. Deshalb waren wir so gespannt auf das Straßendreieck, das der Dame mit den Stadtrechten gewidmet ist und von der Parkverwaltung betreut wird. Von Park kann dort aber keine Rede sein. Der Platz ist ganz schön grau.

Wie New York Grünflächen schafft

Die Idee, dass die Stadtbewohner etwas Grünes zur Erholung brauchen, ist keine Erfindung der Hippies; sie reicht bis in die Zeit New

Amsterdams zurück. Damals entstand Bowling Green. Der älteste Park New Yorks hält dem stetigen Wandel New Yorks seine Beständigkeit entgegen: Auch nach den Zerstörungen durch den Hurrikan »Sandy« wurde Bowling Green nur umgestaltet, nicht etwa für immer geschlossen. So erfreut er heute nicht nur mit einem Blick auf die Freiheitsstatue, sondern auch mit einem seltsamen Karussell.

Doch das historische Gewicht nützt gar nichts: Nicht Bowling Green, sondern der Central Park bleibt der berühmteste Grünstreifen der Stadt. Hollywood ist daran nicht ganz unschuldig: Der Central Park soll zu den meistgefilmten Orten auf der Welt gehören. Touristen fallen meist von seiner unteren Grenze in ihn ein, machen Fotos mit ein paar Wolkenkratzern im Hintergrund, lassen sich von Kutschpferden ziehen, auf deren Arbeitszeiten und -bedingungen so manche New Yorker neidisch sind, suchen die Bethesda Terrace mit dem Brunnen, die Statue von Alice im Wunderland, den See mit den Ruderbooten oder die Schlittschuhbahn.

Doch der Central Park gehört nicht nur den Touristen, er gehört auch den Romantikern. In so gut wie allen öffentlichen New Yorker Parks kann man nach Voranmeldung und gegen eine Gebühr heiraten – anders als in Deutschland braucht man zum Heiraten nicht ins Standesamt, sondern kann den formalen Akt von entsprechend lizensierten Pfarrern am Wunschort erledigen lassen – und Teile des Central Park wie der Conservatory Garden oder die Bow Bridge ziehen New Yorker Bräute an wie hochkarätige Ringe.

Ganz unromantisch machen zudem New Yorker aus den umliegenden Büros, Läden und Krankenhäusern im Park Mittagspause. Wer raucht, outet sich sofort als Tourist. Rauchen ist ebenso wie Alkoholgenuss in allen New Yorker Parks – inklusive der Strände – verboten. Dass der Rest der Welt über diese Regelungen lacht, stört New Yorker nicht weiter. Sie nutzen den Park als ampelfreie Abkürzung oder als Joggingstrecke, Kindermädchen treffen sich dort mit Kolleginnen und deren Schutzbefohlenen, Mannschaften stürmen über die Sportplätze, und auf den Wiesen breiten Familien ihr Picknick aus.

Doch anders als Touristen sind New Yorker nicht so stark auf den Central Park fixiert; sie kennen die Alternativen. Immerhin 14 Prozent der Fläche New Yorks werden von der Parkverwaltung betreut.

Neben den kleinen und großen Parks gehören dazu auch die Strände, außerdem 14 öffentliche Golfplätze, 67 Schwimmbäder, 550 Tennisplätze und einige Gedenkstätten. Wer Sehnsucht nach Grün hat, schaut sich deshalb zunächst in der eigenen Nachbarschaft um. Dort finden sie vielleicht zwischen zwei Hochhäusern einen von Bistrotischchen umrahmten Wasserfall, ein Stück Rasen mit Amphitheatertreppen, einen weitläufigen Platz mit Kunst und Blumenkübeln. Diese Art von Parks gehen auf Immobiliendeals zurück: Gib der Öffentlichkeit etwas zurück, dann bekommst du einen Bonus.

Donald Trump bekam zum Beispiel die Erlaubnis, 20 Stockwerke mehr als eigentlich erlaubt auf seinen Trump Tower zu bauen, wenn er im Gegenzug die Eingangshalle zum öffentlichen Raum macht. Jede Nutzung eines solchen *Privately Owned Public Space (POPS)* muss dem Gemeinwohl dienen. Jenes interpretieren Immobilienbesitzer allerdings schon mal eigenwillig.

Eine lange Sitzbank verschwand bald wieder aus dem Trump Tower, stattdessen machten sich dort gleich zwei Verkaufstresen breit – mit Devotionalien des vom Vollzeiterben zum Präsidentschaftskandidaten hochgepolterten Trump. Als die illegale Nutzung der Halle zum ersten Mal bemerkt wurde, veränderte sich gar nichts. Beim zweiten Mal ließ der Gebäudemanager einen der beiden Läden abbauen.

Dass diese Art Parks ihren Zweck oft nicht oder nur schlecht erfüllen, stellte Harvard-Professor Jerold Kayden bereits im Jahr 2000 in einer umfassenden Studie fest. Manche Besitzer eines solchen Parks in Privathand verkneifen sich Hinweisschilder darauf, dass das Foyer oder der Platz mit den Stühlen für die Öffentlichkeit gedacht sind, andere ersetzen Parkbänke heimlich durch Mitarbeiterparkplätze. Beides ist illegal.

Seit 2012 weisen Kayden und die Aktivistengruppe »Apops« die New Yorker mittels einer Karte im Internet darauf hin, wo überall solche Parks überhaupt sind. Dass Haus- und Parkbesitzer ihre Verpflichtung den Bürgern gegenüber nicht einhalten, machte auch das Aufkommen von Occupy Wall Street zum Diskussionsthema in New Yorker Büros, Kneipen und, ja: Parks. Die Bewegung hatte sich 2012 am Zuccotti Park niedergelassen, einem öffentlichen Park in privater Hand, benannt nach dem Chef der Besitzerfirma Brookfield Properties. Anders als städtische Parks haben diese Plätze keine Sperrstunden, sie müssen der Öffentlichkeit rund um die Uhr zugänglich sein. Dass Occupy Wall Street genau von diesem Recht Gebrauch machte, fuchste die Besitzer gewaltig.

Auch der eher von Touristen als von Aktivisten besetzte Brooklyn Bridge Park ist kein städtischer Park, sondern ein *POPS*. Um ihn zu finanzieren und die laufenden Kosten zu decken, lässt die Brooklyn Bridge Park Corporation beispielsweise Hochhäuser an den Rändern des Geländes bauen. Sie bestimmt die Regeln für Parkbesucher und welche Freizeitaktivitäten der Park unterstützen soll. Mittendrin eröffneten die Parkbesitzer 2016 zum Beispiel einen Hafen, der auf die Megayachten der Superreichen ausgelegt ist. Und was kriegt die Öffentlichkeit? Mit solchen Fragen befasst sich bei *POPS* immer wieder die örtliche Stadtteilverwaltung, und die meinungsfreudigen New Yorker steigen mit Verve in die Diskussion ein. Das hat etwa dazu geführt, dass ein Teil des Hafens im Brooklyn Bridge Park nun für Gratis-Wassersportangebote reserviert ist.

In Gravesend lockt uns weder Luxus noch Freizeitprogramm. Nach einem Blick über die spärliche Bepflanzung des vermeintlichen Parks befindet Kim, dass Januar vielleicht einfach nicht die beste Zeit ist, um in Brooklyn nach Geschichte zu suchen. »Ich habe neulich von einem Park gelesen, der geheizt ist«, sagt sie schaudernd und schaut mich erwartungsvoll an. Ihrer Ansicht nach weiß ich natürlich, wo der ist.

★ Do it yourself ★

Im Park um die Ecke kann man oft beobachten, wie die Menschen in der Gegend ticken. Wer gezielt nach Grün in der Nähe seiner Unterkunft sucht, kann dies mithilfe der Postleitzahl bei **Find A Park** [www.nycgovparks.org/parks] auf der Website der Parkverwaltung schnell herausfinden. Besondere Ecken und Geheimnisse des **Central Park** kann man bei Führungen auskundschaften. Es gibt sogar eine App mit Audio-Guides zu Attraktionen des Parks, die von Promis wie Anne Hathaway und Jerry Seinfeld gesprochen werden [www.centralparknyc.org/tours]. Sogar *Ranger* (Förster) gibt es mitten in Manhattan: Die Urban Park Rangers kennen sich bestens mit Flora und Fauna aus, und gegen Voranmeldung [www.nycgovparks.org/events/urbanparkrangers] kann man mit ihnen auf die Pirsch gehen.

Für eine kurze Pause mitten in der Stadt eignen sich die ***POPS***: Eine interaktive Karte dieser zahlreichen in Privatbesitz befindlichen öffentlichen Plätze in Manhattan gibt es auf der Website der Aktivistengruppe »Apops« [http://apops.mas.org]. Unter New Yorkern beliebt ist etwa **Elevated Acre**: Für einen Acre (etwas mehr als 4.000 Quadratmeter) öffentlich zugängliche Fläche durften die Besitzer eines Grundstücks an der Water Street fünf Stockwerke höher bauen. Das Ergebnis ist ein Park mit kostenlosem WLAN und herrlichem Blick über den East River, auf Brooklyn Bridge und Hubschrauberlandeplatz.

Elevated Acre • Financial District, 55 Water Street zwischen Old Slip und Broad Street • dort die Rolltreppe zwischen den Gebäuden nach oben nehmen • Haltestelle Bowling Green mit Linie 4, 5 oder Whitehall/South Ferry mit 1, R

Kein Park, aber eine Institution unter Natur- und Kunstfreunden: der **New York Earth Room**. Betreten darf man den mit Erde gefüllten Loft im ersten Stock allerdings nicht.

New York Earth Room • Soho, 141 Wooster Street zwischen Prince und Houston Street • Sommerpause von Juni bis September • http://diaart.org/sites/main/earthroom

Verrückte Park-Ideen: In der Luft, unter der Erde, auf dem Wasser

Manhattan ist ein Abenteuerspielplatz für Menschen ohne Nerven. Spätnachts brechen sie auf Wolkenkratzerbaustellen ein, um an deren Spitze zu klettern, dort schwindelerregende Bilder von ihren herunterbaumelnden Füßen zu machen und diese ins Internet zu stellen (worüber die Polizei sie dann öfter als gedacht aufspürt).

High Line Park

So hoch hinaus mussten die Draufgänger vor zwanzig Jahren noch nicht. Da hatte New York noch mehr heruntergekommene Ecken und vergessene Bauten. Wie zum Beispiel die 1980 stillgelegte Hochbahn auf der West Side. Sie sollte einmal ein Park in der Luft werden.

In den 1990er-Jahren waren ihre Gleise von Unkraut überwuchert, und wer heimlich hinaufkletterte, brachte tolle Geschichten und Fotos von einem wilden Paradies mit, das sich durch die Häuserblöcke schnitt. Genau das brachte die Anwohner Robert Hammond und Joshua David auf die Idee, daraus einen öffentlich zugänglichen Park zu machen: den High Line Park. 1999 gründeten sie die Initiative »Friends of the High Line«, sammelten Geld, gaben Studien in Auftrag, befragten Bürger, was ihnen in der Gegend fehlt, und verhandelten mit der Stadt. Im Sommer 2009 eröffnete der erste Teil des Parks. Aber nicht alles läuft wie geplant. Um den Anwohnern ein Stück Grün zu erkämpfen, brauchte die Initiative Geld – und dafür trommelte sie um Aufmerksamkeit. Genau das brachte aber so viel Medieninteresse, dass die High Line schon bald nach der Eröffnung auf den Top-Listen der Reiseführer auftauchte. Sie hätten in dieser Gegend wirklich Grün gebraucht, aber stattdessen hätten sie jetzt Weiß-Rot-Schwarz, sagt mir ein Ureinwohner. Er zeigt auf ein Pärchen, das im Partnerlook »I Heart NY«-T-Shirts trägt.

High Line Park • Gansevoort Street (Meatpacking District) bis West 34th Street (Midtown) zwischen 10th und 12th Avenue • Haltestelle Hudson Yards mit Linie 7 oder Haltestelle 14th Street/8th Avenue mit A, C, E, L • www.thehighline.org

Liberty Park

Grün wollten die Leute in Lower Manhattan auch. Rund um die World Trade Center Site und ihre unzähligen Baustellen fehlte eine solche Oase. Deshalb gibt es auch dort seit Sommer 2016 einen Park in luftiger Höhe: Der etwa 4.000 Quadratmeter große Liberty Park befindet sich auf dem Eingangsdach einer stark gesicherten Garage und blickt über das 9/11 Memorial.

Liberty Park • Lower Manhattan, 155 Cedar Street, an der Liberty Street zwischen West Street und Greenwich Street • Haltestelle Cortland Street mit Linie R

Lowline Lab

Ein solcher Erfolg inspiriert Nachahmer. Auf der anderen Seite der Insel, an der Lower East Side, sind die Möglichkeiten zur Erholung im Grünen nämlich auch ziemlich dürftig. Deshalb dachte sich James Ramsey: Unter der Erde ist doch jede Menge Platz, genauer gesagt in dem verlassenen Straßenbahndepot am Fuße der Williamsburg Bridge. Zusammen mit Dan Barasch zerbricht er sich den Kopf darüber, mit welcher Technologie man Sonnenlicht unter die Erde bringen kann, damit dort Pflanzen wachsen können – und den beiden fällt tatsächlich eine Lösung ein. Das ist die Geburtsstunde der Lowline.

Die beiden Untergrundparkvisionäre finden genug Befürworter ihrer Idee, um das Geld für einen Prototypen zusammenzukratzen. In einem rabenschwarz abgedunkelten leer stehenden Lagerhaus beweisen sie, dass die irre Idee mit der Sonnenlichtumleitung in den Keller funktioniert. Dieses Lowline Lab kann man besuchen, ehe der eigentliche Park gebaut wird. Ramsey und Barasch sind schwer mit Verhandlungen und Finanzierung beschäftigt, glauben aber an eine Eröffnung im Jahr 2020.

Lowline Lab • Lower East Side, 140 Essex Street • Haltestelle Essex/Delancey Street mit F, J, M • bis März 2017 an den Wochenenden geöffnet • www.thelowline.org

Pier 55

Noch hochtrabendere Parkpläne verfolgen Designerin Diane von Fürstenberg und ihr Gatte, der Medienmogul Barry Diller. Sie hatten 2011 schon mit einer großzügigen Spende dafür gesorgt, dass die High Line fertiggestellt werden kann. Nun wollen sie ihren eigenen Park, und dafür bauen sie quasi eine Erweiterung an Manhattan an: Pier 55 wird ein Park auf Stelzen im Hudson River. Mit einer Investition von mindestens 113 Millionen Dollar machen sie das schätzungsweise 130 Millionen Dollar teure Projekt zu einem der größten privat finanzierten Parks der USA. Bereits Ende 2018 wollen sie ihn eröffnen.

Pier 55 • www.heatherwick.com/pier55

19 Eat your greens

»Take that stuff from the girl already!«

Ich stehe an der Straßenecke, halte beim Grünkohltütenschwingen inne und drehe mich um. Neben dem Eingang der Bank sitzt ein Mann. Eben gab ihm ein Bankkunde ein paar Münzen. Und jetzt ruft er auf einmal los, dass die Leute mir meine Sachen abnehmen sollen. Das sollte eigentlich ganz schnell gehen in einer Gegend, in der frisches Gemüse nur schwer zu kriegen ist. Doch zunächst einmal bleibt der Grünkohl in meiner Hand.

Ich helfe einer jungen Organisation, die in einem sozialen Brennpunkt möglichst gesundes Essen verteilt. Dienstags gibt es da ein warmes Essen, donnerstags frisches Gemüse. Das habe ich nicht zum ersten Mal in einem rumpeligen Wägelchen einige Häuserblocks weit gezogen, um an der gewohnten Ecke zur ehrenamtlichen Marktschreierin zu werden.

»Frisches Gemüse, gratis!« rufe ich abwechselnd auf Englisch und Spanisch und halte den Passanten eine oder zwei Tüten hin. Deren Inhalt stammt aus Biogemüsekisten, die deren Abonnenten nicht abgeholt hatten. Es ist echt gutes Gemüse. Doch heute haben die anderen Helfer beim Verteilen von kiloweise gemischtem Grünzeug nicht aufgepasst, und nach allerlei gemischten Tüten sind nur noch welche mit nichts als Grünkohl übrig.

Wie ich bald von Passanten erfahren werde, ist dieses Gemüse in der Gegend so gut wie unbekannt. Erst einmal frage ich aber den Mann vor der Bank erschrocken, ob ich ein Stück zur Seite gehen soll. Ich will ihm ja nicht das Geschäft kaputtmachen. »Ist schon in Ordnung«, sagt er milde. »Du hast mir nur leidgetan.«

Trendgemüse, Samenbomben und Beete für die Nachbarschaft

In anderen Gegenden der Stadt kommt man an Grünkohl nicht vorbei. *Kale Chips, Kale Salad, Braised Tuscan Kale, Kale Juice Margarita* – und das sind bloß paar dunkelgrüne Optionen für den Brunch. Leute, für die Brunch eine Option ist, kennen auch jede Menge Antworten auf die Frage, was sie denn heute mal essen könnten. Selbst wenn sie ausschließlich Trendkost essen wollten.

In New York existieren stets mehrere Hypes nebeneinander, deshalb halten sich manche verhältnismäßig lange. Außerdem dauert es eben, bis der letzte Hinterwäldler von der Sache Wind bekommen hat – und richtig Zaster dafür in der Stadt lässt. Grünkohl zum Beispiel ist nun wirklich nichts Neues in New York, aber dennoch in allen erdenklichen Formen zu haben. Ausgerechnet ultrafrisches Gemüse schlägt auf den Listen mit den heißesten neuen Gerichten der Stadt Wurzeln. Gerade in New York scheint die Idee ja fast absurd: Wo soll in einer Großstadt denn Gemüse herkommen? Ganz aus der Nähe, wie sich herausstellt.

Long Island, auf dem auch die New Yorker Stadtteile Brooklyn und Queens liegen, gilt seit jeher als Kartoffelparadies und Gemüsekammer der Gegend, sogar Wein wächst dort. Gleich hinter der Bronx beginnt das fruchtbare Hudson Valley, weiter nach Norden finden sich jede Menge kleine Ökohöfe. Und so mancher Bauer aus dem Umland steht inzwischen noch vor dem Morgengrauen auf dem Feld und karrt den Ertrag nach New York, weil es sich rechnet, frisch geerntetes Gemüse, selbstgemachten Käse oder Ziegenfleisch auf einem der Wochenmärkte in Manhattan zu verkaufen.

Glaubt man den Farben dieser Märkte, sind New Yorker wahre Gemüsegourmets: Rot, gelb, grün und fast schwarz leuchten die alten Tomatensorten, die dort im Spätsommer hinter Schildern mit der Aufschrift *»heirloom tomatoes«* liegen, als frisches Gemüse mit langem Stammbaum. Je nach Saison gibt es orangefarbene Kürbisse, lila Kartoffeln, rotgrüne Äpfel, Möhren in allen Regenbogenfarben und so viele grüne Blattgemüsesorten, dass man ein Botaniklexikon braucht. Kein Wunder, dass früher oder später jemand auf die Idee kommen musste, die *»Farm to Table«*-Idee nach Hause zu fahren und das Gemüse direkt in New York City anzubauen.

Salat, Grünkohl und Paprika wachsen nicht nur auf New Yorker Dächern. Gastronomie-Schwergewicht Tom Colicchio installierte direkt neben seinem Restaurant »Riverpark« einen zunächst temporären Gemüsegarten, der inzwischen einen Dauerplatz gefunden hat. So kommt der bekannte Koch zielsicher an Spezialgemüse wie Amaranthblätter und Speisechrysanthemen. Die Idee vom Gemüsebeet mitten in Manhattan ist allerdings schon jahrzehntealt; die Pioniere dieser Gartenbewegung klapperten nur nie so laut mit dem Kochtopf wie die neue Garde der Stadtbauern.

Liz Christy wusste nicht die Bohne, wie man Gemüse zieht. Mit Grafikdesign und Ölmalerei kannte sie sich aus. Doch in ihrem Viertel an der Lower East Side sah sie Dinge, die ihrem künstlerischen Geist zuwiderliefen. New York steckte in den 1970er-Jahren in einer finanziellen Krise, viele Stadtteile sahen aus wie nach einem Krieg: durchlöchert von verlassenen Häusern und leeren Grundstücken voller Müll. Liz wollte dort viel lieber Leben sehen, und so gründete sie 1973 mit rund einem Dutzend Gleichgesinnter die »Green Guerilla«.

Sie warfen »Seed Bombs«, Kugeln aus Erde und Blumensamen, über Absperrzäune. Sie drückten Sonnenblumensamen in die Mittelstreifen hektischer Straßen. Und sie nahmen sich ein leeres Grundstück an der Ecke Bowery und Houston Street vor, um es zu begrünen. Ein Jahr lang entfernten Liz und ihre Mitstreiter bergeweise Schutt und Müll, mit ihren Mistgabeln jagten sie mitunter Drogendealer vom Gelände. Als schließlich die ersten Blüten ihren Garten zierten, kamen Vertreter der Stadt: Das sei städtisches Eigentum, sie sollten gefälligst verschwinden. Doch Medien bekamen Wind von der Sache, und Liz und ihre Freunde zeigten gar zu gern, was sie aus dem Stück Land gemacht hatten, auf dem kurz zuvor noch erfrorene Obdachlose gefunden worden waren: Auf 60 Gemüsebeeten sprießte Grünzeug, Blumen wagten sich am Wegesrand aus der Erde. Die Stadt gab nach und vermietete der Gruppe das Grundstück für einen Dollar im Monat – unter Vorbehalt. Ab da hieß die grüne Oase »Bowery Houston Community Farm and Garden«.

Bis zu ihrem Krebstod 1985 sah man Liz Christy durch die Stadt eilen und anderen Gruppen dabei helfen, weitere Community Gardens zu planen. Bald gab es Hunderte von ihnen über die ganze Stadt verteilt, in Manhattan besonders viele auf der Lower East Side, im East Village und in East Harlem. Immer wieder verliert einer dieser Community Gardens das Tauziehen mit der Stadt und den Baulöwen, doch noch heute gibt es sie zu Hunderten.

Manche sind puerto-ricanischen Casitas nachempfunden. Da steht neben den Paprikaschoten schon mal ein Dominotisch oder ein Heiligenschrein. In anderen legen die Anwohner einen japanischen Felsgarten und einen Koiteich an, oder es stehen fantasievolle Skulpturen zwischen den Salatbeeten.

Alle diese Community Gardens werden komplett von Freiwilligen beackert; sie sind Mitglied, haben meist ein eigenes Stück Beet zum Bewirtschaften und helfen zudem, die gemeinschaftlich genutzten Bereiche schön grün zu halten. Am Tor kündet zudem ein Zettel davon, wann neugierige Besucher hineinschauen dürfen. Gemüse ernten dürfen allerdings nur die Mitglieder.

Als ich später als sonst mit dem leeren Gemüsewägelchen zurückkehre, ernte ich Belustigung. Ausgerechnet Grünkohl wäre beinahe liegengeblieben? Das Trendgemüse? Die anderen stutzen. Ihnen fällt auch kein traditionelles Grünkohlgericht aus den Imbissen der Umgebung ein. »Keine Sorge, das kommt so schnell nicht wieder vor«, sagt die Koordinatorin der Hilfsorganisation. Die Höfe, von denen sie das Gemüse abholt, hätten laut Fruchtfolge demnächst etwas anderes im Überfluss. Und Mais, so meinen alle, Mais isst doch wirklich jeder.

★ Do it yourself ★

Auf das Klischee vom fleischklopsverschlingenden US-Amerikaner prallt die bunte Gemüsevielfalt in New York mit Verve. Viele Supermärkte präsentieren ihr Gemüse beinahe wie eine Designausstellung, und auf den Wochenmärkten [aktuelle Liste mit Orten und Wochentagen unter www.grownyc.org] findet man immer neue Kapriolen, von Zebratomaten bis zu Schnittlauchblüten zum Sautieren. Ein Magnet auch für Spitzenköche ist der **Union Square Greenmarket**.

Union Square Greenmarket • Union Square, Broadway zwischen 14th Street und 17th Street • Haltestelle Union Square mit 4, 5, 6, L, N, Q, R

Wer dem Grünkohl beim Wachsen zuschauen möchte, kann bei einem der Community Gardens anklopfen. Die meisten sind zu bestimmten Zeiten auch für Nicht-Mitglieder offen. Die **New York City Community Garden Coalition** bietet auf ihrer Website eine Karte mit Hunderten dieser Gemüsegärten [www.nyccgc.org/map].

Essen kann man New Yorker Gemüse von nebenan zum Beispiel bei **Riverpark**, ab und zu gibt es dort auch Farm-Touren. Die Küche bei **Rosemary's** dagegen holt Rosmarin und anderes Grünzeug vom eigenen Dach. Und die Hipster-Pizzeria **Roberta's** in Brooklyn vermietet ihren Gemüsegarten auch an Firmen- und Hochzeitsgesellschaften.

Riverpark • 450 East 29th Street, hinter 1st Avenue am Wasser • Haltestelle 28th Street mit Linie 6 • www.riverparknyc.com

Rosemary's • West Village, 18 Greenwich Avenue, Ecke West 10th Street • Haltestelle Christopher Street mit Linie 1 • www.rosemarysnyc.com

Roberta's • Bushwick, Brooklyn, 261 Moore Street, Ecke Bogart Street • Haltestelle Morgan Avenue mit Linie L • www.robertaspizza.com

Wenn »veggie« nicht unbedingt vegetarisch bedeutet

Gemüse ist in New York nicht nur ein Fall für die vegetarische und vegane Küche. Manche New Yorker Restaurants schmücken sich mit Begriffen wie *plant-based* oder *veggie centric* und grenzen sich damit von den vegetarischen und veganen Restaurants ab. Sie kochen Fleisch und Fisch, sorgen aber eben auch dafür, dass man das gesunde Gemüse genauso gern aufisst.

Vorläufer dieser Entwicklung ist *farm to table:* Wegen der Umwelt und der Frische soll das Essen direkt vom Bauern auf den Restauranttisch kommen. Dem Gast vermittelt dieses Etikett obendrein das Gefühl, der Koch sei mit dem Schwein per du, die Küchenhilfe wisse, wer die Kartoffeln aus der Erde gebuddelt hat, und das Ganze schmecke besser als Massenware aus dem Supermarkt. Meistens tut es das auch.

Selbst *nose to tail,* also die Verarbeitung des ganzen Tieres und nicht etwa nur seiner Filetstücke, hat inzwischen ein Geschwisterchen aus der Pflanzenwelt: Eine »*root to stem*«-Küche serviert zum Beispiel gegrillte Karotten mit dem Grün oben dran.

20 Iss dich hip

***»That sounds horrible!
Let's go there!«***

Wir sitzen in der U-Bahn, und ich bin mir ziemlich sicher, der Typ neben uns denkt, Kelly hätte nicht mehr alle Tassen im Schrank. Die Frage ist aber vielmehr, woher Kelly eigentlich diese Energie hat, die sie jetzt dazu bringt, da hin zu wollen, wo es fürchterlich zu sein scheint.

Kelly arbeitet tagsüber in einer Physiotherapiepraxis, abends hilft sie oft noch in einer Restaurantküche aus. Ihren Mitbewohner, der gleichzeitig ihr Bruder ist, schockt sie zuweilen mit handgewaschener Unterwäsche auf einer Schnur in der winzigen WG-Küche. Ihr Wäscheberg wächst zu schnell, und zum Einkaufen kommt sie auch nicht.

Ihr Leben sei zu langweilig, sagt sie trotz alledem. Das letzte halbe Jahr hat sie mich mit der fieberhaften Suche nach einem Hobby unterhalten, und derzeit hat sie sich darauf eingeschossen, dass sie ein *Foodie* ist – ein sehr ehrgeiziger, würde ich sagen. Sie will unbedingt unbekanntes Essen entdecken, vielleicht sogar Trends setzen.

Deshalb hätte ich besser nicht erwähnt, dass ich neulich an einer Restaurantbaustelle vorbeikam, die schon mal das Grundangebot ins Fenster geklebt hatte: Wein und Schokolade. Da kennt Kelly jetzt kein Pardon. »Du magst doch beides«, beharrt sie. Und nun muss ich wohl probieren, ob das auch so bleibt.

Blaue Kartoffelchips, Meerschweinchenbraten und ein Katerfrühstück mit Geschichte

Foodies interessieren sich für alles rund ums Essen. Es kümmert sie zum Beispiel, woher die Zutaten stammen und wie sie hergestellt wurden. Sie stehen auf vielfältig geformte Heirloom-Tomaten, grüne Rieseneier von einer Emufarm in New Jersey, Porchetta (eine Art Spanferkel) aus dem Fleisch von vor kurzem noch freilaufenden Berkshire-Schweinen und handgeschöpfte Chips aus blauen Kartoffeln.

Sie jagen nach dem Authentischen, loben zum Beispiel ein »vergessenes« Gemüse wie *ramps* (dem Bärlauch ähnlich) über den grünen Klee oder schwärmen für ein echt typisches Gericht einer bestimmten Gegend wie die duftenden Kuchen von den Amish aus Pennsylvania. Für *Foodies* soll das Essen tiefe Wurzeln haben oder schön wild sein.

Es muss zumindest den Anschein erwecken. Ehe Greek Yogurt in den Regalen auftauchte, ließen die New Yorker Joghurt jedenfalls links liegen. Auf der anderen Seite der Skala darf das Essen so kreativ ausfallen wie Cupcakes mit Speck. Wer hip isst, achtet in New York zudem auf den Gesundheitswert. Deshalb darf das Essen gern aus Bio-Anbau kommen und knackfrisch aus der Region.

Es gibt New Yorker, die Mikrowellenpopcorn für eine Glanzleistung in der Küche halten. Viele finden fürs Essen gerade mal die Zeit, die sie am Imbisstresen anstehen müssen. Aber allein die vielen Wochenmärkte mit frischem Gemüse, Fisch und Fleisch zeigen: So mancher New Yorker kocht und isst mit Leidenschaft. Allerdings kaufen längst nicht alle New Yorker nach Gusto ein; wer nicht weiß, wovon er die nächste Miete zahlen soll, kann von frischen Himbeeren oder Ökoeiern nur träumen.

Mit *food stamps,* die vom Staat anstelle von Geld an Bedürftige ausgegeben werden, kann man zwar inzwischen auch auf den Wochenmärkten einkaufen. Doch die gibt es nicht überall. *Food deserts,* also Lebensmittelwüsten, nennen US-Amerikaner Gegenden, in denen es meilenweit nichts als Fast Food zu kaufen gibt. Selbst im dichtbesiedelten New York klaffen sie auf.

East New York, ein Stadtteil in Brooklyn, hat die größte Anzahl an Food-stamp-Empfängern, die meisten Übergewichtigen und die geringste Quote von Lebensmittelläden pro Einwohner. Doch in dem sozialen Brennpunkt gibt es auch die meisten Community Gardens (siehe Kapitel 19) der Stadt, und Jugendliche leiten gleich zwei Wochenmärkte, auf denen die Nachbarschaft im Sommer Gemüse aus eben jenen Gärten kaufen kann.

Die New Yorker Feinschmecker dagegen kümmern sich oft nur am Rande um gesellschaftliche Aspekte der Lebensmittelproduktion. Nur langsam rückt es ins Bewusstsein, dass die Menschen auf den Farmen im Umland zu den am schlechtesten bezahlten Arbeitskräften im ganzen Bundesstaat gehören. Wie auch anderswo nutzen viele Farmer es aus, dass ein Großteil von ihnen Einwanderer sind. Viele sprechen kaum Englisch, manche müssen sich vor Abschiebung fürchten.

Der Bundesstaat New York gehört zwar zu den größten Lieferanten von Äpfeln, Wein und Trauben sowie Milchprodukten in den USA, hinkt aber hinterher, was die Rechte von Landarbeitern auf gewerkschaftliche Organisation, Überstundenbezahlung oder auch nur einen freien Tag in der Woche angeht, ebenso wie Schutzmaßnahmen beim Umgang mit Chemikalien. In New York City gibt es Aktivisten und Politiker, die das ändern wollen. Doch die meisten konzentrieren sich auf das Essen an sich.

Unter Gleichgesinnten lernen sie, Joghurt selbst zu machen und Bier zu brauen, sie kaufen auf dem Wochenmarkt ein oder geben damit an, wie viel Geld sie bei der Feinkostkette »Wholefoods« gelassen haben, sie holen jede Woche ihre Gemüse-Abo-Kiste ab oder sie lassen sich gleich Pakete mit Rezepten und den passenden Zutaten ins Haus liefern. Vor allem aber gehen New Yorker, die es sich leisten können, auswärts essen.

In New York gibt es schließlich mehr Restaurants, als man im ganzen Leben besuchen kann. Ständig macht hier eines zu und dort eines neu auf. Um herauszustechen, müssen die Restaurants sich schon einiges einfallen lassen – und das tun sie auch. Deshalb ist New York ein Paradies für Feinschmecker, *Foodies* und Heimwehkranke. Irgendwo gibt es immer Trüffel, Ceviche, frittierte saure Gurken oder Schwarzwälder Kirsch. Die Leute kommen von weit her, um die echte, dünne New Yorker Pizza zu essen, sie stehen Schlange für Cheesecake oder Pastrami-Sandwiches, nach denen man drei Wochen lang nichts mehr zu essen braucht. Wenn sie tausend Dollar übrig haben, bestellen sie vielleicht sogar Lobster Frittata mit mehr als einem halbem Pfund Kaviar.

Weil viele New Yorker selbst in der Mittagspause gerne Neues probieren, tauchen Pop-Up-Märkte mit Namen wie »Foodie Friday« oder »Midweek Munchies« auf. Manche gehen auf ihren kulinarischen Exkursionen sehr weit: Sie probieren peruanischen Meerschweinchenbraten, Spaghetti aus Radieschen, einen Taco mit gegrillten Grillen oder gar lebendigen Tintenfisch.

Das alles gibt es in New York, und manchmal wabern Geheimnisse darum herum. Bisher hat etwa noch keiner der begeisterten Foodblogger herausgefunden, ob das koreanische Restaurant mit dem lebendigen Oktopus eine bisher unbekannte lokale Spezialität auf den Tisch bringt oder sich eher von der New Yorker Sucht nach Neuem inspirieren ließ. Wenn sie eine gute Geschichte mitbringen, überleben Trendgerichte vielleicht sogar die wenigen Monate Aufmerksamkeit, die New York ihnen üblicherweise gönnt. *Eggs Benedict* etwa bestellen selbst Gastronomie-Snobs beim Brunch immer noch. Schließlich ranken sich um deren Erfindung und Erfinder gleich mehrere Legenden. Die beliebteste ist die vom verkaterten Banker Lemuel Benedict, der Ende des 19. Jahrhunderts im Waldorf Hotel logierte und die Kreation geordert haben soll.

Dass Hamburger gerade in New York immer wieder aufleben, wundert auch nicht. Um 1820 herum sollen die Frikadellen erstmals auf der Westside Manhattans aufgetaucht sein, um heimwehkranke Hamburger Seemänner zu trösten. Vielleicht funktioniert das ja heute noch. Unterdessen raunt man sich in der Warteschlange eines Restaurants zu, dessen 1.000 Dollar teurer *Golden Opulence Sundae* – ein Eisbecher mit 23 Karat essbarem Blattgold – würde tatsächlich mindestens einmal im Monat jemand bestellen. Nachgehalten hat es noch niemand.

Genau diese Geschichte höre ich beim Warten. Das Wein-Schokolade-Experiment ist gescheitert, aber Kelly hat immer noch dasselbe Hobby. Diesmal steht *Frozen Hot Chocolate* bei Seredipity 3 auf der Liste, weil sie ironisch kommentierte Fotos des Touristenklassikers auf ihren neuen Blog stellen will. Hinter uns erzählt eine beleibte Dame derweil einem Zahnspangenmädchen vom Goldnachtisch.

»Um den zu kriegen, musst du aber nicht nur brav deinen Teller leer essen«, sagt Kelly und erhebt ihren Zeigefinger. Um so viel Geld ausgeben zu können, müsse man einen guten Job finden. »Du musst immer schön deine Hausaufgaben machen.« Strahlend erzählt ihr das Mädchen, dass es Klassenbeste sei. Früher hätte es dafür manchmal goldene Aufkleber bekommen.

★ Do it yourself ★

So mancher Markt für *Foodie*-taugliche Lebensmittel ist in New York schon zur Touristenhochburg geworden. Beim italienischen Import **Eataly**, das Ende 2016 eine Filiale am World Trade Center eröffnen will, und der ehemaligen Keksfabrik **Chelsea Market** bekommt man entsprechend kaum ein Bein auf den Boden – und wenn doch, dann allerdings auch gutes Essen. Weniger bekannt ist der historische **Essex Street Market** auf der Lower East Side.

- Eataly • Flatiron District, 200 5th Avenue, Ecke 23rd Street • Haltestelle 23rd Street mit Linie N, R • www.eataly.com
- Chelsea Market • Chelsea, 75 Ninth Avenue zwischen 15th und 16th Street • Haltestelle 14th Street mit Linie A, C, E, L • www.chelseamarket.com
- Essex Street Market • Lower East Side, 120 Essex Street, Ecke Delancey Street • Haltestelle Delancey/Essex Street mit Linie F, J, M, Z • www.essexstreetmarket.com

Unter den Wochenmärkten ist der **Union Square Greenmarket** stets gut besucht. Wer in seiner Unterkunft Frisches kochen kann, findet weitere Wochenmärkte auf der Website von **Grow NYC** [www.growny c.org].

- Union Square Greenmarket • Union Square, Broadway zwischen 14th und 17th Street • Haltestelle Union Square mit 4, 5, 6, L, N, Q, R

Das ganze Jahr über Trendessen probieren kann man in den **Food Halls**. Mit vielen verschiedenen Imbissangeboten um gemeinsame Sitzgelegenheiten herum sind sie im Grunde eine Neuauflage der Food Courts in den Einkaufszentren der Vororte – aber mit einem

Angebot, das auch New Yorker Food-Snobs genügt. Das Konzept gefällt auch Bürogängern zum Lunch, zum Teil wurde es inzwischen auch in der Nähe von Touristenmagneten eingerichtet.

- Plaza Food Hall im Keller des Plaza Hotel • Midtown, 1 West 59th Street • Haltestelle Fifth Avenue mit N, Q, R • www.theplazany.com
- Urbanspace Vanderbilt • Midtown, 45th Street Ecke Vanderbilt Avenue • Haltestelle Grand Central Terminal mit 4, 5, 6, 7 • www.urbanspacenyc.com
- Hudson Eats • Lower Manhattan, Brookfield Place, 1. Stock, 225 Liberty Street, Ecke South End Avenue • Haltestelle Cortland Street mit Linie R • www.brookfieldplaceny.com
- Gotham West Market • Hell's Kitchen, 600 11th Avenue zwischen 44th und 45th Street • Haltestelle 42nd Street/Port Authority mit Linie A, C, E • www.gothamwestmarket.com

Natürlich hat New York auch einen Laden voller Kochbücher, nämlich den **Kitchen Arts & Letters Bookstore**.

- Kitchen Arts & Letters • Upper East Side, 435 Lexington Avenue zwischen 93rd und 94th Street • Haltestelle 96th Street mit Linie 6 • www.kitchenartsandletters.com

CSA – Community Supported Agriculture

Das Prinzip ist mit der Biokiste in Deutschland vergleichbar: Verbraucher abonnieren Lebensmittel direkt bei einem Bauernhof. In den USA vergeben die Bauern dabei eine feste Anzahl an sogenannten Anteilen *(farm shares)*, die im Voraus bezahlt werden. Sie können mit dem Geld arbeiten und brauchen sich während der arbeitsintensiven Erntezeit nicht mehr ums Marketing zu kümmern. Die Kundschaft bekommt im Gegenzug während der Saison jede Woche eine Kiste mit frischem Gemüse, zum Teil auch mit Obst und anderen Bauernhofprodukten. In New York gibt es diverse Verteilerstellen für CSA, auch einige Urban Farms bieten diese an.

Was soll das denn heißen?
Trendiges und Traditionelles aus der New Yorker Küche

Eggs Benedict: pochiertes Ei auf einem English Muffin mit Schinkenspeck und Sauce Hollandaise

Everything Donut: Donut trifft Bagel – mit Frischkäse-Guss und bestreut mit »Everything«, also Mohn, Sesam, Knoblauch und Salz

Greek Yogurt: angedickter Joghurt, der fast wie Quark schmeckt (Quark ist in den USA so gut wie unbekannt)

Hamburger: flache Bratlinge aus allen möglichen Fleischsorten, die in letzter Zeit ernstzunehmende Konkurrenz von rein pflanzlichen Zutaten bekommen

Heirloom: alte Gemüsesorten oder Tierarten – das Gegenteil von Hollandtomaten

Kimchi: die scharfe, koreanische Variante von Sauerkraut

Knish: Kartoffel-Teig-Ballen aus der jüdischen Küche

Ramen: asiatische Nudeln, sowohl als sehr günstiges Pendant zur 5-Minuten-Terrine bekannt als auch als Variante des Burger-Brötchens (Ramen Burger waren *der* Sommerhit 2013)

21 Essen für Eilige

»Umm … no black and whites?«

Eigentlich höre ich Kashas Akzent so gerne, aber jetzt will ich sie stoppen. Sie fragt nicht nur nach dem New Yorker Gebäck, das in Deutschland Amerikaner heißt und in New York sowohl mit weißer als auch mit dunkelbrauner Glasur überzogen ist. Sie hat vorher schon nach Scones-Sorten gefragt, dann die Antwort mit der Frage quittiert, warum man denn wohl Schnittlauch in dieses Backwerk streuen mag, und jetzt höre ich sie sagen: »Hmmm, na dann, was nehme ich denn mal … Was für Kekse haben Sie denn?«

In den Glasbehältern liegen mindestens zehn verschiedene Arten Kekse. Ich sehe die anderen Menschen hinter ihr, das Zucken über der rechten Augenbraue des Mannes hinter dem Tresen, spüre das Fußscharren. Kashas Welt dagegen ist auf die Wege zwischen ihrem Bauch, ihrem Auge und der Tafel über dem Tresen beschränkt.

Nonchalant sagt der Tresenmann, die Peanutbutter Cookies seien besonders gut, und das funktioniert: Kasha bestellt. Endlich. Ängstlich warte ich zusammen mit dem Rest der Kundschaft, ob der Tresenmann sich verkneift, was routinemäßig der Bestellung folgt. Pech: *»Anything else? Coffee?«* Kasha weiß noch nicht so recht. Das kollektive Seufzen ignoriert sie.

Kasha ist seit einem knappen Jahr in New York, und wie es aussieht, hat sie keinerlei Ambitionen, eines Tages eine New Yorkerin zu werden. Die würde nämlich auf keinen Fall länger als ein paar Sekunden aufs Bestellen verschwenden. Als ich Kasha frage, warum sie nicht den Gepflogenheiten folgt und erst dann – und zwar mit gezücktem Portemonnaie – zum Bestellen antritt, wenn sie weiß, was sie bestellen will, winkt sie ab.

Die New Yorker, so meint sie, könnten sich ruhig mal mehr Zeit lassen. Und gerade ich müsste das doch bestens verstehen. Im Deutschen gebe es dieses Wort, wie hieß das noch gleich? Au weia, die nächste Entscheidungskrise! Doch nach *schadenfreude, pretzel* und *wanderlust* fällt es Kasha schon ein: Gemütlichkeit. Das fehle in New York.

Vom Büro-Lunch auf der Straße bis zum Fast Food für Gourmets

Fast Food stammt aus den USA, und es gehört auch zu den am meisten verbreiteten Klischees über das Land: Dicke Amerikaner, die mit dem ebenso dicken Auto im Vorbeifahren ein 5.000-Kalorien-Essen bestellen, das den irreführenden Namen »Menü« trägt. In New York geht dieses Bild komplett am Alltag vorbei.

Drive-Thru-Restaurants gibt es fast nur außerhalb von Manhattan, abgesehen von zwei oder drei Ausnahmen hoch im Norden. Das hat gleich zwei Gründe: Erstens besitzen relativ wenige *Manhattanites* ein Auto, zweitens verschwenden solche Restaurantvorfahrrampen zu viel wertvollen Platz.

Eilig haben es die Leute durchaus. Ständig eigentlich. Wer nicht im Laufschritt eine hauchdünne Pizza falten, in den Mund schieben und dabei vom letzten Date berichten kann, werde es in New York kaum zu etwas bringen, sagt ein Bekannter gerne. Deshalb geistert ein anderes Klischee durch die Stadt: New Yorker, so heißt es, nutzen ihren Ofen, um Pullover darin aufzubewahren. Dank diverser Dienstleistungen können sie sich schließlich das Kochen (und Spülen) ersparen.

Dass viele New Yorker nicht sonderlich oft kochen, liegt nicht etwa daran, dass ihnen der Sinn für gutes Essen fehlt. Zwischen Karriere und Networking oder Zwei-Job-Jongliererei und Kunstambitionen fehlt ihnen eher die Zeit für einen Braten in der Röhre. Und New York wäre nicht New York, wenn nicht findige Köche genau in diese Bresche schlügen.

Mit ihrer Hilfe lässt sich das Essen mit anderen Aktivitäten kombinieren. Frühstück auf dem Weg zum Büro, Mittagessen als

Minierholung auf der Parkbank, Abendessen zwischen Klopapierkaufen und Büchereibücherabgeben, Heißhungerstillen beim nächtlichen Nach-Hause-Wanken: Alles eine Erfindung unserer hektischen Zeiten? Mitnichten.

Sobald die Masseneinwanderung eingesetzt hatte, tauchten Imbissverkäufer in Manhattan auf. Früher zogen die Menschen simple Holzkarren hinter sich her und öffneten dann im Dutzend Austern für Passanten (Austern gab es in New York früher einmal wie Sand am Meer). Heute spannen sie nach dem Würstchenbrühen an Straßenecken ihren Metallanhänger hinter ein Auto oder ziehen ihren Eiskarren tatsächlich mit der Hand davon.

Vormittags stehen die *Food Carts* mit Frühstückswaren strategisch auf dem Weg zu den U-Bahn-Haltestellen, da gibt es günstigen Kaffee, Muffins und Bagels. Mittags ist Schichtwechsel: Die *Lunch Carts* locken mit Würsten, Grillfleisch, Sandwiches, Reisplatten, Tacos. Oder mit frisch gepressten Säften. Und dazwischen verkaufen die sogenannten *Green Carts* den ganzen Tag über frisches Obst unter einem Sonnenschirm. Viele verschwinden nach 18 Uhr wieder. Andere *Food Carts* tauchen erst im Dunkeln vor einschlägigen Kneipen auf. An Touristenattraktionen stehen zudem oft Imbissverkäufer, die sich um den Tagesablauf der Bürogänger nicht zu scheren brauchen. Meist bieten sie Hotdogs, Brezeln und Softdrinks an.

Einige der traditionellen Imbisswägelchen haben treue Fans. Die »Halal Guys« zum Beispiel sind seit mehr als 25 Jahren nicht nur an ihren knallgelben Hemden zu erkennen, sondern auch an den langen Schlangen vor dem Gyros- und Reis-mit-Huhn-Imbisswagen an der Ecke 53rd Street und Sixth Avenue. Erst mit der Finanzkrise 2008 bekamen sie eine neue Art Konkurrenz.

Nach dem Bankencrash hatten es ambitionierte Gastronomen in New York schwer. Toprestaurants blieb die Kundschaft weg, Spitzenköche verloren ihre Jobs, und weil auch Investoren plötzlich rar gesät waren, schien es fast unmöglich, ein Restaurant zu eröffnen. Die Lösung: Fast Food für Gourmets als das neue Essen auf Rädern. Wer das Risiko lieber auf der Speisekarte als auf dem Kontoauszug sehen will, bemüht sich in New York seither um eine Foodtruck-Lizenz.

Früher waren die Imbisswagen, in denen Essen zubereitet oder verkauft werden kann, vor allem im Sommer in New York unterwegs – als Eiswagen mit nostalgischer Musik, die auf Dauer so nervt, dass sie heute nur noch während der Fahrt gedudelt werden darf. Statt Eis reichen die Foodtruck-Verkäufer heute oft Spezialitäten aus dem Fenster, die diesen Begriff verdienen: Handgeschnitzte Pommes mit Kräuter-Avocado-Sauce, pfeffriger »Australian Meat Pie«, einen »Hard Times Burger« mit karamellisierten Zwiebeln und Räucherspeck oder südostasiatisch inspirierte Taco-Versionen.

Weil die Anzahl der Genehmigungen für mobile Imbisse in New York eine feste Obergrenze hat, gehen selbige auf dem Schwarzmarkt zu mehr als dem Hundertfachen der 200 Dollar weg, die die Stadt dafür sehen will. Gute Stellplätze sind so umkämpft, dass mancher Foodtruck schon kurz nach Mitternacht sein Revier markiert.

Gourmets auf der Suche nach dem besten neuen Imbiss haben es dagegen leicht: Die Foodtruck-Betreiber sind meist nicht nur in der Küche, sondern auch in den Sozialen Medien kreativ. Sie tweeten, wo sie sich gerade befinden, stellen verlockende Fotos auf Facebook und sind über Websites und Apps bequem zu entdecken.

Und dann gibt es noch die Foodtruck-Rallys und Gourmet-Imbiss-Märkte. Erstere sind Wagenburgen aus Foodtrucks, bei denen man mit etwas Glück diverse Lieblingsköche zusammengeparkt vorfindet. Letzteres sind Veranstaltungen, auf denen ambitionierte Gastronomie-Abenteurer zeigen, was sie können – ob an Ständen oder mit Wägelchen, ist dabei einerlei.

Die bekannteste dieser Fressmeilen für Gourmets heißt Smorgasburg, benannt nach dem Beginn der Veranstaltung in Williamsburg als Imbissangebot des Brooklyn Flea Market. Weil das aber nicht irgendein Flohmarkt ist, sondern eine Edelversion mit handverlesenen Händlern, gab es dort nicht einfach das US-amerikanische Pendant zu »Günthers Gulaschkanone«, sondern eher so etwas wie »Georges höchstpersönlich eingelegte Gürkchen« – Name ausgedacht, Prinzip akkurat.

Unterdessen wandern die traditionellen Fernsehabendbegleiter aus dem Pizza-, China- oder Thai-Imbiss in Wohnungen, in denen mal wieder die Küche kalt bleibt. Die einen nennen es *Netflix and chill,* die anderen nennen es Arbeit. Durch Wind, Wetter und Schneesturm kämpfen sich die heimlichen Helden der Vielbeschäftigten mit dem Fahrrad, und wenn sie Glück haben, rechtfertigt das Trinkgeld den Weg. Auch das Personal in den Coffeeshops hofft auf ein Zubrot, hat aber bessere Marketingmöglichkeiten: Bei der Beschriftung des *tip jar,* des Behälters fürs Trinkgeld, lassen manche ihrer Kreativität freien Lauf.

Der Moment, an dem Kasha bezahlte und kichernd auf das Schild am Coffeeshop-Tresen deutete, scheint mir ewig her. *»If you fear change, leave it here«* stand da. Change bedeutet eben nicht nur Wandel, sondern auch Kleingeld. Inzwischen hat aber ein natürlicher Wandel in unseren Bäuchen stattgefunden: Der Kaffee fordert seinen Tribut.

Ich entdecke einen Laden, in dem wir sicherlich mal eben auf die Toilette gehen dürften. Doch kaum sind wir auf dem besten Wege zur Erleichterung, sieht Kasha eine Frau im Gang stehen, die die Kloklinke bereits in der Hand hält. »Komm, wir gehen«, sagt Kasha. »Hier muss man warten.«

★ Do it yourself ★

An **Food Carts** kommt man besonders in Manhattan automatisch vorbei. Da viele New Yorker Hotels bei den Übernachtungen kein Frühstück einschließen, kann man diese traditionellen Imbisse als Tourist durchaus als günstige Alternative zum Restaurantfrühstück nutzen (vorher am besten einen netten Platz zum Hinsetzen auskundschaften).

Die wechselnden Standorte der teureren **Foodtrucks** halten Websites wie »Wandering Lunch« [https://wanderinglunch.com/nyc] oder »Truckfood« [http://nyctruckfood.com, auch als App] nach. Die besten New Yorker Foodtrucks werden jedes Jahr im Herbst bei den **Vendy Awards** [www.vendyawards.streetvendor.org] prämiert. Die Veranstalter bringen zudem aufstrebende neue Foodtrucks im Sommer einmal wöchentlich zum **Vendy Plaza** zusammen.

▌Vendy Plaza • East Harlem, Park Avenue zwischen 115th und 116th Street • Haltestelle 116th Street mit Linie 6

Einen Eindruck von der Bandbreite der angesagten, vielfältigen Szene-Gerichte bekommt man bei der Imbissmeile **Smorgasburg** [Brooklyn, nach Saison wechselnde Orte, www.smorgasburg.com]: Mit bis zu 10.000 Besuchern am Tag zählt sie zu den größten Touristenattraktionen Brooklyns.

Statt Essen fürs Heimkino kommen zu lassen, machen es manche New Yorker umgekehrt: Sie gehen zum Essen ins Kino. Das **Nighthawk Cinema** in Brooklyn ist darauf perfekt ausgerichtet – inklusive einiger auf den Film ausgerichteter Extra-Snacks.

▌Nighthawk Cinema • Williamsburg, Brooklyn, 136 Metropolitan Avenue zwischen Berry Street und Wythe Avenue • Haltestelle Bedford Avenue mit Linie L oder North Brooklyn mit East River Ferry • www.nitehawkcinema.com

Essen bestellen in New York

Ob am Tresen oder per Telefon: Bestellen geht in New York sehr schnell. Deshalb sollte man stets genau wissen, was man essen und trinken möchte, ehe man sich zum Bestellen einreiht.

To go

Was in Deutschland an jeder Bäckerei steht, schreiben New Yorker Läden in der Regel gar nicht erst dazu. Imbisse gehen meist davon aus, dass man nicht bleibt. Wer sich also beispielsweise in einem Coffeeshop nach der Bestellung – immer am Tresen – niederlassen möchte, sollte gleich dazusagen: *»For here«* oder *»To stay«*. Manchmal bekommt man dann sogar einen der seltenen Nicht-Plastik-Becher. Insbesondere Coffeeshops haben zudem oft separate Tresen zum Bestellen und zum Abholen des Essens und der Getränke. Das gilt auch in vielen Fast-Food-Restaurants. Die Formulierung *»to go«* hört man dagegen fast nur in »richtigen« Restaurants: Bleibt etwas auf dem Teller liegen, fragen Kellner meist, ob sie den Rest einpacken sollen.

Takeout

Kleine Restaurants bieten ähnlich wie in Deutschland oft die Möglichkeit, ganze Gerichte zum Mitnehmen zu bestellen. Wer Speisekarten gern ähnlich lange wie Kasha studiert, fragt am Tresen am besten nach dem »*Takeout Menu*« und stellt sich damit etwas abseits, damit andere Leute unterdessen bestellen können. In der Regel packt das Personal Plastikbesteck und Servietten mit ein, aber auch diese Menschen sind schon einmal zerstreut. Deshalb sollte man darauf achten – und nicht wie ich im Flugzeug ohne Hilfsmittel vor einem herrlichen Salat schmachten. Apropos: Auf Flügen innerhalb der USA gibt es oft nichts zu essen, abgesehen von Snacks, die man für ein Heidengeld an Bord kaufen muss.

Order in

Kamikaze-artige Radfahrer in New York sind sehr oft im Auftrag der Hungrigen unterwegs. Sie bringen Pizza, Thai Food, Gourmet-Essen oder sogar Alkohol zu denjenigen, die von zu Hause aus bestellt haben. Vorsicht: Hotels tolerieren solche Lieferdienste oft nicht, unbedingt vorher abklären. New Yorker bestellen entweder online oder per Telefon direkt beim Restaurant. Dabei sollte man darauf gefasst sein, dass das Gegenüber wenig Zeit hat und nicht unbedingt perfekt Englisch spricht. Also auch hier vorher genau überlegen, was es sein soll, und die genaue Adresse (mit Querstraßen) sowie Kreditkartennummer parat haben. Lieferfahrer sollten ein Trinkgeld von 20 Prozent bekommen.

22 Das Märchen von der Flasche in der Papiertüte

»They've got PBR, but there's a lot of B and T.«

Ich setze einen wissenden Gesichtsausdruck auf und platziere eine neutrale Frage. Wohin wir denn nun gehen sollen? Ganz in der Nähe sei eine Weinbar, meint Trinnie, und offenbar gleicht es blanker Rebellion, um diese Jahreszeit Rosé zu trinken. Aber so leicht komme ich nicht davon. Trinnie hat mich durchschaut.

»Du hast keinen Schimmer, was B and T ist«, konstatiert sie mehr, als dass sie fragt. »Das spricht für dich.« Dass ich später auf dem Klo auf meinem Telefon den Suchbegriff PBR eintippen werde, verrate ich ihr lieber nicht.

Trinnie arbeitet als Assistentin in einer PR-Agentur, hat chronischen Geldmangel und zu allem eine Meinung. Vor allem in punkto Ausgehen. Sie nennt die Leute, die von auswärts zum Feiern nach Manhattan kommen, *bridge and tunnel,* weil sie auf eben diese Verkehrswege angewiesen sind. Eigentlich meint sie damit aber ahnungslose Hinterwäldler ohne Geschmack, und deshalb macht es ihr gar nichts aus, dass wir gerade in Brooklyn sind – was inzwischen nicht mehr unbedingt die falsche Seite der Brücken und Tunnel darstellt.

Im Jahr 2010 ist PBR – Pabst Blue Ribbon – das Hipsterbier der Wahl, besonders in deren Schön-und-Pleite-Fraktion. Die Kneipe, in die wir nicht gehen, wirbt zur Happy Hour mit einem Bottich voller Eis mit PBR-Dosen für zwei Dollar. Sonst ist ein Bier kaum für unter sechs Dollar zu haben, plus Trinkgeld.

Stattdessen trinken wir jetzt Rosé für 10 Dollar das Glas, und Trinnie erklärt mir, warum sie ihren hart verdienten Feierabenddrink nicht unter Auswärtigen nehmen will. Das seien Leute, die

Cosmopolitans bestellen, weil sie das bei *Sex and The City* gesehen haben. Die Fernsehserie stammt aus den Jahren 1998 bis 2004 und ist Trinnie zufolge vom New Yorker Puls der Zeit damit so weit entfernt wie Marie Antoinette vom Alltag ihres Volkes. Andererseits ... käme ja alles irgendwann wieder in Mode. Trinnie schaut auf die Uhrzeit in ihrem Handy und grinst mich an. »Nur die Happy Hour, die ist zeitlos.«

Alkohol trinken in New York

Richtig gute Cocktails waren in New York eine Zeitlang kaum zu haben. Dann kam eine neue Generation von *Speakeasy,* den geheimen Kneipen der Prohibitionszeit nachempfunden und zur begehrten Insiderinformation hochstilisiert. Da musste man eine fast unsichtbare Tür in einem Laden finden oder in einer Telefonzelle verschwinden und dann über einen viktorianisch dekorierten Raum staunen und aus der Teetasse trinken, was der Cocktailmixer hergibt.

Inzwischen bringt die Idee die New Yorker Szene nur noch zum Gähnen. Schließlich gibt es genug neue Alkoholabenteuer zu probieren: High-End-Cocktailtempel, historische Kneipen, lebendig gewordene Bierlexika oder Spezialistentreffs mit ausschließlich Biowein, Mezcal oder japanischem Whiskey. Das heißt aber noch lange nicht, dass man überall trinken dürfte.

»Kein Alkohol hinter dieser Stelle« steht auf dem Schild am Flohmarkt. Davor stehen Tische und Stühle, weiter hinten eine Hütte, aus der eiskalte Flaschen gereicht werden. Für Alkoholtrinken in der Öffentlichkeit gelten in New York strenge Regeln.

Da Alkoholkonsum in den USA erst ab 21 Jahren legal ist, verlangen alle Orte, an denen es Alkohol zu kaufen gibt, einen Ausweis – zuweilen auch von Leuten, die deutlich älter aussehen. Viele Bars und Clubs lassen der Einfachheit halber jüngere Menschen gar nicht erst eintreten. Auch Konzerten und Festivals trennen ihre Veranstaltungen in *all ages, 18+* oder *21+* (jeweils ab 18 oder 21 Jahren). Bei den beiden letzteren braucht man neben der Eintrittskarte einen Ausweis, um überhaupt hineinzukommen.

Ansonsten wird einem zuweilen nach der Ausweiskontrolle ein Trinkerbändchen umgeschnallt, das dem Barkeeper die frohe Kunde überbringt. Manchmal ergibt sich auch ein Bild wie aus dem Wilden Westen: Als hätte eine Gruppe Cowboys ihr Vieh zur Tränke getrieben, drängen sich die Bierfreunde in einem eng abgesteckten Korral für Bändchenträger.

Nicht nur bei öffentlichen Veranstaltungen müssen entsprechende Bereiche klar gekennzeichnet sein; auch die leise wachsende Anzahl der Restaurants und Bars, die sich Sitzplätze auf dem Gehsteig erkämpft haben, muss für Abgrenzung sorgen. Zur Not tut es ein rotes Seil, das die Alkoholtrinker prompt zu Museumsstücken macht. Außer zwischen vier und acht Uhr morgens dürfen Kneipen, Restaurants und Clubs Alkohol ausschenken, aber nur, wenn sie eine *liquor license* besitzen. So manche kleine Pizzabude hat keine und entsprechend nicht einmal Bier.

In New Yorker Läden geht zudem nur ein Entweder-oder: Wein und Hochprozentiges dürfen sie nur mit einer entsprechenden Genehmigung verkaufen, und die *liquor stores* müssen sich auf dieses Angebot beschränken. Bier gibt es dort nicht. Das haben aber viele Supermärkte, auch in Drogerieketten finden sich oft reihenweise Kühlschränke mit Sixpacks und Dosen wie anderswo in den USA auch. In New York kommt noch etwas hinzu: die Bodegas.

Das sind keine Kneipen, sondern kleine Läden mit dem Nötigsten, die auch Deli genannt werden und sich oft an Straßenecken strategisch günstig aufstellen. Dort gibt es bis spätabends Weißbrot, Seife, Milch – und eben auch kaltes Bier und knusprige Chips.

Die eine Trinkkultur gibt es nicht in New York. Man trifft am Fernseher klebende Sportfans und todschicke Trendsetter, kreischende Studentinnengruppen und exaltierte Großerbinnen. Sie alle finden in der Stadt die passende Bar, immer begleitet von jeweiligen Moden. Craft Beer zum Beispiel oder F.A.F. Martini, dessen seltsame Buchstaben für »*fancy as fuck*« stehen. Er kostet 30 Dollar.

Immer mehr Getränkekarten punkten zudem mit Wein aus der Region: Ein ehrgeiziges Projekt hat 2015 eine Reihe Weinstöcke auf ein Dach in Brooklyn gestellt, im Herbst 2017 soll es die ersten Tropfen von dort geben. Unterdessen kommt New Yorker Wein aus anderen Teilen des Bundesstaates, etwa den Finger Lakes, die fast an Kanada grenzen, und der nahegelegenen North Fork von Long Island. Seine Kraft zieht er aus den heißen Sommern und dem Kampf gegen harte Winter. Kalifornien ist schließlich was für diejenigen, die New York nicht verkraften.

Trinnie trinkt inzwischen weder Rosé noch PBR. Jetzt muss es entweder ein Old-Fashioned in einer Cocktailbar mit Aussicht sein oder ein Craft Beer in einem Etablissement, dessen Bierzapfer Vorträge über die Lieferung der Woche halten könnte – und dafür schon mal mit den Tresensitzern übt.

Als er mitbekommt, dass ich Deutsche bin, kredenzt er mir strahlend ein kühles Blondes mit den Worten, das sei nach Kölscher Brauart gemacht. »Prost!«, ruft Trinnie begeistert. Ich nicke anerkennend und verschweige den beiden, dass das außerhalb von Köln eine eher fragwürdige Wahl ist. Sofern außerhalb eben nicht zufällig in New York liegt.

★ Do it yourself ★

Selbstgebrautes ist in New York schon eine ganze Weile ein Trend, und daraus sind manche Brauereien und Brennereien entstanden. Ihre Öffnungszeiten variieren ebenso wie die Chancen auf eine Tour.

- Threes Brewing • Gowanus, Brooklyn, 333 Douglass Street zwischen 3rd und 4th Avenue • Haltestelle Atlantic Avenue/Barclay Center mit Linien 2, 3, 4, 5, B, D, N, Q, R • www.threesbrewing.com
- Flagship Brewing Co. • Tompkinsville, Staten Island, 40 Minthorne Street • Haltestelle St. George mit der Staten Island Ferry • www.theflagshipbrewery.com
- Transmitter Brewing • Long Island City, Queens, 53-02 11th Street, Ecke 53rd Avenue • Haltestelle Vernon/Jackson Boulevard mit Linie 7 • www.transmitterbrewing.com

Wein aus der Region sollten Weinfans im Big Apple auf alle Fälle probieren. Demnächst gibt es möglicherweise sogar einen Roten aus New York City: Auf einem Dach in Brooklyn sind 50 Reben in

Container gepflanzt. Ob sie einen edlen Tropfen abgeben werden oder eher Essig, ist noch offen. In der Zwischenzeit gibt es auf dem Dach von **Rooftop Reds** *wine tastings* mit den Weinen der Partner-Weingüter, die nahe der kanadischen Grenze liegen.

Rooftop Reds • Brooklyn, The Navy Yard, 4th St, Gebäude 275 • Haltestelle York Street mit der Linie F • www.rooftopreds.com

Der unwahrscheinlichste Ort, an dem man in New York günstig ein Bier bekommt, ist indessen wohl die **Staten Island Ferry** [Haltestellen Bowling Green mit Linie 4, 5, South Ferry mit Linie 1 oder Whitehall mit Linie R • www.siferry.com]. Während der kostenlosen 25-minütigen Fahrt kann man für ein paar Dollar Bier kaufen und die Freiheitsstatue vorbeiziehen sehen – und auf dem Rückweg dasselbe mit der Skyline von Manhattan im Blick.

Was steht auf Trinken in der Öffentlichkeit in New York?

Braune Papiertüten verhüllen die Schrift, die den alkoholischen Inhalt der Flaschen preisgibt, und so trinken die Leute unbehelligt, wo sie wollen. Von wegen! Selbst die Dorfjugend aus New Jersey weiß, dass eine Papiertüte das geltende Recht nicht ändert.

Open container nennt sie die Regel, die alles zusammenfasst, was man über das Trinken auf New Yorks Straßen wissen muss: Bier, Wein und Schnaps kann man in der Einkaufstüte durch die Gegend tragen, wie man lustig ist – solange man die Flaschen oder Dosen nicht öffnet. Sonst drohen erhebliche Scherereien. Auch im Auto macht ein offenes Bier Probleme: Der Fahrer könnte nach Ansicht der Polizei ja davon getrunken haben.

Deshalb sitzen New Yorker nicht mit einem Bier in der U-Bahn oder mit der Weinflasche beim Picknick. Oder besser gesagt: Manche tun vor allem Letzteres durchaus, schauen dabei aber argwöhnisch und halten alle paarweise auftretenden Passanten für Zivilstreifen.

104.859 gerichtliche Vorladungen hat die New Yorker Polizei im Jahr 2015 ausgestellt, weil das Trinken in der Öffentlichkeit in New

York – wie übrigens auch in vielen deutschen Städten – verboten ist. Und anders als anderswo setzt die Polizei dieses Recht auch durch. Dafür sorgte 1979 der damalige Bürgermeister Ed Koch. Seine Stadtverwaltung hatte dabei gar keine Renaissance der Abstinenzlerbewegung im Sinn, sie hatte etwas gegen die Gruppen von Tagedieben, die sich in Parks und an Straßenecken breitmachten.

Der spätere Bürgermeister Rudi Giuliani folgte zudem der These, dass kleine Vergehen die Tür zur Verbrecherkarriere aufstoßen und führte die Null-Toleranz-Politik ein: Nicht nur für einen Drink in der Öffentlichkeit, sondern auch fürs Heckenpinkeln, Müllfallenlassen oder Füße auf dem U-Bahn-Sitz bekam man eine *criminal summons*. Erst im März 2016 geben Staatsanwaltschaft und Stadtverwaltung zu: Das ist nach hinten losgegangen.

Da auf alle dieser Vergehen eine Vorladung vor einem Gericht steht, ist das New Yorker Justizsystem damit so sehr beschäftigt, dass Zeit für schwerwiegendere Taten fehlt. Zudem verschludert so mancher New Yorker seinen Termin, was der Richter dann mit einem Haftbefehl quittieren muss. Leistet sich der betreffende Mensch einen beliebigen weiteren Schnitzer, findet die Polizei beim Überprüfen der Personalien einen Haftbefehl vor – und das bedeutet: Handschellen, Fingerabdrücke, eventuell sogar Gefängnis, bis irgendwann die Verhandlung ansteht.

Davon sind besonders oft arme Leute betroffen, die kein Anwalt durch den Paragrafendschungel lotst oder die sich die Strafgebühren nicht leisten können. Zudem steht die New Yorker Polizei in der Kritik, sich schwarze und hispanische Bürger deutlich öfter als ihre weißen Nachbarn wegen kleiner Ordnungswidrigkeiten vorzuknöpfen.

All das führte jüngst dazu, dass die Praxis der *criminal summonses* für Kleinkram fallengelassen wurde – zumindest in Manhattan. Dort folgt neuerdings auf öffentliches Trinken nun eine *civil summons,* deren Bußgeld von meist 25 Dollar man per Post begleichen kann (und das auch umgehend tun sollte). Wer nach Ansicht der Polizei betrunken randaliert oder andere gefährdet, kommt allerdings weiterhin nicht so leicht davon.

Bleibt festzuhalten: In Parks, an Stränden, in öffentlichen Verkehrsmitteln oder auf der Straße ist das Trinken verboten. Ganz egal, ob man die Bierflasche in braunes Papier hüllt oder Wodka aus dem Thermosbecher schlürft. Wer damit erwischt wird, kommt im Manhattan mit einem Bußgeld am glimpflichsten davon. In anderen Stadtteilen, also etwa an den Stränden, stellen die meisten Polizisten immer noch gerichtliche Vorladungen aus. Die Behörden interessiert es dabei überhaupt nicht, ob man in New York lebt oder nicht – Termin ist Termin.

23 Die mit dem Helm

»I went through a lot of pain for this.«

Zwei Sonnenstrahlen fallen auf die großformatigen Stillleben, die an einer Schiene wie zum Trocknen hängen. Ich nicke ehrerbietig und frage mich, ob das eine Frage nach der Psychologie hinter den Werken provozieren soll, entscheide mich aber für die Alternative. »Das hat sicher lange gedauert«, sage ich also, und Melissa nickt. Aber mit dem Fahrrad fahre sie inzwischen wieder zur Arbeit. Das ist der Punkt, an dem ich die Karten auf den Tisch lege: Ich habe keine Ahnung, wovon sie eigentlich redet.

Brummend bleckt Melissa die Zähne, und ich sehe die Lücke. So lacht eine, die davongekommen ist. Ein tiefes Schlagloch, das andere Leute der Stadt bereits mehrfach gemeldet hatten, katapultierte sie vom Fahrrad. Melissa brach sich den Kiefer, ein Hüftknochen splitterte.

Freunde überzeugten sie noch im Krankenhaus davon, Klage einzureichen. Als sich die Arztrechnungen schon stapelten, kam das erste Geld, auch Schmerzensgeld wurde ihr zugesprochen. Davon finanziert Melissa ein Atelier, und jetzt erzählt sie allen, die sie dort besuchen dürfen, als allererstes vom Schmerz.

Wie die Radfahrer New York erobern

Mit ihrer Erfahrung ist Melissa beileibe nicht allein. Rund 3,8 Millionen Dollar hat die Stadt New York zwischen 2005 und 2010 in Fällen gezahlt, bei denen Radfahrer durch Straßenschäden verletzt oder sogar getötet wurden. New York ist für seine Schlaglöcher so bekannt, dass Witze über deren Größe zum Repertoire vieler Komiker gehören. Fahrrad- und Motorradfahrer können darüber nicht unbedingt lachen.

Zynische Fußgänger allerdings schon. Als schwächstes Glied in der Kette der Verkehrsteilnehmer dürften sie eigentlich von allen anderen Rücksicht erwarten. Doch dieselben Radfahrer, die sich lautstark beschweren, dass sich Autofahrer nicht um Verkehrsregeln scheren, fahren gern mal eine Abkürzung über Gehwege, ignorieren Ampeln oder rasen verkehrt herum durch die in New York weit verbreiteten Einbahnstraßen. So landen Fußgänger nach einer Begegnung mit Radlern immer wieder im Krankenhaus.

Radfahrer können in New York auch eine Gefahr für ihresgleichen werden. Zur Erinnerung daran trägt U2-Sänger Bono drei Metallplatten im Arm. Als er 2014 im Central Park Fahrrad fuhr, musste er einem anderen Radfahrer ausweichen. Dabei brach Bono sich mehrere Knochen, fünf Stunden lang wurde er operiert.

Die meisten schlimmen Fahrradunfälle passieren allerdings mit Autobeteiligung. *Ghost Bikes* erinnern an die Opfer: weiß getünchte Fahrräder, oft mit Blumen geschmückt, lehnen an Ampeln oder Laternen, Name, Alter und das Unfalldatum des Verkehrstoten stehen auf einem schlichten Zettel.

Trotzdem steigen immer mehr New Yorker aufs Rad. Die Stadt New York ermuntert sie schließlich dazu. 2009 brachte der Stadtrat ein neues Gesetz durch, nach dem Firmengebäude erlauben müssen, dass Mitarbeiter ihre Fahrräder in Lastenaufzügen mitnehmen. Auch einige Parkhäuser müssen Plätze für Fahrräder bereithalten. Das allerdings hat sich nicht als Zukunftsgeschäft erwiesen. Denn seit 2013 hat New York ein Bike-Sharing-Programm namens »Citi Bike«. 8.000 Fahrräder stehen an rund 500 Plätzen zum Ausleihen bereit, und ihre Anzahl soll weiter wachsen. 2016 feiert sich »Citi Bike« dafür, neuerdings auch in ärmere Stadtteile vorzudringen. Deren Bewohner haben oftmals aber gar keine Chance, die zum Ausleihen erforderliche Kreditkarte zu bekommen.

Nach dem Kauf eines Mitgliedspasses (vom Tagespass bis zum Jahresabo) bekommt man bei dem New Yorker Bike-Share-Programm per Kreditkarte an der Fahrradstation einen Code, um das Schloss eines Fahrrads zu öffnen. Weitere Gebühren fürs Fahren entstehen erst, wenn man länger als eine halbe Stunde unterwegs ist – mit demselben Rad. Wer weitere Strecken fahren möchte, legt sich Routen von Fahrradstation zu Fahrradstation, gibt das Rad kurz ab und leiht es direkt wieder aus.

So ganz geht das Prinzip jedoch nicht auf. Besonders um die großen Verkehrsknotenpunkte der Berufspendler herum und um den Central Park konzentrieren sich die Fahrräder, und die Betreiberfirma muss Fahrräder per Lkw umverteilen. Auch mit der Wartung der Räder kommt sie kaum hinterher. Was diese Kosten für das gesamte Unternehmen bedeuten, weiß bislang niemand.

Als komplett privatfinanziertes Programm öffnet »Citi Bike« seine Bücher nicht. Noch nicht jedenfalls. Immer wieder kommt die Idee auf den Tisch, den Fahrradverleih wie in anderen Städte zu subventionieren, und ehe die Stadt dafür Platz im engen Budget finden soll, will sie wissen, worauf sie sich einließe.

Mit 36.496 Menschen, die per Fahrrad zur Arbeit kommen, hat New York die größte Radpendlergruppe der USA – Rad/U-Bahn-Kombinierer nicht einmal mitgezählt. Bürgermeister Bill de Blasio will das Fahrrad noch beliebter machen. Sechs Prozent aller Fahrten in New York sollen bis 2020 auf dem Rad stattfinden. Sicher soll das Ganze dann auch noch sein.

Mit »Vision Zero« hat de Blasio im Jahr 2014 ein Verkehrssicherheitsprogramm aus Schweden aufgegriffen. Das Ziel in New York: Keinerlei Verkehrstote bis zum Jahr 2024. 2016 ist deren Anzahl bereits um 22 Prozent gesunken. Unter anderem senkte die Stadt die erlaubte Höchstgeschwindigkeit auf 25 Meilen pro Stunde (etwa 40 km/h). Und sie baut weiter Radwege.

Als Janette Sadik-Khan 2007 Chefin der New Yorker Verkehrsbehörde wurde, hatte ganz New York 220 Meilen meist kaum erkennbaren Radweg – zum Vergleich: Die Stadt hat rund 12.000 Meilen Gehsteig. Das wollte Sadik-Khan gewaltig ändern. Binnen drei Jahren verdoppelte sie deren Umfang und ließ sie mit grüner Farbe kennzeichnen. Während ihrer Amtszeit von 2007 bis 2013 verdoppelte sich die Anzahl der New Yorker Radfahrer.

Obwohl es um einen Radweg in Park Slope (Brooklyn) derartige Auseinandersetzungen gab, dass Hunderte Demonstranten beider Seiten dort aufliefen, hielt die Stadtverwaltung an der Idee fest, New York wäre als Fußgänger- und Radfahrerstadt vielleicht besser dran. Schließlich besitzen ohnehin weniger als die Hälfte der New Yorker ein Auto. Inzwischen gibt es mehr als 1.000 Meilen (1.600 Kilometer) Radweg. Und jeden Sommer kommen an drei oder vier Sonntagen sieben weitere Meilen hinzu: Bei *Summer Streets* wird die Park Avenue für Autos gesperrt, und Fußgänger und Radfahrer üben friedliche Koexistenz.

Damit Radler von Anfang an die Regeln begreifen, stehen selbige nicht nur auf jedem Citi-Bike-Lenker. Die Stadt verschenkt jedes Jahr zehntausende Fahrradhelme und unterstützt Organisationen, die kostenlose Fahrradkurse und Verkehrstrainings anbieten.

17.000 New Yorker haben etwa im Jahr 2015 an den Kursen von »Bike New York« teilgenommen. Seit 1977 veranstaltet die Organisation zudem etwas, das jeglichem Wettbewerbsdenken zuwiderläuft: die *Five Boro Bike Tour.* Über alle fünf New Yorker Stadtteile legen die Organisatoren eine 65 Kilometer lange Strecke zurecht, auf der Radfahrer ungehindert fahren können. Das soll Spaß machen, gut für die Umwelt sein und Aufmerksamkeit wecken für das Ziel, New York fahrradfreundlich zu machen. Für besonders ehrgeizige New Yorker gibt es ja schon die Fitnesskette »Soulcycle«. Sie treten drinnen in die Pedale. Ohne Helm.

Melissa hört nicht auf, mir Fahrradrätsel aufzugeben. Sie müsse auf Fahrradjagd, schreibt sie mir, um kurzfristig eine Verabredung abzusagen. Quietschgrün würde ich die Farbe von Melissas Fahrrad nennen, nicht gerade jagdfreundlich, und es wirkt auch nicht sonderlich schnell. Was sie mit Jagen meint, verstehe ich erst ein paar Stunden später.

»Lass uns feiern gehen«, schreibt sie. »Ich habe mein Fahrrad wieder.« Ein Dieb hatte nicht mit Melissas Künstlerinnengedächtnis für Details gerechnet. Deren eindeutige Beschreibung – und eine obsessive Suche in Online-Verkaufsportalen – hatte die Polizei auf die Spur des Fahrraddiebs gebracht.

★ Do it yourself ★

Die Stadt New York gibt jedes Jahr eine neue **New York City Bike Map** heraus, erhältlich in Infozentren der großen Parks, Büchereien und Fahrradläden. Um das dazugehörige Fahrrad zu finden, gibt es viele Möglichkeiten.

Das Bike-Share-Programm **»Citi Bike«** [www.citibikenyc.com] zielt mit Kurzzeitpässen auch auf Touristen. Diese sollten allerdings bedenken: Der Fahrradservice belastet die Kreditkarte nicht nur mit der Mitgliedsgebühr, sondern auch mit einer Kaution von 101 Dollar – und manchmal dauert es ganz schön lange, bis diese »Ausgabe« wieder vom Kontoauszug verschwindet.

Den herkömmlichen **Fahrradverleih** hat das Projekt bisher nicht verdrängt, es gibt ihn auch in der Luxusversion mit Edelfahrrad-Anlieferservice. Viele bieten zudem auch geführte Touren an.

- www.bikenewyorkcity.com
- www.blazingsaddles.com
- www.bikerentalcentralpark.com
- www.thedomestique.cc

In New York gibt es auch immer mehr Fahrradläden, die zusätzlich einen Verleih betreiben. Etwa **Bicycle Habitat** mit Läden in Soho und Chelsea [www.bicyclehabitat.com] und **Ride Brooklyn** mit Läden in Park Slope und Williamsburg [www.ridebrooklynny.com]. Wer sich einfach nur unter Fahrradfans mischen will, findet diese bei **Red Lantern Bicycles** [www.redlanternbicycles.com] in Fort Greene: Der Fahrradladen hat ein Café, in dem auch Bier und Wein serviert wird.

Eine autofreie Park Avenue können Radfreunde und Fußgänger an mehreren Sonntagen im August bei **Summer Streets** [www.nyc.gov/summerstreets] erleben. Die **TD Five Boro Bike Tour** findet am ersten Samstag im Mai statt und wird von »Bike NYC« [www.bike.nyc] organisiert.

Regeln für Radfahrer

Radfahrer sind in New York umstritten, weil viele von ihnen sich nicht an Verkehrsregeln halten und damit andere und sich selbst gefährden. Oft geschieht das schlicht aus Unwissenheit. Ein großer Diskussionspunkt ist dabei die Helmpflicht. Zu den Regeln gehört:

- Abgesehen von beruflichen Radfahrern und Kindern unter 13 ist niemand in New York gezwungen, einen Fahrradhelm zu tragen – obwohl die Stadt es wärmstens empfiehlt.
- Radfahrer müssen an einer roten Ampel und einem Stoppschild anhalten. Aus gutem Grund steht diese Regel in vielen öffentlichen Auflistungen weit oben.
- Radfahrer müssen immer in derselben Richtung fahren wie der restliche Verkehr. Das betrifft insbesondere Einbahnstraßen und auch Radwege.
- Sie müssen auf der rechten Seite der Straße bleiben. Ist die Straße zu schmal für Auto plus Rad, dürfen sie in der Mitte der Straße fahren.
- Gibt es einen Radweg, dürfen Radfahrer nicht auf der Straße fahren. Es sei denn, auf dem Radweg wäre es zu gefährlich. Das ist leider immer wieder der Fall, wenn Autofahrer in zweiter Reihe parken.
- Radfahrer dürfen zudem nicht auf dem Gehweg fahren (abgesehen von Kindern unter 12 mit Kinderfahrrädern). Das betrifft auch die Parks: Dort ist Radfahren nur auf den Straßen und eigens gekennzeichneten Radwegen erlaubt. Wer eine Abkürzung nehmen will, muss schieben.
- Als einer von sieben Bundesstaaten hat New York auch Vorschriften für die Musikfreunde unter den Radlern: Sie dürfen nur mit einem Ohr zuhören, das andere muss kopfhörerfrei bleiben.

24 Love your pet

»Do you have a problem with dogs?«

Ein Gewirr aus schwarzen Locken springt so gerade außer Reichweite vor mir auf und ab. Mein Blick wandert an einer knallroten Leine entlang nach oben, ich verneine und schließe die Tür. Es ist die Wartezimmertür. Ich habe einen Zahnarzttermin.

Während ich erfahre, dass das Tier Ettro heißt, stellt es seine Pfoten gegen meine Beine, schaut begeistert zu mir hoch und löst einen Reflex aus. Ich lasse meine Hand durch sein Fell fahren. Das ist mir schon eine ganze Weile nicht mehr passiert. Der Hund neigt seinen Kopf wie eine Katze.

Dann verschwinden Pudel und Leine, das Wartezimmer widmet sich seiner Daseinsberechtigung, und während ich sonst in diesem Moment hochkonzentriert versuche, nicht an das Bohrergeräusch zu denken, dreht in meinem Hirn jetzt nichts anderes seine Runden als: »Ein Hund? In einer Arztpraxis?«

Auf dem Weg ins Behandlungszimmer bemerke ich, dass das Tier die Leine losgeworden ist und freudig ein Beißholz anschleppt. Ich ertappe mich in Gedanken bei der Frage, ob das in einer Zahnarztpraxis das richtige Spielzeug ist. New Yorker sind eben anpassungsfähig: Zehn Sekunden wundern, und dann schon die nächste Seltsamkeit aufs Korn nehmen.

Der Arzt behandelt es wie eine Selbstverständlichkeit, dass das Tier ins Behandlungszimmer gelaufen ist. Kurz darauf konstatiert er: »Na, der wird nicht viel mitarbeiten, er hat sich da unten zusammengerollt.« Ein Glück. Ich habe bereits irgendwelches Untersuchungsgerät im Mund und könnte daher kaum sagen, dass ich den Bohrer bitte nicht apportiert haben möchte.

Von Hundeparks und Katzencafés

Keine Bange: Die meisten New Yorker verzichten darauf, ihren Hund mit auf die Arbeit zu nehmen. Doch das schafft Probleme. Schließlich brauchen Hunde Gesellschaft, und lange Schichten plus stockender Feierabendverkehr garantieren ihren Besitzern beinahe einen Empfang mit Häufchen, Geheul und zerfetztem Mobiliar. Tierbetreuung ist deshalb in New York ein ganz normales Geschäft, für das sich in relativ kleinem Umkreis genug Kundschaft findet.

Wer selbst Gassi geht, darf das in New York niemals mit leeren Händen tun. Erstens müssen Hunde an der Leine geführt werden, was angesichts der Menschen-, Auto- und Fahrradmassen ja auf der Hand liegt. An vielen Leinen baumelt zudem ein Plastikknochen. Darin stecken die Tüten, mit denen Hundebesitzer Häufchen aufheben – und dann in einer Art Wursttütenlaufen den nächstgelegenen Mülleimer ansteuern. Mit einer solchen Fracht in der Hand teilen sie zuweilen den Fußgängerstrom wie Moses das Rote Meer. Es hilft nichts, das Gesetz will es so.

Aber der Ruf der Natur ist ja nicht der einzige Grund dafür, mit Bello vor die Tür zu gehen. Er braucht auch Bewegung. Und dafür gibt es *Dog Parks.* So einen Auslauf und Spielplatz für Hunde gibt es in den meisten Parks der Stadt. Hinter einem doppelten Tor, das als Schleuse für flitzeschnelle Ausbüchser dient, hocken Menschen herum, während ihre Vierbeiner sich balgen, rennen oder herumschnüffeln, wie ihnen die Nase gewachsen ist. Menschen dürfen nur in Hundebegleitung rein (so wie in New York übrigens Erwachsene auch nur in Kinderbegleitung auf den Spielplatz dürfen), und Hunde müssen alle nötigen Impfungen sowie eine New Yorker Hundemarke haben.

Zu festen Zeiten darf Fiffi sogar im Central Park in Manhattan und im Prospect Park in Brooklyn mal von der Leine. Abends nach neun bis zum offiziellen Parkschluss um ein Uhr morgens können die freilaufenden Hunde kaum noch in ein Picknick platzen. Frühmorgens zwischen fünf und neun Uhr auch nicht. Von den beliebtesten Joggingstrecken bleiben sie ohnehin ebenso fern wie von Rückzugsecken für Wildtiere. Denn der Raum für Hunde ist auch in diesen riesigen Parks auf festgelegte Plätze begrenzt, sofern sie ohne Leine losrennen sollen.

Doch so mancher Bewohner der Stadt sieht das mit Wehmut. Job, Reiselust oder allergische Familienmitglieder stehen einem eigenen Haustier im Wege. Oder der Realitätssinn: Häufchenaufheben, Katzenfutterdosenschleppen oder Haare auf dem Sofa gehören eben auch zum Vierbeiner im Haus. Deshalb suchen sich manche New Yorker Teilzeittiere. Die einen tun das nach Plan, als ehrenamtliche Helfer in einem Tierheim oder als bezahlter Tierbetreuer, zum Beispiel als *Dog Walker* oder *Cat Sitter.* Die anderen freuen sich darüber, dass die japanische Katzencafé-Mode in New York Fuß gefasst hat: Gegen eine kleine Eintrittsgebühr darf man sich dort unter Stubentiger mischen.

Tierfreunde haben durchaus Einfluss in der Stadt. Zuletzt brachten sie eine Diskussion darüber in Gang, ob Hunde Zutritt zu Restaurants haben sollten, wenn auch nur auf den Plätzen draußen. Bisher dürfen nur sogenannte *service dogs* ins Restaurant – außer Blindenhunden können das auch Tiere sein, die für das seelische Gleichgewicht sorgen.

So etwas könnte mein Zahnarzt für seinen Pudel vielleicht auch in Anspruch nehmen. Der Doktor sieht sich nämlich als Spezialisten für Schissbuxen. Er hat mir schon mal ein Stofftier aufgedrängt, das ich während der Behandlung festhalten sollte. Da hatte ich dann alle Hände voll zu tun. Jetzt hab ich kein Stofftier, aber mittendrin merke ich, wie Ettro seinen Kopf ganz zart an mein Bein lehnt. Ob nun die Anwesenheit des Tieres oder meine Verblüffung die Angst wegfegt, werde ich wohl nie erfahren. Und zu meiner Erleichterung heißt der Doktor nicht Faust.

★ Do it yourself ★

Dog Runs oder **Dog Parks** gibt es in New York in fast jedem Viertel. Informationen über diese Art Hundeauslauf sowie die Regeln für

Hundehalter in New York finden sich auf der Website der **Mayor's Alliance for NYC Animals** [www.animalalliancenyc.org].

Wer gerne mit Katzen kuscheln möchte, hat dafür gleich mehrere **Katzencafés** zur Auswahl. Dort achtet jeweils ein Betreuer darauf, ob die Tiere selbst Lust auf menschliche Gesellschaft haben.

- Little Lions • Soho, 40 Grand Street zwischen Thompson und West Broadway • Haltestelle Canal Street mit Linie 1, A, C, E • www.littlelionsnyc.com
- Meouw Parlor • Chinatown, 46 Hester Street zwischen Ludlow und Essex Street • Haltestelle East Broadway mit Linie F • www.meowparlour.com
- Koneko • Lower East Side, 26 Clinton Street zwischen Houston und Stanton Street • Haltestelle 2nd Avenue mit Linie F • www.konekonyc.com
- Brooklyn Cat Café • Brooklyn Heights, Brooklyn, 149 Atlantic Avenue zwischen Clinton Street und Henry Street • Haltestelle Borough Hall mit 2, 3, 4, 5 • www.catcafebk.com

Tierbetreuung in New York

Dog Walker

Dog Walker begeistern Touristen damit, dass sie mit acht Hunden Richtung Park laufen können, ohne dass sich die Leinen verwirren oder Entgegenkommende in den laufenden Verkehr ausweichen müssen. Ein Spaziergang kostet Hundebesitzer ungefähr 20 Dollar. Vermittlungsagenturen überbieten sich gegenseitig mit Extras – vom GPS-Tracking bis zum *poop report*. Geschäft ist hier eben ganz wörtlich zu nehmen.

Dog Day Care/Dog Boarding

Vielbeschäftigte New Yorker bringen ihre Vierbeiner in die Hundetagesstätte. Dort tummeln sich die Tiere unter ihresgleichen – nach Größen sortiert. Manche Einrichtungen haben Kameras installiert, über die die Besitzer nachschauen können, was ihr Hund gerade treibt. Andere sind wie Hundepensionen in Deutschland auf vierbeinige Feriengäste spezialisiert.

Pet Sitter

Pet Sitter gibt es nicht nur für Hunde, sondern etwa auch für Katzen. Diesen Service nutzen vor allem New Yorker, die auf Reisen gehen: Ein *Pet Sitter* kommt ins Haus und füttert, geht mit dem Hund raus bzw. leert das Katzenklo, leistet ein bisschen Gesellschaft. Viele gießen auf Wunsch auch noch Blumen und holen die Post herein. Gegen entsprechendes Entgelt bleiben *Pet Sitter* auch über Nacht bei den Tieren.

25 Gone fishing (or sailing)

»I hope my neighbors won't find out.«

Molly ist ein bisschen weiß um die Nase. Die Wellen sind gar nicht so hoch, das Boot schaukelt nur ein wenig, aber für manches Gleichgewichtsorgan reicht das schon, um durcheinanderzugeraten. Ich rate Molly zum alten Seemannstrick: Such dir vorne vor dem Bug einen Punkt, auf den du dich konzentrieren kannst!

Praktischerweise hat unser Kapitän in Richtung Ufer beigedreht, und ich zeige auf eine Reihe Häuser in weiter Ferne. Molly hat aber etwas anderes in Blick. »Da«, sagt sie, »das da ist mein Haus.« Molly wohnt also in Rockaway, stelle ich fest. Direkt am Meer.

Der Kapitän wechselt erneut die Richtung. Schließlich sind wir auf der Suche. Wie einst Captain Ahab suchen wir Wale, noch am Morgen waren sie hier, erfahren wir. Statt mit Speeren sind wir allerdings mit Kameras bewaffnet. Und Molly ist äußerst skeptisch.

Keiner ihrer Nachbarn käme auf die Idee, zum Whalewatching zu fahren. Molly weiß immerhin, dass vor New York eine ganze Reihe von Walen herumschwimmt, und heute hat ihre Neugierde gesiegt. Aber nun fischen wir sozusagen im Trüben, und das quasi vor ihrer Haustür. Damit will sie sich von der Nachbarschaft nicht erwischen lassen. »Wir finden heute besser noch ein paar Wale«, sagt sie. Wie auf Kommando beginnen die ersten Leute auf dem Boot aufgeregt auf die Steuerbordseite zu zeigen.

In einem perfekten Bogen springen dort gleich drei Delfine. Mindestens hundert dieser Tiere schießen schräg vor uns her. Begeistert sage ich zu Molly, dass sie ja nun doch noch etwas Tolles zu berichten hat. Molly schmunzelt über mein Unwissen. »Delfine«, sagt sie, »schwimmen doch direkt am Strand vorbei.«

Von Ruderromantikern, Jetski-Angebern und Hilfssheriffs mit Angelrute

Lange Zeit gehörte Wassersport in New York in eine von drei Kategorien: Mimi erzählt Oma begeistert vom Nachmittag im Freibad. Opa erzählt von der guten alten Zeit, als man von Umweltgiften keinen Schimmer hatte und zum Vergnügen in den East River sprang. Und Onkel Jimmy fährt zwar fast nie nach Manhattan, kann dafür aber ein Boot vorm Haus einparken.

In New York stehen tatsächlich Häuser mit Steg vor der Tür. Es gibt Gegenden, in denen frühmorgens die Motoren der Angelboote zu hören sind und solche, in denen Surfbretter im Sand stecken. Diese Nischen haben Zulauf bekommen – und Gesellschaft. Inzwischen kann man sogar in Manhattan segeln lernen, in ein Kajak steigen und von Wolkenkratzern umgeben Fische fangen.

Ganz neu ist die Freude am Wassersport nicht: Im Central Park laden Romantiker seit Ewigkeiten ihre Angebetete zu einer Ruderpartie ein. Auch das Wasserbecken, in dem Spielzeugschiffchen fahren, ist ein Klassiker. Aufgerüscht präsentieren sich diese Vergnügen der Jugend von heute, mit Fernbedienung für die ausleihbaren Renn-Segelboote. Neben den Ruderbötchen findet man auch etwas abenteuerlicher aussehende Kajaks. Ungeübte bekommen davon Muskelkater.

Andere bewegen sich lieber so gut wie gar nicht. Das wäre auch dumm, denn Hektiker fangen keine Fische. In den meisten New Yorker Parkteichen ist das Angeln erlaubt, dort stehen sogar Behälter für überflüssige Angelschnur. Der Freizeitspaß mit Haken hat sich derart verbreitet, dass dessen Hinterlassenschaften zur Todesfalle für Vögel wurden – und die Parkverwaltung reagierte. Dann machte sie die Anglern sogar zu einer Art Hilfssheriffs.

Eigentlich dürfen Angler in allen Süßwassergebieten der Stadt lediglich *catch and release* praktizieren, also Fische herausziehen, vom Haken lassen und sofort wieder ins Wasser werfen. Von angelhosentragenden Hobby-Ahabs werden sie dafür belächelt. Doch inzwischen müssen Angler am Harlem Meer und anderen Parkgewässern auch töten können. Fangen sie nämlich einen *snakehead*

(Schlangenkopffisch), müssen sie ihm den Garaus machen und den Fang den Behörden melden. Schlangenkopffische stammen aus Asien. In New Yorker Parks wurden sie vermutlich ausgesetzt – und gebärden sich dort wie der Hecht im Karpfenteich: Kein Teichbewohner ist vor ihnen sicher.

Viele New Yorker Angler wollen aber auch mal etwas Essbares fangen. Sie ziehen Salzwasserfische, meist Felsen- und Blaubarsche in teils beachtlicher Größe aus dem East River, dem Hudson, dem Hafenbecken und dem Atlantik. Eine ganze Flotte Boote in unterschiedlichen Größen bietet halb- und ganztätige Angelausflüge auf dem Meer an.

Viele Angler trifft man im Battery Park, am Ende der East 96th Street oder auf dem Coney Island Pier. Ihnen zufolge sind die meisten Fische in New York nur auf der Durchreise. Doch Warnschilder weisen darauf hin, dass die Gewässer um New York immer noch voller Altlasten sind, die die Fische aufnehmen könnten. Auch Schwimmen ist deshalb verboten, außer an den freigegebenen Stränden.

Mehr und mehr New Yorker trauen sich aber dennoch aufs Wasser. Lautstarke Angeber leihen für Hunderte Dollar einen Jetski. Weil viele von ihnen sich ebenso wie manche Motorbootfahrer rücksichtslos oder schlicht dumm benehmen, brauchen sie seit 2015 eine sogenannte »Boaters Education Card«.

Andere setzen lieber auf Windkraft. Das mag auch an den tollen Vorbildern liegen: 2016 fand erstmals seit 96 Jahren wieder ein Rennen des America's Cup in New York statt. Diverse Transatlantikregatten starten zuschauerfreundlich im New Yorker Hafen, und jener hat seit wenigen Jahren sogar seine eigene Segelregatta.

Dafür trainieren können New Yorker in Segelschulen, die oft neben ihrem normalen Betrieb spezielle Kinderprogramme haben. Manche Schulen gehen sogar noch weiter. Die Nonprofit-Organisation »Floating the Apple« baut seit 1994 mit Schülern Ruderboote, die dann an andere Organisationen weitergegeben werden. Und diese bieten nun vermehrt Gratis-Rudern an. Besonders beliebt sind aber die Kajaks. Wer schon einmal auf Wasserhöhe sitzend die Skyline bewundert und die Welle einer Fähre überlebt hat, sieht die Stadt für immer mit anderen Augen.

Einige New Yorker haben den Wellengang auf dem Hudson und East River inzwischen so häufig gemeistert, dass ihnen das Abenteuerpaddeln langweilig geworden ist. Aber New York wäre nicht New York, hätten sie nicht schnell einen neuen Nervenkitzel gefunden: Sie spielen Kajak-Polo – am liebsten dort, wo sie auf jeden Fall Publikum finden.

Draußen auf dem Meer hat der Wind aufgefrischt. Der Motor röhrt, aber die Wale lassen sich nicht blicken. An der Seite kommt Land in Sicht, und eine Frau fragt, ob das Manhattan sei. Molly und ich schütteln den Kopf. Das geht gar nicht. Die Frau deutet beharrlich auf etwas, das sich doch ganz deutlich in schwindelerregende Höhe erhebt. »Das ist bloß ein Leuchtturm«, sagt Molly und stockt.

Der Leuchtturm bewegt sich. Und er hupt. Gleich zwei Angler haben ihre Boote in den Kanal gelegt, in dem das tutende *tugboat* einem Containerschiff entgegenfährt. Vielleicht trifft es unterwegs die Wale.

★ Do it yourself ★

Häuser mit Bootsstegen vor der Tür kann man bei einem Rundgang durch Stadtteile wie **Broad Channel** und **City Island** (siehe Kapitel 10) bewundern.

Mit etwas Glück kann man in New York City sogar **Wale beobachten** – zwischen Mai und Oktober, Hochsaison ist von Juni bis August. Mit Bahn und Bus dauert die Anfahrt ganz schön lange, aber 2017/2018 soll es wieder eine Fährverbindung von Manhattan aus geben.

American Princess Cruises • Breezy Point, Rockaway, Queens, Riis Landing, State Road, Ecke Heinzelman Road • Haltestelle Fort Tilden mit Bus Q35, vorher mit U-Bahn-Linie 2 bis Flatbush Avenue • www.americanprincesscruises.com

Zum **Angeln** braucht man einen Angelschein, es sei dann, man ist Gast auf einem lizensierten Angelboot. **New York Harbor Fishing** [www.nyharborfishing.com] etwa holt Angler mit Reservierung in Manhattan ab. Besonders viele Angelboote starten mehrmals am Tag vom Hafen in **Sheepshead Bay** aus [Sheepshead Bay, Brooklyn, Emmons Avenue • Haltestelle Sheepshead Bay mit Linie B, Q].

Segeln lernen mit der Skyline von Manhattan als Kulisse kann man in mehreren **Segelschulen**, die auch Zwei-Stunden- oder Wochenendkurse anbieten.

- www.hudsonsailing.org
- www.offshoresailing.com
- www.sailmanhattan.com

Eine Liste mit Gruppen, Gratis-Angeboten und den Startplätzen von nicht-motorisierten Wasserfahrzeugen wie **Kajaks, Ruderbooten und Kanus** hat NYC Water Trails [www.nycwatertrail.org] zu bieten. Wer beim **Kajak-Polo** zuschauen möchte, findet eine Gruppe am Pier 66 im Hudson [Chelsea, West 26th Street hinter 12th Avenue • Haltestelle 34th Street/Hudson Yards • www.nykayakpolo.org] und eine am Pier 2 im Brooklyn Bridge Park [www.brooklynkayakguides.com].

Das coolste **Schwimmbad** in New York ist die **Floating Pool Lady** im Baretto Point Park in der Bronx.

- Floating Pool Lady • Hunts Point, Bronx, Tiffany Street und Viele Avenue • Haltestelle Longwood Avenue mit Linie 6, dann ggf. Bus Bx46 bis Viele Avenue/Casanova Street • www.floatingpool.org

Eine Übersicht aller **Gratis-Freibäder** hält die Parkverwaltung bereit [www.nycgovparks.org/facilities/outdoor-pools].

Wenn der Bademeister pfeift: Freibäder in New York

Schwimmen kostet nichts: Für viele Besucher sind die zahlreichen New Yorker Freibäder eine Überraschung. Nach der Devise *first come, first serve* öffnen diese im Sommer ihre Tore – kostenlos. Weil sie tatsächlich zum Planschen im Wasser gedacht sind, nicht etwa für ein Familienpicknick, lässt der Bademeister viele Dinge nicht durchs Tor.

Nicht erlaubt sind etwa Decken, Essen, Wasserspielzeug, Radios, Handys. Und man muss ein eigenes Vorhängeschloss mitbringen, um seine Habseligkeiten wegzusperren.

Im Gegenzug bekommen Wasserratten eine stolperfreie Umgebung. Nachmittags zwischen 15 und 16 Uhr werden die Becken gereinigt, meist müssen dann sämtliche Besucher das Bad verlassen – das bedeutet für andere eine neue Chance auf freien Eintritt, falls das Freibad zuvor voll war.

Im East River oder im Hudson dürfen New Yorker nicht schwimmen, dafür reicht weder die Wasserqualität noch fände sich inmitten des Schiffverkehrs ein sicherer Ort dafür. Doch die Freibäder wagen sich aus ihren ummauerten Refugien. Eine Gruppe Visionäre machte sich für ein schwimmendes Schwimmbad vor dem Brooklyn Bridge Park stark, doch stattdessen entstand dort ein Yachthafen.

Heimlich, still und leise gibt es in New York aber tatsächlich die Möglichkeit, in Wasser auf Wasser zu schwimmen: 2007 kam erstmals die Floating Pool Lady zur Brooklyn Bridge, ein auf einem riesigen Lastenkahn eingerichtetes Schwimmbad. Schon im Jahr darauf musste sie weichen – aber nicht aus New York verschwinden: In der Bronx wartet der schwimmende Pool jeden Sommer erneut auf Wasserratten. Zur Freude von Kindern aus der Umgebung des Industrieviertels, das den dazugehörigen Park umgibt, hat sich das in New York noch nicht sonderlich herumgesprochen.

26 Sport ohne Stadion

»You see why he's not moving to second base?«

Für einen Moment wünsche ich mir, wir sprächen über das Paar am anderen Ende des Tresens. Aber mit *second base* ist nicht ein Schritt bei der körperlichen Annäherung gemeint, sondern ein Stein im Boden eines Spielfelds.

Wir schauen ein Baseballspiel im Fernsehen, oder besser gesagt: Ben schaut ein Baseballspiel, ich sehe da nur unzusammenhängende Szenen. Das wiederum kann Ben aber nicht sehen. Beharrlich erklärt er mir, dass dieser Sport, den ich unklugerweise als langsam bezeichnet habe, ein ausgeklügeltes Strategiespiel sei, und weil ich die Regeln nicht kenne, erzählt er mir von vorrückenden Spielern an den *bases* und ballwerfenden Feldspielern.

Wer auch immer die Fernsehübertragung aus dem Yankee Stadium verantwortet, hat aber keinen Sinn für das grüne Feld mit dem Sandstück in der Ecke. Während ich Großaufnahmen zweier mürrisch dreinblickender Starsportler im Wechsel sehe, soll ich Ben glauben, dass die anderen nicht nur existieren, sondern sich sogar mit wichtigen Spielzügen abrackern.

Die Grundregeln von Baseball lese ich später bei Wikipedia nach. So richtig klickt es aber erst an einem Nachmittag im Central Park. Ein Schattenplatz auf einem Felsen lenkt meinen Blick auf ein Spielfeld weiter unten, wo sich gerade einige Sportler warm werfen und schlagen. Dann nehmen sie ihre Plätze ein, und während sie spielen, sehe ich einen von ihnen auf die *second base* zusprinten, hechten und mit ausgestreckter Hand auf sie zuschlittern. Er berührt sie rechtzeitig, rasselt dabei allerdings förmlich darauf. Das muss übel wehgetan haben. Regie, wo bleibt die Großaufnahme vom Gesicht?

Wo New Yorker im Team schwitzen (oder anfeuern)

Intramural sports nennen viele Amerikaner das, was sich jenseits der Stadien abspielt: Am College ist das eine Chance auf Bewegung und Teamgeist für diejenigen, bei denen es zur Wettkampfreife nicht gereicht hat (oder die an der Uni tatsächlich studieren wollen). *Intramurals* sind die Sportmannschaften, die auf dem Campus bleiben und nicht gegen andere Unis antreten. Die wörtliche Übersetzung aus dem Lateinischen, innerhalb der Mauern, scheint auf New York ganz gut zu passen. So heißen dort die mehr oder weniger lose organisierten Freizeitmannschaften, die sich in der Dichte der Großstadt die Lunge aus dem Leib rennen.

Basketball oder Bowling, Fußball oder Frisbee, Dodgeball oder Rollhockey: In Parks und auf Schulhöfen spielen New Yorker frühmorgens oder ab dem Nachmittag gegeneinander. Es gibt sogar mehrere Intramural-Sport-Ligen, die mit einer Armada von Mannschaften das Jahr in mehrere kurze Saisons einteilen und dabei ihre Meister ermitteln.

Bei den meisten steht dabei der Spaß im Vordergrund, es gibt nur selten den einen Superspieler, der alle anderen antreibt, und Gemecker hört man auch selten. Viel öfter gibt es anerkennenden Applaus und aufmunternde Rufe. Die Teams bleiben nicht ewig bestehen, viele Gruppen erlauben neben der Saison-Mitgliedschaft auch *drop-in* gegen Tagesgebühr, und der gemeinsame Kneipenabend ist für viele Spieler ebenso entscheidend wie das, was auf dem Platz passiert. Über den Rasen oder Asphalt rennen auch oft Frauen und Männer im selben Team; das gilt bei den New Yorker Freizeitmannschaften als ganz normal.

Sportbegeisterte finden solche Gruppen, indem sie einfach an den zahlreichen Sportplätzen der Stadt zuschauen und nachfragen. Viele der *intramurals* haben zudem eine Website. Denn inzwischen funktioniert der Freizeitspaß nicht mehr ganz so lose organisiert wie noch vor ein paar Jahren: So viele New Yorker haben Sehnsucht danach, mit anderen zusammen einem Ball hinterherzujagen, dass die Plätze belegt sind. *First come, first serve* funktioniert fast nur auf dem Papier.

Dasselbe gilt für die Spiele, bei denen es weniger entspannt zugeht. Streetball dient immer noch als Hoffnungsträger für eine Karriere aus dem Ghetto heraus, und ebenso wie beim Street Football, Boxen und Wrestling können die Spieler dabei mal so richtig Dampf ablassen. Manche Underground-Mannschaft mag zwar nach dem Spiel gemeinsam grillen, Hochprozentiges trinken und Verbotenes konsumieren, aber auf dem Platz sind alle mit vollem Ernst beim Spiel, aufgepumpt von einem vorangehenden, schimpfwortstarken verbalen Schlagabtausch.

Diese Teams trainieren fast das ganze Jahr und bei jedem Wetter. Ohne Profi-Vermarkter und Sponsoren spielen manche von ihnen um einen in der Regel gut dotierten Topf. Um vier- bis fünfstellige Beträge pro Turnier spielt etwa eine legendäre informelle Street-Football-Szene, die sich um diverse *housing projects* gebildet hat und 2015 im Mittelpunkt einer sechsteiligen Videodokumentation des *Vice Magazine* stand. Bei diesen Gruppen bleiben Termine und Treffpunkte oft Insiderwissen. Beim Streetball hingegen gehören Spielstätten wie Rucker Park in Harlem oder West 4th Street in Greenwich Village längst zum New Yorker Allgemeinwissen.

Es kann schon nerven, welche Massen an Menschen New York zu jeder beliebigen Tages- und Nachtzeiten urplötzlich an einen Ort zusammenziehen kann. Zum Beispiel, wenn man einem umschwärmten Streetball-Spieler zuschauen will oder sich nach einem Spiel der New York Knicks in Zeitlupe durch den U-Bahn-Eingang kämpft. Oder wenn bei einer der zahlreichen Gratis-Yogastunden im Sommer die Matte nirgends mehr hinpasst. Aber es hat auch einen Vorteil, von achteinhalb Millionen Mitbürgern (plus Abermillionen Touristen) umgeben zu sein: Mit jedem noch so abwegigen Hobby hat man eine Chance auf Gleichgesinnte. Dieser Umstand, gepaart mit der New Yorker Sucht nach dem Neuen, bringt anderswo undenkbare Sportveranstaltungen hervor.

Tischtennisprofis, die schon einmal bei »Dirty Dozen« mitgewirkt haben, sagen ziemlich übereinstimmend: So viel Ablenkung haben sie noch nie erlebt. Für 500 Dollar spielen sie nicht etwa vor einem Publikum, das andächtig darauf wartet, die Bälle klicken zu hören. Ein DJ sorgt für Stimmung, das Publikum tanzt, kreischt und buht, und mittendrin fliegen die Bälle. Beim »Gotham Girls Roller Derby« dagegen fliegen die Ellenbogen. Frauen auf Rollschuhen helfen auf einer ovalen Rennstrecke ihrer Teamführerin dabei, möglichst viele Gegnerinnen zu überholen – koste es, was es wolle. Und »Major League Dreidel« ist eine Schnapsidee, die aus einem harmlosen jüdischen Kinderspaß mit einem Kreisel erst einen Wettbewerb um das längste Kreiseln machte und diesen dann noch mit zwei weiteren beliebten amerikanischen Freizeitspielen zu seiner derzeitigen Form verband. Wer es ein bisschen extremer mag, geht in die New Yorker Trapezschule. Fortgeschrittene arbeiten dort auch ihm Team – und springen von einer Schaukel in den sicheren Griff ihrer Partner.

Doch so verbreitet es in New York auch sein mag, Sport jeglicher Form zu treiben – ob in einem der allgegenwärtigen Fitnessstudios, über eine Brücke joggend oder als Mitglied einer Fahrradpolomannschaft: Eine Sportart scheint doch zu dominieren. Für sie muss man sich vor einem oder mehreren Bildschirmen positionieren und einen starken Meinungsmuskel haben. Und Sportbars gibt es in der Stadt mehr als genug.

»Jetzt sollten sie besser den *Closer* bringen«, sage ich lässig. Ben starrt mich an. »Was hast du gesagt?« »Den *Closer*«, sage ich. Zwei Reihen weißgebleichter Zähne blinken mich an. Ben glaubt, ich hätte seine komplizierten Strategieausführungen begriffen. In Wahrheit steckte bloß auf dem Hinweg die U-Bahn im Tunnel.

Mir war so langweilig, dass ich im Sportteil einer Zeitung das Porträt eines Baseball-Werfers las, der als Spezialist dafür gilt, die Führung seiner Mannschaft bis zum Schluss zu halten. Mit diesem Wissen, so lerne ich, kann ich am Tresen einer Sportbar punkten. Obwohl ich Ben leise die Quelle meines überraschenden Treffers verrate, lässt er ihn gelten. So sei das im Mannschaftssport, sagt er.

★ Do it yourself ★

Bei manchen Intramural-Sport-Teams kann man gegen eine Gebühr für einen Spieltag einsteigen (*drop-in, pick-up game* oder *open play*) – die Bandbreite reicht von Bowling bis Volleyball. Details zu Terminen und Konditionen finden sich auf den Websites.

- www.nycsocialsportsclub.com
- www.nyurban.com
- www.nysoccerproject.com/pages/pickup

Wer lieber zuschaut, findet eine ganze Reihe Alternativen zu den Klassikern Baseball, Basketball und Football. Zum Beispiel:

- Gotham Girls Roller Derby • www.gothamgirlsrollerderby.com
- Dirty Dozen Ping-Pong • http://newyork.wearespin.com

Ohne Wettkampfstimmung funktionieren besonders diejenigen Sportarten, die gleichzeitig schön aussehen. Gegen Gebühr kann man sich in der **New York Trapeze School** [www.trapezeschool.com] auf die Schaukel schwingen. Bei den **Central Park Disco Skaters** [www.cpdsa.org] kann man zuschauen oder die Tanz-Rollschuhe schwingen, und viele Parks bieten im Sommer Gratis-Yoga-Stunden für die Massen an.

27 Gallery hopping

»Traffic is unbelievable!«

Jill lässt ihre Handkanten auf das Lenkrad des Minicoopers sausen. Vergebens hatte ich versucht, sie für eine U-Bahn-Fahrt zu begeistern. Und jetzt sitze ich da, weiß, dass wir viel zu spät kommen werden, und verkneife mir ein: »Hab ich doch gesagt«. Es ist Donnerstag, schlimm genug, weil da auch alle anderen ausgehen wollen, und heute besonders: Die Galeristen sind aus dem Sommerschlaf zurück, und parallel zum ersten großen Vernissage-Marathon hat auch noch die New York Fashion Week begonnen.

Fluchend stöckelt Jill vor mir her durch Chelsea, während ich still bewundere, dass sie in der Gegend überhaupt einen Parkplatz gefunden hat, der halbwegs legal aussieht. Seit ihrer Jugend hat sich Jill in Szenekreisen herumgetrieben, und inzwischen braucht sie sich über Geld keine Sorgen mehr zu machen. Das hier ist ihre Liga: eine Ausstellungseröffnung neben der anderen, und lauter Leute, die sich in Sachen Coolness überbieten.

So bin ich rechtschaffen perplex, als mir eine kühle Tausend-Dollar-Tanktop-Frau zuruft, wie toll sie meine Acht-Dollar-Halskette findet. Ihre Begleiterin nickt begeistert. In der Galerie schräg gegenüber wechsle ich mit einem Unbekannten ein paar Worte über ein großformatiges Foto, bis Jill mich am Ellenbogen fasst. Wir müssen weiter. Es ist erstaunlich heiß in der Galerie um die Ecke, auf die Jill nun zugesteuert hat, und die Skulpturen darin kann man kaum anschauen, weil so viele Leute herumstehen und wichtige Gespräche führen.

»Den habe ich schon vor vier Jahren gekauft«, höre ich im Vorbeigehen über den Künstler, und Jill raunt: »Hast du gesehen, Charlotte ist auch hier.« Ich habe keine Ahnung, wer Charlotte ist, überlasse sie einem Plausch mit einem Mann in gleißend silberner Hose und gehe an die frische Luft. Wie das immer so ist, ob im Club oder in der Galerie: Wer richtig cool ist, steht draußen.

Kunst, Coolness und Gratiswein

In bestimmten Teilen von Chelsea, der Lower East Side und Soho sind die Galerien so dicht gesät, dass man von einer zur anderen hüpfen kann. Manche New Yorker machen das am Wochenende – samstags, denn sonntags sind viele Galerien geschlossen. Der beliebteste Tag zum *gallery hopping* aber ist der Donnerstag.

Dann finden die meisten Vernissagen statt, und das bedeutet: Nach dem offiziellen Galerieschluss gibt es Wein und geladene Gäste, Künstlerin oder Künstler der Ausstellung sind anwesend, dazu jede Menge zufällig hereingeschneite Neugierige. Manche verursachen ein großes Hallo bei jeder Begrüßung, andere flüstern sich zu, welche der Galerien ein Klo hat. Aufstrebende Künstler, die hier schon einmal Galerieluft schnuppern, lenken derweil das Gespräch mehr oder weniger geschickt auf ihre eigene Kunst.

Ab und zu öffnet und schließt sich in einer rappelvollen Galerie die Tür mit der Aufschrift »privat«. Käufer verschwinden dort bei Ausstellungseröffnungen allerdings selten. Stattdessen huschen Galeriemitarbeiterinnen und Praktikanten dort hinein, um noch eine Flasche Weißwein zu holen oder um sich ein bisschen wichtig zu machen.

Gallery hopping an Vernissage-Tagen ist eine große Party, ein Szenetreff, ein Laufsteg. Und eine gute Möglichkeit, die neuesten Trends in der Kunst zu entdecken: Bei zwei direkt nebeneinanderliegenden Galerien gähnt zuweilen in der einen das Aufpasserpersonal, während in der anderen kein Durchkommen mehr ist.

An diesen Abenden mischen sich die Gegensätze scheinbar mühelos. Mit einer Bemerkung über ein Werk oder einem Kompliment kommen die Leute ins Gespräch. Man trifft Kunstliebhaber und Szenelieblinge, Sammlerinnen und Studenten, exaltierte Aufschneider und seltsame Gestalten, manchmal sogar ausgestopfte

Tiere, und das muss auch so sein. Schließlich lebt die Kunstszene von einem kreativen Image, und um es zu polieren, reichen topmodisch und teuer angezogene Menschen allein nicht. Ohne schrille Existenzen könnte dies ja auch die Werbebranche sein. Doch nicht alle Galeriebesucher hoffen auf Sehen und Gesehenwerden.

Die Kunstfreunde nutzen es auch nach Herzenslust aus, dass die Galerien groß auffahren müssen, um die allgegenwärtige Konkurrenz auszustechen. Galeristen schrecken nicht davor zurück, für einen namhaften Künstler wie Calzolari Wände einzureißen, Extrapersonal anzuheuern, das auf Ai Weiweis Boden voller handbemalter Porzellan-Sonnenblumenkerne aufpasst, oder für eine Takashi-Murakami-Ausstellung die tonnenschwere Nachbildung eines uralten japanischen Tors in ihre Hallen zu bugsieren, dessen Holz in mühseliger Kleinarbeit in kurzer Zeit auf verwitterten Jahrhundertstatus gebracht wurde.

In Galerien geht es weniger ehrfürchtig zu als in Museen. Während dort die meisten Leute direkt hinter dem Eingang zum Wispern übergehen, hört man in Galerien auch schon mal ein Lachen. Die Akustik vieler Räume macht das Mithören der tiefsinnigen, ironischen oder angeberischen Konversationen aber schwer; die Ausstellungsräume sind eben doch nicht für die Masse gemacht.

Manche Kunstfreunde machen in New York komplette Laufpläne ohne ein einziges Museum, sie stecken lange Listen mit Ausstellungen und großen Namen in die Tasche: Damien Hirst, Cindy Sherman, Keith Haring, Yoko Ono, Neo Rauch, Richard Serra, Kara Walker, Pablo Picasso, Nan Goldin, David Hockney, Jenny Holzer.

Andere lassen sich in den Galerievierteln einfach treiben. Sie entdecken einen kompletten Wohnwagen voller Marionetten, deren Fäden an kleinen Motoren hängen. Sie können ganz allein in einem Raum voller 25.000-Dollar-Fotos stehen. Sie lassen auf Künstlergeheiß Drohnen fliegen. Elefantendung, Polaroids, Menschenhaar: Irgendetwas Neues wird sich schon finden.

Als ich neben einer Rotte Raucher draußen vor der Galerie Luft hole, sehe ich es: Die Kunstflanierer stoßen in diesem Block auf Störenfriede. Ausgerechnet heute, zum offiziellen Saisonstart für das *gallery hopping*, hat ein Galerist seine Räume vermietet. Im Epizentrum der Kunstszene kann man weder parken noch herumstolzieren, weil da Leute arbeiten, die für eine andere Art Coolness zuständig sind – und eine schnöde Polizeiserie drehen.

★ Do it yourself ★

Donnerstag ist traditionell der Tag mit den meisten (und meist auch wichtigsten) Ausstellungseröffnungen. Zur Hochsaison gibt es sogar fast täglich neue Werke zu bestaunen. Die meisten New Yorker Galerien haben von Dienstag bis Samstag geöffnet, einige noch seltener. Die Vernissagen finden in der Regel abends statt, meist zwischen 18 und 20 Uhr. Einen hervorragenden Überblick über laufende Ausstellungen und Vernissagen bietet **New York Art Beat**, sowohl als Website als auch als App [www.nyartbeat.com].

Galerien verteilen sich in New York fast über die ganze Stadt: Wie eine Herde findet sich die Kunstszene an manchen Orten besonders gern zusammen, und nach einer Weile zieht sie weiter. Früher einmal fanden Warhol, Rauschenberg und de Kooning an der Upper East Side Ausstellungsräume, dann reihten sich die Galerien in Soho besonders dicht, und von dort aus zogen sie nach **Chelsea**. Dort ist es heute noch am einfachsten, von einer Ausstellung zur nächsten zu hüpfen: Viele große, internationale Namen mischen sich mit aufstrebenden Künstlern.

Die Speerspitze mit der jüngsten Kunst – inklusive Digital Art – steckt allerdings bereits anderswo: An der **Lower East Side** konzentrieren sich die Galerien um die Bowery, Chrystie und Allen Street und ihre Querstraßen. In Brooklyn zieht es die Kunstszene zum Beispiel in die teils avantgardistischen Galerien von **Bushwick**.

Die Galerien der **Upper East Side** standen eine ganze Weile lang für etablierte Kunst, die eher wegen ihres Investmentwerts oder als Wohnzimmerdekoration als wegen ihrer Radikalität gekauft wird. Inzwischen sind sie wieder von Trendsettern durchsetzt.

- Galerien in Chelsea • zwischen Tenth und Eleventh Avenue von 18th Street bis 28th Street • Haltestelle 23rd Street mit Linie A, C, E • www.chelseagallerymap.com
- Galerien der Lower East Side • Haltestelle 2nd Avenue mit Linie F oder Grand Street mit Linie B, D • www.lesgalleriesnyc.com
- Galerien in Bushwick • Haltestelle Morgan Avenue mit Linie L • www.bushwickgalleries.com
- Galerien der Upper East Side • Großraum Madison Avenue zwischen 60th und 83rd Street • Haltestelle 77th Street mit Linie 6 • www.uppereast.com/art-galleries

Kunst gucken für wenig (oder gar kein) Geld

Die großen Museen in New York sind nicht billig. Bei manchen gibt es einen Weg darum herum, den man allerdings entweder mit seiner Toleranz für Menschenmassen ausmachen muss (*looking at you,* MoMA-Freitag!) oder mit seinem Sinn für Gerechtigkeit. Kunst kostet schließlich Geld, von der Anschaffung bis zur Erhaltung, plus Informationen, Führungen, Kinderprogramme.

Die meisten großen New Yorker Museen bieten Schnäppchenjägern eine von zwei Möglichkeiten: Entweder erlassen sie den Eintritt zu bestimmten Zeiten – etwa an einem Tag im Monat oder für wenige Stunden an einem bestimmten Wochentag. Museen wie MoMA, Neue Galerie und Brooklyn Museum sind zu diesen Zeiten entsprechend voll. Oder Museen überlassen es ihrem Publikum zu entscheiden, wie viel Eintritt es zahlen soll – entweder dauerhaft und mit einem empfohlenen Eintrittspreis *(suggested admission)* als Anhaltspunkt, oder nur zu bestimmten Zeiten, bekannt als *pay as you wish* (zahl, was du meinst). Diese Variante gibt es etwa im Metropolitan Museum of Art und dem American Museum of Natural History (beide täglich mit *suggested admission*) und für wenige Stunden als *pay as you wish* im Whitney Museum oder dem Museum of Art and Design.

Die Vergünstigungsprogramme kommen oft dadurch zustande, dass Großkonzerne als Sponsoren auftreten und die Eintrittspreise quasi subventionieren. Weil solche Firmen sich nicht auf immer und ewig an die Kunst binden, ändern sich die jeweiligen Angebote der Museen immer wieder.

In klein gibt es das Kultursponsoring auch. New Yorker, denen an der Kunst liegt, werden Fördermitglieder in ihrem Lieblingsmuseen – dabei kann man ab ca. 80 Dollar im Jahr einsteigen, bekommt dafür Gratis-Eintritt und, je nach Fördergeldhöhe, weitere Extras bis hin zum Tisch beim großen Museumsball.

14 × Außergewöhnliches entdecken

Museen abseits ausgetretener Pfade

Zwischen den vielen bekannten – und sehenswerten! – großen Museen in New York gehen die kleineren zu Unrecht unter. Denn viele von ihnen führen eine starke Eigenschaft der Stadt vor: Hier gibt es so viele Menschen und Ideen, dass sich selbst für Spezielles ein verhältnismäßig großes Publikum findet. Zudem erzählen viele dieser Museen etwas über ein wichtiges Stück New York.

City Reliquary

Dieses Mini-Museum hat es sich zur Aufgabe gemacht, das alltägliche New York festzuhalten. Wechselnde Ausstellungen befassen sich etwa mit Donuts oder den übriggebliebenen Instrumentbauern der Stadt, und zur dauerhaft ausgestellten Sammlung gehören Terracotta-Bruchstücke berühmter New Yorker Gebäude und eine beeindruckende Menge und Vielfalt an Souvenir-Freiheitsstatuen.

City Reliquary • Williamsburg, Brooklyn, 370 Metropolitan Avenue, Ecke Havemeyer Street • Haltestelle Lorimer Street mit Linie L • www.cityreliquary.org

New York Transit Museum

Ein Traum für Bahnfans: In einem gut erreichbaren, stillgelegten U-Bahnhof in Brooklyn steht eine Reihe begehbarer alter U-Bahn-Waggons. Oben drüber zeigt eine Dauerausstellung, wie die Lebensader New Yorks sich seit 1904 über das Stadtgebiet ausgebreitet hat. Von technischen Fragen über Benimm-Plakate bis zu den Lost-

Connections-Inseraten nehmen sich Sonderausstellungen alles rund um die U-Bahn zum Teil auf künstlerische Weise vor.

New York Transit Museum • Downtown Brooklyn, Boerum Place, Ecke Schermerhorn Street • Haltestelle Borough Hall mit Linie 2, 3, 4, 5 • http://web.mta.info/mta/museum

Mmuseumm

Die Brücke zwischen Journalismus und Kunst schlägt das kleinste Museum der Stadt: In einem Fahrstuhl stellen die Kuratoren des Mmuseumms eine Saison nach der anderen neue Artefakte aus, die den Zustand der ganzen Welt widerspiegeln. Das können Zahnpastatuben aus aller Herren Länder sein, von US-Häftlingen hergestellte Waren oder Gegenstände, die von illegalen Einwanderern in der Wüste Arizonas zurückgelassen wurden. Stets gibt es eine ganze Reihe solcher Reihen zu sehen.

Mmuseumm • Tribeca, 4 Cortlandt Alley zwischen White und Franklin Street • Haltestelle Canal Street mit 6, J, N, Q, R, Z • www.mmuseumm.com

Museum of American Finance

Schon mal eine Zehntausend-Dollar-Note gesehen? Die gibt es in diesem Museum, zusammen mit dem Wall-Street-Ticker vom Schwarzen Freitag aus dem Jahr 1929, und das ist nur der Anfang. Bankräuber sind ebenso ein Thema wie Gold. Passenderweise ist das Museum in der ehemaligen Zentrale der Bank of New York beheimatet.

Museum of American Finance • Financial District, 48 Wall Street, Ecke William Street • Haltestelle Wall Street mit Linie 2, 3, NY • www.moaf.org

Museum of the American Gangster

In einem ehemaligen *speakeasy* (einer Flüsterkneipe aus der Prohibitionszeit) sind die Verbrecherlegenden New Yorks versammelt –

virtuell, versteht sich, und Kollegen wie Al Capone aus Chicago gesellen sich gleich dazu. Zu den Ausstellungsstücken gehören Waffen aus der Zeit von Bugsy Malone und wilde Geschichten von der Anfangszeit des organisierten Verbrechens.

Museum of the American Gangster • East Village, 78 Saint Marks Place zwischen 2nd und 1st Avenue • Haltestelle Astor Place mit Linie 6 • www.museumoftheamericangangster.org

Museum of Reclaimed Urban Space

Wie viele Großstädte hatte auch New York eine umtriebige Hausbesetzerszene voller Menschen mit Ideen, wie man ganz anders leben könnte. Das hat sich im Grunde nicht geändert, nur dass längst neue Generationen nachgewachsen sind. In einem eigenen, komplett ehrenamtlich betriebenen Museum zeigen sie, wie sie gestern und heute die Stadt erobern. Ausstellungen sowie Führungen durch das Viertel konzentrieren sich auf besetzte Häuser, Community Gardens, Gentrifizierung und die Geschichte radikaler Gruppen in New York.

Museum of Reclaimed Urban Space • East Village, 155 Avenue C zwischen East 9th und 10th Street • Haltestelle Astor Place mit Linie 6 • www.morusnyc.org

New York City Fire Museum

Wer als Kind unbedingt bei der Feuerwehr anfangen wollte, kann hier Träume wahr werden lassen: In einem mehr als 100 Jahre alten Feuerwehrhaus erfährt man alles über *New York's Bravest*, von den Eimer-Brigaden aus New Amsterdam bis zur modernsten Feuerwehrtechnik.

New York City Fire Museum • Hudson Square, 278 Spring Street zwischen Varick Street und Hudson Street • Haltestelle Spring Street mit Linie A, C, E • www.nycfiremuseum.org

Leslie-Lohman Museum of Gay and Lesbian Art

Als erstes Museum seiner Art weltweit widmet sich diese Einrichtung der Kunst von Schwulen, Lesben und Transsexuellen und

Kunst zu verwandten Themen. Die Mitbegründer Charles Leslie und Fritz Lohman machten aus ihrem Loft in Soho bereits 1969 ein Zentrum für schwule Künstler. Die Leslie-Lohman Gay Art Foundation besitzt Werke von David Hockney, Robert Mapplethorpe und Robert Indiana. 2011 bekam sie den Museumsstatus, 2016 erweitert das Museum seine Räumlichkeiten auf fast das Doppelte.

Leslie-Lohman Museum of Gay and Lesbian Art • Soho, 26 Wooster Street zwischen Grand Street und Canal Street • Haltestelle Canal Street mit Linie 1, 2, A, C, E • www.leslielohman.org

Museums at Audubon Terrace

Diesen Komplex imposanter Beaux-Arts-Gebäude ließ Archer M. Huntington zu Beginn des 20. Jahrhunderts bauen, sozusagen als Denkmal seiner Liebe zu Kunst und Kultur (und seines Reichtums). Die von ihm dort gegründete Hispanic Society of America bietet dort noch heute Werke von Goya und Co. bei freiem Eintritt. Die Ernennung als eines der 250 Mitglieder der benachbarten Academy of Arts and Letters ist die höchste künstlerische Auszeichnung in den USA. Auch dort sind Ausstellungen kostenlos.

Museums at Audubon Terrace • Washington Heights, Audobon Terrace, Broadway zwischen 155th und 156th Street • Haltestelle 157th Street mit Linie 1 • www.hispanicsociety.org und www.artsandletters.org

Museum of the Moving Image

Das größte Lager für bewegte Bilder steht nicht etwa in Hollywood, sondern in Astoria (Queens). Dort hatte Paramount seine Studios, ehe das Filmurgestein nach Kalifornien abwanderte. In der Dauerausstellung »Behind the Scenes« erlebt man aktiv, mit welchen kreativen und technischen Fragen Filmemacher sich herumschlagen. Zudem gibt es dort wechselnde Ausstellungen, etwa über den Muppets-Erfinder Jim Henson oder über Katzen im Internet, und dazu toll ausgewählte Filmvorführungen.

Museum of the Moving Image • Astoria, Queens, 36-01 35 Avenue, Ecke 37 Street • Haltestelle Steinway Street mit Linie R, M oder 36 Avenue mit N, Q • www.movingimage.us

Waterfront Barge

Dieses kleine Museum ist auf der Lehigh Valley Barge #79 beheimatet, einem hölzernen Lastkahn von 1914. Er gehört David Sharps, der seine Liebe zur Hafenwelt als Jongleur auf einem Kreuzfahrtschiff entdeckte. Heute erzählt der Museumsgründer Besuchern gerne Geschichten über die Gegenstände an den Wänden, die zeigen, wie Waren vor der Zeit der Container und Lkw transportiert wurden. Zudem lädt er oft Theatergruppen und Musiker für Sonderveranstaltungen auf der denkmalgeschützten Barge ein.

Waterfront Barge • Red Hook, Brooklyn, Pier 44, 290 Conover Street • mit dem Water Taxi bis Red Hook Dock oder Haltestelle Beard Ecke Van Dyke Street mit Bus B61, vorher U-Bahn-Linie 2, 3, 4, 5 bis Borough Hall • www.waterfrontmuseum.org

The General Society's Mossman Lock Museum

Eine der umfassendsten Sammlung an Banken- und Tresorschlössern in der Welt ist gar nicht so leicht zu knacken: Dieses Museum verbirgt sich in den Tiefen einer Spezialbücherei, der 1785 gegründeten General Society of Mechanics and Tradesmen of the City of New York.

The General Society's Mossman Lock Museum • Midtown, 20 West 44th Street zwischen 5th und 6th Avenue • Haltestelle 42nd Street/Bryant Park mit Linie B, D, F, M • www.generalsociety.org

The Morbid Anatomy Museum

Schon als Kind war Joanna Ebenstein nicht erschrocken, sondern fasziniert, wenn sie einen toten Vogel fand. Aus ihrem Blog entwickelte sich 2008 ein Museum, in dem sich alles um den Tod dreht.

Ausstellungen befassen sich etwa mit Trauerkultur oder seltsamen Kreationen von Tierpräparatoren und zeigen Totenmasken, Sammelbücher voller Menschenhaar und Geisterfotos aus dem 19. Jahrhundert.

The Morbid Anatomy Museum • Gowanus, Brooklyn, 424 3rd Avenue, Ecke 7th Street • Haltestelle 4th Avenue/9th Street mit Linie F, G, R • www.morbidanatomymuseum.org

National Museum of Mathematics

Unter den wissenschaftlich orientierten Museen New Yorks ist dies wohl dasjenige, das am lautesten um Fans buhlt: »Das Coolste, was Mathe je passiert ist« lautet der Slogan des Mathemuseums. Dort kann man etwa symmetrische Muster mit der Farbpistole erzeugen oder Berechnungsgrundlagen für Bewegung mit dem eigenen Körper nachfühlen.

National Museum of Mathematics • Flatiron District, 11 East 26th Street zwischen Madison und 5th Avenue • Haltestelle 28th Street mit 6, N, R • www.momath.org

28 Graffiti is a crime

»Were the other wheatpastes still next to her?«

Die Frage leuchtet in meinen Instagram-Kommentaren. Ich gehe meine Erinnerung durch, dann meine Fotos von dem Tag. Aber ich weiß es einfach nicht. Ich weiß immerhin, was der Mann hinter dem Namen »2:12« meint.

Wheatpaste ist nicht mehr als Kleister, aber in seinem Jargon bezeichnet der Klebstoff das, was er an den Wänden hält: Street-Art – Kunst, die über Nacht auf den Straßen der Großstadt auftaucht. In diesem Falle ist es das Porträt einer geheimnisvollen Dame mit Hut, ganz im Stil der Zeit des Großen Gatsby. 2:12 (gesprochen: *two twelve*) hat sie dort hingeklebt. Er ist einer von denen, die sogenannte *cutouts* gestalten. Und ich bin eine von denen, die so etwas fotografieren. Darüber kommen wir ins digitale Gespräch.

Seinen richtigen Namen kenne ich bis heute nicht, aber ich erfahre, dass 2:12 in Houston (Texas) lebt. Deshalb wundert es mich nicht, dass er mich nach den anderen *wheatpastes* fragt, die an derselben Wand hängen – er kann ja schlecht nachgucken gehen.

Immerhin kennt er New York gut genug, um zu wissen, dass Street-Art dort einen schweren Stand hat – und oft schon Stunden nach ihrem Erscheinen wieder verschwindet. Seine Flapper-Lady hängt noch, aber zwei andere Stellen sind blitzblank, wie sich herausstellt.

Street-Art zwischen Gesetz, Galerie und Gentrifizierung

Was gestern noch für Furore sorgte, ist heute verschwunden und morgen ersetzt. So geht das in New York. In Sachen Street-Art sind dafür oft Hausbesitzer verantwortlich, die eine nackte Wand für das Schönste auf der Welt halten. Für sie ist die dahingekleisterte Frau an der Wand bloß lästiges, schwer abzukratzendes Pappmaschee.

Doch auch so manche Befürworter tragen nach Kräften dazu bei, dass Street-Art in New York größtenteils vergänglich ist: Die einen klauen, was nicht niet- und nagelfest ist, weil sie ein Stück Kunst besitzen oder verkaufen wollen, die anderen übermalen oder zerstören anderer Leute Werk als so eine Art Kunstkritik, um in der Szene auf dicke Hose zu machen oder schlicht aus Neid. Die Street-Art-Gegner haben ihnen jedoch eines voraus: Sie wissen das Gesetz auf ihrer Seite – und das macht sich bemerkbar.

Mehr als 40 Jahre, nachdem New York zum Zentrum der Kunst auf der Straße wurde, hat die Stadt noch immer ein gespanntes Verhältnis zu Leuten, für die Kunst und Atelier nicht zusammengehören. Obwohl die Geschichte der Street-Art in den 1960er-Jahren mit Graffiti in der New Yorker U-Bahn begann – nachdem zwei Urgesteine zunächst Philadelphia mit ihren Schriftzügen verziert hatten – und die diversen Ausprägungen dieser Kunstform längst im Museum gelandet sind, gilt das Bemalen, Besprühen oder Bekleben von Wänden in New York noch immer als Sachbeschädigung. Deshalb stehen Farbsprühdosen unter Generalverdacht – und in New Yorker Baumärkten und Bastelläden hinter Gittern.

Die New Yorker Polizei hat sogar eine Spezialeinheit, die Informationen über Wandmalerei sammelt. Die Citywide Vandals Task Force füttert eine Datenbank, die sogenannte »Graffiti Offender Data Base«, mit allem, was den Mitgliedern der Einheit auf Patrouille auffällt und was andere Abteilungen der Polizei melden.

Die Spezialeinheit studiert die *tags,* mit denen die Graffiti-Schreiber sich einen Namen in der Szene machen und die deshalb eindeutig zuzuordnen sind. Wird dann jemand mit Filzstift, Spraydose oder Kleistereimer erwischt, gleichen die Beamten dessen Schriftzug mit ihrer Datenbank ab – und sorgen so dafür, dass er vor Gericht nicht nur für das geradestehen muss, wobei er erwischt wurde, sondern für alle anderen Graffiti, die demzufolge aus seiner Hand stammen.

Der Krieg gegen Graffiti begann in New York bereits 1972. Der damalige Bürgermeister Lindsay wollte hart gegen die zu dieser

Zeit meist schwarzen und hispanischen jungen Leute vorgehen, die auf U-Bahn-Abstellgleisgelände einbrachen und von dort ihre Schriftzüge auf die Reise durch die Stadt schickten. Doch die *writer* tauschten sich an ihren Treffpunkten darüber aus, wo die Polizei gerade kontrolliert, und als der nächste Bürgermeister ganze Züge übertünchen ließ, frohlockten sie wie andere Künstler angesichts kostenloser, frischer Leinwände.

Die Werke wurden größer, bedeckten ganze Waggons von außen und innen. Mitte der 1970er-Jahre konnten New Yorker aus dem U-Bahn-Fenster nichts mehr sehen, erst 1989 wurde die letzte bunte U-Bahn aus dem Verkehr gezogen. Übrig geblieben sind die *scratchiti,* in Glas oder Plastik gekratzte Kunstwerke in öffentlichen Verkehrsmitteln.

Der Großteil der Graffiti-Künstler tobt sich aber längst auf anderen Flächen aus. Wände, Dächer, Rolltore, Lkw, Wassertürme, Brückenpfeiler, Felsen im Fluss: Aus der Sicht der Street-Art-Gegner war es vielleicht doch keine so kluge Idee, die Spraydosen-Vorreiter aus der U-Bahn zu vertreiben. Auf den Zügen haben sich die Künstler zunächst stadtbekannt gemacht; von dort verbreitet sich ihr Ruf um die Welt.

Heute bringt New York nicht mehr nur selbst immer wieder neue Künstler hervor, die die Straße dem Atelier vorziehen, sondern die Stadt zieht auch Street-Art-Freunde und -Macher aus aller Welt an. Und die finden immer neue Wege, um sich in schwindelerregender Höhe, nah am Boden oder ganz mobil zu verewigen – wenn auch manchmal nur für ein paar Stunden.

Die Ankündigung des britischen Street-Art-Stars Banksy, einen Monat lang jeden Tag etwas Neues in New York zu machen, führte im Oktober 2013 zu einer regelrechten Hysterie. Kaum hatte Banksy das Werk ohne Angaben zum genauen Ort auf seiner Website und auf Instagram gezeigt, machte sich halb New York auf die Suche. Ob Fans, Hundeausführer oder New Yorker Sprayer mit Territorialansprüchen: Jeder wollte bei dieser Schnitzeljagd der Erste sein und schnell ein Foto machen, ehe das Werk zerstört, gestohlen oder übermalt war. In Chinatown zeigte das erste Motiv der Reihe zwei Jungs, die an ein Verbotsschild heranreichen wollen – »*Graffiti is a crime«* stand darauf, unter einer durchgestrichenen Sprühdose. Keine 12 Stunden später fehlte das Schild.

Der Trubel entging auch dem damaligen Bürgermeister Bloomberg nicht. Er sei zwar ein großer Kunstfan, aber: »Sich auf privates oder öffentliches Eigentum zu stürzen und es zu verunstalten entspricht nicht meiner Definition von Kunst«, sagte er. »Oder vielleicht ist es Kunst, aber es sollte nicht erlaubt sein. Und ich glaube, genauso steht es auch im Gesetz.« Die New Yorker Polizei bestritt daraufhin eine Jagd auf Banksy. Der Künstler wiederum feuerte die Gerüchteküche mit der Erklärung an, es gäbe an einem Tag »wegen Polizeiaktivitäten« leider kein neues Werk. Er verschwand abermals unerkannt, doch auch von seinen Spuren blieb fast nichts übrig.

Dass man in New York dennoch so viele und so vielfältige Formen der Street-Art bewundern kann, liegt nicht nur an der Gewitztheit der Künstler – längst gibt es parallel die legale Variante. Steht am helllichten Tag jemand mit Sprühdose auf der Leiter, hat er eine Genehmigung oder einen Auftrag in der Tasche. Der Stadtteil Williamsburg in Brooklyn zum Beispiel ist geradezu vollgesprüht mit Werbung, die wie coole Street-Art aussehen soll. Eine Firma fährt dazu ganze Hebebühnen vor, komplett mit Aufstelltafeln voller augenzwinkernder Warnhinweise für Fußgänger.

Doch nicht nur die Werbebranche engagiert Leute, die mit Sprühdosen umzugehen wissen oder Wandgemälde entwerfen können. Schon als nach dem großen Stromausfall 1977 und den darauffolgenden Plünderungen die New Yorker Ladenbesitzer begannen, Rolltore vor ihre Schaufenster zu schrauben, dachten manche Graffiti-Künstler jeden Abend: Das sieht ja trostlos aus – bunt wäre doch viel schöner. Oft sprühten sie illegal ihre Namen oder politische Botschaften an die Rolltore, manchmal aber auch in Absprache mit den Ladenbesitzern – oder gar in deren Auftrag.

40 Jahre später sieht ab und an ein Parkverbothinweis auf einem Rolltor verdächtig bunt aus. Außerdem greifen Initiativen wie das 100 Gates Project die Idee der Rolltorverschönerung auf. Deshalb kann man in Manhattan etwa auf der Lower East Side oder in Washington Heights Kunstspaziergänge machen, die nur spätabends

oder frühmorgens funktionieren: Tagsüber verschwindet der Spuk in den Rolladenkästen.

Auf ganz andere Weise – die aber ebenso typisch für New York ist – verschwunden ist 5 Pointz, das einstige Mekka der Graffiti-Künstler. In den 1990er-Jahren erlaubte der Besitzer eines ehemaligen Fabrikgebäudes in Queens Graffiti an dessen Wänden, das Gebäude selbst wandelte sich zu einem Künstlerzentrum mit Ateliers zu günstigen Mieten, und schon bald suchte Graffiti-Urgestein Meres One (mit bürgerlichem Namen Jonathan Cohen) aus, wer als Nächster an die Außenwände malen durfte.

New Yorker Künstlerinnen wie GILF, Swoon und Lady Pink gaben sich mit Kollegen wie Iz the Whiz, Sonic und ICY & SOT ein Stelldichein. Weil sie aus allen fünf New Yorker Stadtteilen kommen, hatte der Treffpunkt bald den Namen 5 Pointz – und wurde damit international bekannt. Bald zierten die Schriftzüge und Motive von Künstlern aus aller Welt die Gebäude, Busladungen voller Touristen fuhren an den knallbunten Fassaden entlang, Cohen träumte von einem Outdoor-Graffiti-Museum.

Doch nach einem Unfall durch Gebäudemängel schloss die Stadt im Jahr 2009 das Haupthaus von 5 Pointz, und 2013 gab sie dem Besitzer die Erlaubnis zum Abriss. Die Künstler bemühten sich vergeblich um Denkmalschutz – dafür müssten die Wandwerke mindestens 30 Jahre alt sein. An der Adresse entsteht nun ein 48-stöckiger Luxuswolkenkratzer, der zum Entsetzen der Szene den Namen 5 Pointz tragen soll.

Die Touristengruppen laufen derweil durch Bushwick. Dort hat sich ein Künstlerkollektiv die Stadtteilverschönerung auf die Fahnen geschrieben – und zahlreichen Haus- und Grundbesitzern eine Sprüherlaubnis aus dem Kreuz geleiert. Einige New Yorker spotten darüber; ihnen erscheint das zu wenig abenteuerlich, auch fehlt ihnen das Lokalkolorit. Schließlich bringen in Bushwick internationale Street-Art-Größen großformatige Werke an die Wände. Ganz legal.

Der illegal arbeitende Gast aus Texas hat unterdessen noch einen Wunsch, als wir über seine schöne Frau an der Houston Street sprechen. Gar zu gern würde 2:12 sein *wheatpaste* im Schnee sehen, denn in seiner Heimatstadt kriegt er so etwas ja nicht hin. Ich verspreche ihm ein Foto. Immerhin ist es schon Ende Dezember. Vor den ersten Flocken kann in New York allerdings durchaus die nächste Putzkolonne kommen.

★ Do it yourself ★

Ein Werk der **Banksy-Mania** hat hinter Plexiglas überlebt.

Banksy in New York • Upper West Side, 79th Street, Ecke Broadway • Haltestelle 79th Street mit Linie 1

In den 1970er-Jahren machte Keith Haring die **Bowery Wall** bekannt. Heute laden die Hausbesitzer namhafte Street-Art-Vertreter ein, um dort zu arbeiten. Es ist eine der meistfotografierten Wände der Stadt.

Bowery Wall • Lower East Side, Houston Street, Ecke Bowery • Haltestelle 2nd Avenue mit Linie F

Vom späten Abend bis zum frühen Morgen enthüllt sich die ansonsten verborgene Welt der **Rolltor-Street-Art**. Dafür sorgt unter anderem das **100 Gates Project** und das **Audubon Mural Project**.

100 Gates Project • Lower East Side, zwischen Houston und Canal Street, vorwiegend zwischen Orchard und Essex Street • Haltestelle Delancey/Essex Street mit Linie F, J, M, Z • www.100gates.nyc

Audubon Mural Project • Washington Heights, Broadway zwischen 148th Street und 150th Street • ausschließlich mit Motiven bedrohter Vogelarten • Haltestelle 145th Street mit Linie 1

Seit 1980 dürfen sich jeden Sommer neue Künstler in der **Graffiti Hall of Fame** auf einem Schulhof in **East Harlem** [Park Avenue, Ecke 106th Street • Haltestelle 103rd Street mit Linie 6] verwirklichen. In dem Stadtteil gibt es zudem sehr viel, teils von den hispanischen Wurzeln der Bevölkerung geprägte Street-Art.

Die vom **Bushwick Collective** kuratierten, legalen Wände finden sich in Brooklyn [Bushwick, Brooklyn, Troutman Street, Ecke St. Nicholas Avenue • Haltestelle Jefferson Street mit Linie L].

In Queens säumen jedes Jahr mehr als 80 neue Werke des **Welling Court Mural Projects** die Straßen [Astoria, Queens, 30th Avenue, Ecke Welling Court • Haltestelle 30th Avenue mit Linie N, Q].

Eine tolle Online-Quelle für aktuelle Street-Art in New York – praktischerweise als Karte dargestellt – ist die Website **»Street Art Live – Map of NYC«** [www.streetartlive.com].

Street-Art ist mehr als Sprühfarbe

Street-Art hieß zu ihrem Beginn vor allem, kreativ mit Buchstaben umzugehen. Heute noch laufen die bekannten, stark ausgearbeiteten Schriftzüge, die in erster Linie toll aussehen und in zweiter Linie lesbar sind, unter dem Begriff »Graffiti«. Die simplen *tags* dagegen sind Schriftzüge, mit denen sich viele Graffiti-Schreiber buchstäblich einen Namen machen – oft nur mithilfe eines Filzschreibers.

In der U-Bahn übrig geblieben sind *scratchiti:* Die bruchsicheren Fenster, die Graffiti-Schreiber aus den Waggons fernhalten sollten, lassen sich leicht zerkratzen. Diese Nebenwirkung hatten die Street-Art-Gegner bestimmt nicht im Blick.

In New York sieht man zudem viele *murals:* Ob gesprüht oder gemalt, sie verbindet, dass sie eine Wand zieren und auf Buchstaben weitgehend verzichten.

Dann kommen noch die Hilfsmittel bei der Begriffsfindung zum Einsatz: *Wheatpastes* heißen vorbereitete Bilder auf Papier, die wie Plakate mit Kleister an der Wand pappen. *Stencils* heißen die mit der Schablone gesprühten Werke ebenso nach dem Werkzeug. *Cutouts* dagegen sind mehr oder weniger filigrane Papierwerke, für die man eine Schere (oder Rasierklinge) braucht.

29 Underground Art

»Now is actually a really good time to go and see Roy.«

Es ist nach elf, und so langsam finde ich das nicht mehr lustig. Kayla ist eine Kneipenbekanntschaft, die mir immer wieder von Roy erzählt. Roy hat dies gesagt, Roy hat das getan, und vor allem schaut ihr Roy beim Malen über die Schulter. Eine ganze Weile lang dachte ich, sie habe entweder was mit diesem Roy oder einen ganz schön seltsamen Mitbewohner. Seltsam ist allerdings Kayla.

Das fällt mir aber erst auf, als sie steif und fest behauptet, ich würde Roy kennen. Ich beharre darauf, dass das eine Verwechslung sein muss. Und dann sagt sie es. Roys Nachnamen. »Du kennst doch wohl Roy Lichtenstein!«

Der ist mir durchaus geläufig, von »kennen« würde ich aber nicht sprechen. Vor allem ist der berühmte Maler tot. Sein Geist sitzt offenbar auf Kaylas Schulter, wenn sie malt. Mir macht es nichts, dass Kayla möglicherweise eine Schraube locker hat. Aber als sie darauf besteht, dass wir ihren Roy besuchen, spätabends noch dazu, da wird mir doch ein bisschen mulmig. Während Kayla nur noch mal eben aufs Klo geht, denke ich mir Ausreden aus.

Der Mann auf dem Barhocker neben mir beugt sich herüber. Ich solle ruhig mitgehen, sagt er, das sei alles ganz harmlos. Kayla wolle nur mal wieder zum Times Square. Da hängt eins der letzten Lichtenstein-Bilder. »Passenderweise«, sagt der Mann zwinkernd, »unter der Erde.«

Kunst in der U-Bahn

1994, drei Jahre vor seinem Tod, schuf der für seinen Comic-Stil bekannte Künstler Roy Lichtenstein ein 53 Fuß (16 Meter) langes Werk in Emaille auf Stahl – im Auftrag der New Yorker Verkehrsbetriebe MTA. Es heißt nach seinem Standort: *Times Square Mural* hängt seit 2002 im der wuseligen U-Bahnhof 42nd Street/Times Square.

Die Collage dazu machte Lichtenstein, sobald er sich mit der MTA einig war. Doch der Pop-Art-Star sah sein Werk nur noch auf dem Papier. Seine Erben übergaben später Entwurf und Anweisungen – damit ist es wohl das letzte Werk Lichtensteins, das vollendet wurde. Aber damit hat es sich noch lange nicht ausgestaunt.

Wer in New York für lumpige zwei Dollar fünfundsiebzig und quasi im Vorbeirauschen große Kunst anschauen möchte, sollte sich unbedingt eine Fahrkarte für die U-Bahn kaufen. Denn viele U-Bahn-Stationen kritzeln quasi Comic-Herzchen in kunstverliebte Kuckschlitze: Da vertreibt Buntes, Seltsames und Hintersinniges die Zeit, bis die nächste Bahn kommt. Willkommen im Museum für *Underground Art!*

Schon als die erste U-Bahn-Linie in New York gebaut wurde, reiste die Idee mit, die Haltestellen zu verzieren. Auch heute noch sieht man deshalb die Namen und Zahlen vieler Haltestellen als hübsches, manchmal buntes Mosaik in der Fliesenwand.

Als nächste Kunstwelle schwappte Graffiti in die U-Bahn-Tunnel. Mit Sprühdosen verzierten allerlei Menschen die Züge von außen, und es dauerte nicht lange, da hatte Keith Haring einen Waggon auch innen mit seinen Männchen vollgekritzelt. Ihm folgten Horden von Taggern mit ihren Filzstiften und benahmen sich, als wollten sie verzopften Menschen recht geben, Graffiti sei doch bloß Schmiererei.

Dieser Look war übrigens ein Grund dafür, warum die MTA 1985 mit »Arts for Transit« eine Extra-Abteilung für Kunst eingerichtet hat – und dafür bis heute eine Menge Geld beiseitelegt. Die Idee dahinter: Sind die Haltestellen schön, benehmen sich die Leute auch.

Wie gut das hinhaut, lässt sich bei einer Exkursion durch die New Yorker U-Bahn feststellen. Locker 200 Kunstwerke kann man dabei begucken: Mosaiksteinchen, Buntglasfenster oder Spezialfliesen funkeln in den Wänden, Skulpturen verteilen sich über den Bahnsteig und die Treppen oder baumeln von der Decke, Metall-Scherenschnitte vereinigen sich mit den Gitterstäben.

Im unterirdischen Labyrinth versteckt sich die Kunst nicht nur in Manhattan, sondern auch in Brooklyn, Queens und in der Bronx. Viele New Yorker verlieren sie aus dem Blick – wie das eben so ist, wenn man täglich dieselbe Strecke fährt. Aber immer wieder leuchtet ein Lächeln durch den Zug, wenn bei der Einfahrt in den Bahnhof gigantische Fische vorüberziehen oder wenn man in einem Tross von Büroarbeitern die Linie wechselt und einem dabei ein Mosaik-Aktentaschenträger entgegenblickt. Man könnte natürlich auch behaupten, den Linien der müden Berufspendler hocke ein Geist auf der Schulter: ein »*Hop on, hop off*«-Zug für Kunsttouristen.

Am Times Square will Kayla nach unserem Besuch bei Roy unbedingt auch noch nach oben. Nachts seien doch die Touristen und die ganzen verkleideten Menschen, die sich mit selbigen gegen eine »Spende« fotografieren lassen, gar nicht da. Aber um drei Minuten vor Mitternacht beginne dort ein eigenes Kunstspektakel: Auf den meisten der Werbetafeln läuft für drei Minuten Kunst. Das wusste ich gar nicht. Aber unterwegs glaube ich für einen Moment doch an Geister.

Aus einem Lüftungsgitter am Times Square, genauer gesagt am Broadway zwischen 45th und 46th Street, dringt nicht die typische Mischung aus seltsamem Geruch und U-Bahn-Geratter zu mir vor, sondern ein Klang, der irgendwo zwischen Engelsharfe und Staubsauger schwebt. Kaylas Augen beginnen wie Lasergeschosse zu strahlen: »Max!«, ruft sie. »Wir haben uns ja auch schon ewig nicht mehr …«

Die seltsamen Töne stammen von einer Installation des Klangkünstlers Max Neuhaus, die sich an dieser Stelle seit 1977 unter dem Gitter versteckt. *Times Square* heißt sie schlicht, und ganz nach dem

Wunsch des inzwischen verstorbenen Künstlers ist sie rund um die Uhr zu hören. Dazu muss man allerdings wirklich nah dran, also: rauf aufs Gitter.

★ Do it yourself ★

Kunst in der U-Bahn kann man einfach im Vorbeifahren genießen oder aussteigen und genau hinschauen. In den Bahnhöfen und an den Gleisen sind neben den Werken Bronzetafeln mit Künstler, Titel und Jahr angebracht. Eine **kommentierte Übersicht über alle Kunstwerke in der U-Bahn** hat die MTA im Internet angelegt [http://web.mta.info/mta/aft].

Siegerstrecke nach der Anzahl der Stationen, in denen es U-Bahn-Kunst zu sehen gibt: die **Linie 2**. An 39 Haltestellen an dieser U-Bahn-Strecke steckt Kunst. Unter anderem *When Animals Speak* von Elizabeth Grajales [34th Street] und die *Harlem Timeline* von Willie Birch [135th Street].

Zu den bekanntesten Künstlern zählen neben **Roy Lichtenstein** [42nd Street/Times Square] auch **Eric Fischl** [Penn Station], der vierfache documenta-Teilnehmer **Sol Lewitt** [59th Street/Columbus Circle] und der Theaterguru **Robert Wilson** [Coney Island/Stillwell Avenue].

Tiefer, schneller, weiter: Spektakuläre Haltestellen-Architektur

Mit Bauten für Verkehrsmittel scheint es so eine Sache zu sein: Sie werden offenbar nur mit deutlicher Verspätung fertig und dabei auch teurer als gedacht. Während so manche Deutsche ihren Glauben an eine Eröffnung des neuen Berliner Flughafens verloren haben, behandeln viele New Yorker die Second Avenue Subway beinahe wie einen Mythos. Viele Läden und Restaurants entlang der jahrelangen Dauerbaustelle für eine neue U-Bahn-Linie in Manhattan haben längst blinde

Scheiben. Nun beharren die Verkehrsbetriebe darauf, zumindest ein Teil der Strecke mit drei Haltestellen werde im Dezember 2016 eröffnet.

Lange Zeit gab es überhaupt nichts Neues an der New Yorker U-Bahn. Doch in den letzten Jahren kam eine komplett neue Haltestelle hinzu, und zwei wurden spektakulär umgestaltet. Zunächst war da der Verkehrsknotenpunkt Fulton Street in Downtown Manhattan.

Zwölf Jahre hat es gedauert, bis die neuen Pläne für Fulton Street umgesetzt waren (macht sieben Jahre Verspätung!). Gekostet hat der gesamte Umbau 1,4 Milliarden Dollar; geplant waren 750 Millionen. Aber – anders als manche Baustelle in Deutschland – es ist fertig geworden, und prächtig noch dazu.

Der *Oculus,* ein Rundfenster des Designers James Carpenter, bringt echtes Tageslicht in die U-Bahn. Ein *sky reflector net* hilft dabei, die Sonnenstrahlen bis in den untersten Stock zu bringen. Und die Rundung ist riesig: Rund 33 Meter hoch, 16 Meter Durchmesser im Fenster, insgesamt hat sie ungefähr die Ausmaße der Spirale im Guggenheim Museum.

Einen Katzensprung von der Haltestelle entfernt hat 2016 ein auch ohne Fahrkarte begehbarer Teil eines weiteren Knotenpunktes eröffnet: der World Trade Center Hub. Dorthin fahren Nahverkehrszüge aus New Jersey. Der Bahnhof war bei 9/11 zerstört worden, und neben vielen technischen Fragen unter der Erde gab es auch Diskussionen um die Gestaltung über der Erde. Nun ragt dort das ebenfalls *Oculus* genannte Werk des spanischen Architekten Santiago Calatrava wie ein Dinosaurierskelett auf. Von innen wirkt es beinahe wie eine lichtdurchflutete Kathedrale. Sie hat doppelt so viel gekostet und doppelt so lange gedauert wie gedacht: vier Milliarden Dollar, zehn Jahre.

Die erste komplett neue Haltestelle seit 1989 ist 34th Street/Hudson Yards. Sie tauchte dort Ende 2015 mit nur drei Jahren Verspätung schneller auf als die Häuser drumherum: Die neue Endhaltestelle der Linie 7 führt zu einer Stadt in der Stadt, die einmal Tausende Bewohner haben wird, aber noch gar nicht steht (siehe Hudson Yards in Kapitel 4). Auch hier wurde Kunst eingebaut, in Form eines Mosaiks unter der Decke. Doch der Rest der Gestaltung wirkt eher langweilig-funktional. Sie ist allerdings schon erstaunlich lange die sauberste U-Bahn-Station der Stadt.

30 Dress to impress

»Some people could be so much more attractive, if they only stopped and looked at themselves sincerely.«

Die Dame mit dem strengen Pferdeschwanz zuckt nicht mit der Wimper, wenn sie beim Einkauf in Paris den Designern erklärt, was sie falsch gemacht haben und wie sie dieses oder jenes Kleidungsstück ändern müssten. Und jetzt erklärt sie mir, dass man sich erst mal ehrlich betrachten soll, wenn man sich gut kleiden will. Vor ihrem unerbittlichen Blick für Modemakel hätte ich ein bisschen Angst, hätte ich nicht schon erlebt, woher die feinen Fältchen neben ihren Augen kommen. »Mode soll doch Spaß machen!«, ruft Yuta lachend. In ihrer Boutique ist das allerdings ein teurer Spaß.

Die meisten Kundinnen bei Yuta Powell machen vor ihrem Besuch einen Termin, Yuta und ihre Angestellten stellen ihnen dann eine Auswahl zusammen. Yuta hat die Modebranche von der Pike auf kennengelernt: Ihr Wissen darüber, wie ein handwerklich perfektes Kleidungsstück entsteht, häufte sie bei Givenchy in Paris an. Doch die Neue Welt hat in ihren Augen klare Vorzüge: New Yorkerinnen wüssten beim Einkauf, was sie wollen, schwärmt Yuta.

Das wüsste ich wohl auch, aber mein Geschmack will höher hinaus als mein Kontostand. »Das kommt schon noch«, tröstet Yuta und legt noch ein Stück Hoffnung drauf: Es reiche schon ein einziges wirklich gut geschneidertes Teil, um die Garderobe aufzuwerten. »Mit Mode hat das weniger zu tun als mit Stil. Stil drückt aus, wie du von anderen Leuten gesehen werden willst«, sagt Yuta. Und damit bringt sie auf den Punkt, was den Kleidungsstil vieler New Yorker ausmacht.

Der New Yorker Hang zur Verkleidung

Am Straßenrand im East Village tackern sie Nieten drauf, in den Bürotürmen in Midtown blinkt ein Siegelring dazu, und in einer Cocktailbar an der Upper East Side strahlt eine Perlenkette oben drüber: Schwarz, so heißt es, ist die Farbe der Wahl unter New Yorkern. Da ist durchaus etwas dran.

Schließlich erhebt auf das Kleine Schwarze – in New York kurz *LBD* für *Little Black Dress* – nicht nur Coco Chanel, sondern auch die New Yorkerin Nettie Rosenstein Urheberanspruch, und so richtig berühmt wurde es durch den Film *Frühstück bei Tiffany.*

Hinzu kommt, dass eine schwarze Garderobe den gehetzten New Yorkern schlicht Zeit spart: Alles passt zu allem, sowohl beim Ankleiden als auch im Waschsalon – Schwarzträger kennen keine rosa Verfärbungen. Aber eine kurze Fahrt mit der U-Bahn und ein Blick auf die Fahrgäste zeigt: New York hat viele Farben.

Menschen aus aller Welt bringen ihre Vorstellungen von Schönheit mit, und wer sich daran erst einmal gewöhnt hat, findet Deutschland geradezu grau. Eine knallrote Hose mit Leopardenmuster-Top sieht man genauso wie einen dunklen Nadelstreifenanzug mit zartrosa Krawatte, eine pfauenblaue Bluse zum grauen Business-Kostüm ebenso wie silberne Glitzer-Spandexhosen zum neongrünen Netzhemd. Manche New Yorker kleiden sich zukunftsorientiert für den Posten, den sie gerne hätten, und nennen das dann *dress for success.* Manche kleiden sich, um andere zu beeindrucken. Andere wollen mit ihrer Kleidung zeigen, wer sie sind.

Besonders donnerstags, am beliebtesten Ausgehtag in New York, kann man die feinsten Ausprägungen aller drei Richtungen beobachten. Das Besondere am New Yorker Stil liegt dabei in seiner Lässigkeit: Schickgemachte New Yorker sehen wie aus dem Ei gepellt aus, aber gleichzeitig so, als hätten sie Kleider und Accessoires mal eben schnell übergeworfen. Auf gar keinen Fall soll man es erkennen können, falls dahinter zwei Stunden Arbeit steckten.

Ein weiteres New Yorker Modephänomen hievt sich die Treppe hinauf. Nach links und rechts schwingen ausladende Hüften in einer sehr engen und dünnen weißen Hose – anderswo würde dieser

Style »Wurstpelle« heißen, aber dessen Trägerin sieht blendend aus. Das liegt an ihrer Haltung: Sie findet, sie kann das ganz hervorragend tragen, und schon funktioniert's. Immer wieder kann man in New York beobachten, wie Selbstbewusstsein aus einem Nichts einen Hingucker macht und aus einem Gehsteig einen Laufsteg.

New Yorker achten auf ihre Kleidung – und sie verkleiden sich auch gern. Karneval feiert in der Stadt kaum jemand. Stattdessen schießen zu Ostern die verrücktesten Hüte wie Pilze aus der Fifth Avenue, im Sommer flanieren Meerjungfrauen über die Strandpromenade und im Herbst geistern Untote und Promi-Lookalikes durch die Vorgärten.

Das ganze Jahr über bieten Paraden, Feste und fantasievolle Motto-Partys Anlass für einen großen Auftritt, von der Jazz Age Lawn Party im 20er-Jahre-Look bis zum Halloween-Kostümball für Hunde. Von den Modeveranstaltungen ganz zu schweigen: Zur Fashion Week stehen die Fotografen vor den Orten der eigentlichen Modenschauen, um die Street Styles festzuhalten. Kein Wunder, dass New York gerne Trends für sich beansprucht – ganz egal, ob der Normalbürger von Americana, Normcore oder Street Goth schon jemals gehört hat.

Streetwear hat einen regelrechten Ankerplatz im Big Apple. Die Stadt, in der Hip-Hop und Graffiti groß wurden, lässt sich eben nicht aus dem Olymp der dazugehören Mode vertreiben. Vielleicht hat das außerdem damit zu tun, dass in der lässigen Streetwear ebensolches Schuhwerk eine so große Rolle spielt. Vor den einschlägigen New Yorker Läden stehen die Sammler Schlange, ehe ein gehyptes Modell aufs Regal kommt. Sie wollen diese Sneaker nicht anziehen, sondern nur bewundern – oder später einmal mit Gewinn verkaufen. Zur Not kaufen sie eben gleich ein zweites Paar zum Angeben auf der Straße.

Turnschuhe passen nicht nur aus praktischen Gründen in die Stadt, in der ein Auto oft nur so zögerlich vorankommt wie ein verschreckter Esel. New Yorker achten einfach auf ihre Füße, was man nicht nur an den meist peinlich sauberen, polierten Schuhen sieht, sondern im Sommer auch daran, dass aus Damensandalen kein unlackierter Fußnagel lugt. Vielleicht liegt es daran, dass es in der

U-Bahn ungeschriebenes Gesetz ist, die anderen Leute keinesfalls anzustarren. Dadurch rücken die Füße schließlich in den Blick.

Vielleicht hoffen aber auch viele Menschen darauf, dass sich der berühmte Ausspruch der Grande Dame der New Yorker Modeszene, Iris Apfel, bewahrheitet: Mit guten Schuhen, so sagte sie, könne man mit allem davonkommen. Ganz buchstäblich kann sie das nicht gemeint haben. Die Absatzhöhen, die bei gesellschaftlichen Anlässen in New York zum guten Ton gehören, lassen einen schnellen Abgang kaum zu.

Es hat nicht lange gedauert, bis ich den Trick heraushatte, mit dem New Yorkerinnen Schuhe und Füße so schick halten: High Heels sind alles Mögliche für sie, aber keine Gehhilfe, und deshalb verbringen die spektakulärsten Schuhe viel Zeit undercover. Flache Schuhe oder Flipflops stecken in so mancher Abendhandtasche von Damen, die schwindelerregende Absätze vom Barstuhl wippen lassen. Im Taxi oder an einen Hydranten gelehnt streifen sie die hohen Schuhe erst über, wenn nicht mehr viele Schritte zu laufen sind. So macht die Frau von Welt das in einer laufintensiven Stadt.

Yuta schüttelt darüber den Kopf. Mir war gar nicht aufgefallen, dass sie trotz ihrer geringen Körpergröße flache Schuhe trägt. Sie wolle sich doch bewegen können, sagt sie. Dann gehen wir die Treppe herunter, ohne uns am Geländer festzuhalten. Da ist es wieder, das Modeselbstbewusstsein: Solange eine bewusste Wahl hinter der Garderobe steckt, kann einem die New Yorker Modepolizei nichts anhaben.

★ Do it yourself ★

Zweimal im Jahr, im Februar und im September, kommt der große Modezirkus in die Stadt: Zur **New York Fashion Week** zeigen Designer ihre Pret-a-Porter-Mode den geladenen Gästen. Bis vor Kurzem waren die Modenschauen an einem Ort versammelt. Neuerdings muss, wer einen Blick auf durchgestylte Redakteurinnen und die Street-Style-Stars von morgen werfen will, zwischen mehreren Veranstaltungsorten wählen.

New York Fashion Week • www.newyorkfashionweeklive.com

Prächtige Kostüme gibt es auf den vielen Paraden in New York zu sehen. Die schönste unter ihnen ist wohl die **Mermaid Parade** in Coney Island im Juni: Dort verkleiden sich New Yorker als alles, was ihnen zum Thema Meer(jungfrau) einfällt.

Mermaid Parade • www.coneyisland.com/ mermaid

Zu Halloween am 31. Oktober gibt es nicht nur die legendäre abendliche **Village Halloween Parade** in Greenwich Village; einige Tage vor dem Geistertag verkleiden manche New Yorker auch ihre Hunde, um am Wettbewerb um das beste Hundekostüm teilzunehmen. Bei der **Tompkins Square Halloween Dog Parade** sieht man jedes Jahr mehrere quietschvergnügte »Hot Dogs«.

Village Halloween Parade • www.halloween-nyc.com

Tompkins Square Halloween Dog Parade • www.tompkinssquaredogrun.com/halloween

Modedesign für Tag und Nacht

Die traditionelle Businessgarderobe in New York – abgesehen von der IT-Branche und kreativen Berufsfeldern – ähnelt den Gepflogenheiten anderswo: Dunkler Anzug, zurückhaltendes Hemd, etwas gewagtere Farbe bei der Krawatte und braune oder dunkelblaue Oxford-Schuhe für den Herrn, die Damen tragen geschlossene Schuhe mit Absatz, ein Top ohne tiefen Ausschnitt und ein Kostüm, durchaus mit etwas Farbe. Für beide gilt: Je mehr Kundenkontakt oder je höher in der Jobhierarchie, desto konservativer.

Mit genau dem Gegenteil hat man dagegen Chancen, abends in einen angesagten Club zu kommen: Zwar sollte man unbedingt gepflegt aussehen und am besten auch noch auf High Heels (Damen) oder Lederschuhen (Herren) in der Schlange stehen, aber zumindest modisch betrachtet sollte man jede Erinnerung an die Karriere zu Hause lassen.

Viele New Yorker haben eines mit den Touristen gemeinsam: Sie gehen morgens aus dem Haus und kehren erst spätabends zurück. Deshalb liefern so manche einheimischen Designer Entwürfe, die sich für Büro und Bar gleichermaßen stylen lassen. Ralph Lauren, Donna Karan und Diane von Fürstenberg gehören in dieser Disziplin zu den Veteranen.

31 Reich und arm

»Stay focused on what you want out of New York, and not so much on what New York can make you into.«

Eben erst habe ich stolz in Dianes Bemerkung gebadet, ich klänge mit meinen Ansichten wie eine ganz normale New Yorkerin. Schon gibt sie mir einen Rat, von dem ich zugeben muss: Er bringt das Leben hier auf den Punkt. New York bietet jede Menge Ablenkung und Hürden, es ist ganz leicht, sich zu verlieren. Deshalb pocht Diane darauf, dass man sich nicht von New York zu etwas formen lassen, sondern auf die eigene Mission konzentrieren soll. Und schon folgt Schritt zwei, der auf Deutsch so klänge: »Du musst fest und unerschütterlich bleiben in dem, was du willst, auch wenn dir jemand sagt, dass du das aber nicht haben kannst.«

Ich sitze nicht etwa in einem Motivationsseminar, ich sitze überhaupt nicht. Diane und ich stehen neben einem Mäuerchen, an dem sie eben noch mit ihrem Häkelzeug lehnte. Seit Wochen schon taucht Diane mit ihrem Garn immer an derselben Stelle auf: am Pershing Square, direkt gegenüber vom Grand Central Terminal, ein paar Schritte von den Leihfahrrädern entfernt. Hier entstehen ihre Designs: Mützen, Röcke, Katzenmäntel. Und hier in der Gegend schläft sie auch. Draußen.

Ein Rollkoffer, zwei Kisten auf Rollen, eine Plane. Davor hat sich Buttercup zusammengerollt. Erst auf den zweiten Blick sehe ich, dass der rotgetigerte Kater ein Halsband und eine Sicherheitsleine trägt. Bei anderen Besuchen schläft er im Katzenkinderwagen. Mehr Gemütlichkeit gibt es nicht. Diane schläft lieber auf der Straße, als die örtlichen Nachtasyle, die *shelter,* aufzusuchen. Die seien ihr zu gefährlich, sagt sie.

Mit ihrer Häkelware verdient sie ab und an etwas, mit dem sie Buttercup und sich etwas zu essen kauft. Vor langer Zeit hat sie bei der Stadt gearbeitet, im Büro für Adoptionen und Pflegeunterbringung. Mit 19 bekam sie ihren Sohn, und weitere sechs Jahre blieb sie in ihrem Job. Sie wollte dort vorankommen, fragte die Sachbearbeiterinnen und Sozialarbeiterinnen, wie sie denn wohl so einen Job wie sie bekäme – und die Antwort war simpel: Geh aufs College. Doch dafür konnte Diane damals nicht den richtigen Schulabschluss vorweisen, geschweige denn die Aufnahmegebühren.

Sie erzählt mir, dass sie trotzdem nach und nach allerlei Seminare belegte, um die erforderlichen 60 Punkte zu bekommen. Doch als sie 48 Punkte beisammen hatte, wurde ihre Mutter krank, und sie musste der Familie helfen.

Als ich Diane frage, ob ich sie interviewen darf, schlägt sie ein Tauschgeschäft vor. Geld will sie nicht, aber Antworten. In ihrem Kopf baut sie an einem Museum, sie hat dafür bereits Bauentwürfe, Zeichnungen, den Anfang einer Sammlung und auch ein Konzept für eine Veranstaltungsserie. Dafür kann sie mich gebrauchen: Interview gegen Interview.

Schon drückt sie die Aufnahmetaste an ihrem Telefon und spricht eine radiotaugliche Einführung, der ich entnehme, dass Bildung unser Kernthema sein wird. Die erste Frage ist, ob ich zur Schule gegangen sei. »Ja«, sage ich, »und danach hatte ich sogar direkt die Chance, gratis zu studieren.« Gratis studieren. So hatte ich das noch nie formuliert; und das ist nicht nur eine sprachliche Besonderheit.

Almoseneintopf, vergoldeter Nachttopf und das dünne Eis dazwischen

Sie nennen es *homeless crisis:* Ende 2015 konnte niemand in New York mehr die Augen davor verschließen, dass deutlich mehr Obdachlose auf den Straßen zu sehen waren. Die Hilfsorganisation »Coalition for the Homeless« spricht von der höchsten Anzahl seit der Großen Depression.

60.144 Menschen schliefen im Februar 2016 in den Obdachlosenheimen der Stadt, darunter 15.654 Familien mit 23.424 Kindern. Dabei sind Menschen wie Diane nicht mitgezählt, die auf der Straße, in der U-Bahn oder in Parks schlafen; diese Dunkelziffer soll bei vielen Tausend liegen. Möglicherweise könnte man mit den New Yorker Obdachlosen eine komplette Großstadt bevölkern.

Studien zufolge kann man die Ursachen grob in zwei Gruppen aufteilen: Zum Leben auf der Straße führen unter Alleinstehenden häufig psychische Probleme, Drogenabhängigkeit und schwere gesundheitliche Probleme. Bei den Familien dagegen hängt der schwere Gang in einer der *shelter* sehr oft mit unerschwinglichem Wohnraum zusammen.

Familien kommen häufig aus einer Zwangsräumung ins Obdachlosenasyl, sie fliehen aus gefährlich kaputten Häusern, vor häuslicher Gewalt oder aus hoffnungslos überfüllten Wohnungen, die sie aus der Not heraus mit Fremden oder weiteren Angehörigen teilten, bis es nicht mehr ging. Dass New Yorker überhaupt in solchen prekären Verhältnissen wohnen, ist gar nicht so ungewöhnlich.

Mehr als 1,5 Millionen Einwohner gelten hochoffiziell als arm, jeder fünfte New Yorker hat nicht genug zu essen und muss auf Suppenküchen und Tafel hoffen, selbst wenn er oder sie arbeitet. Daten des NYC Department of Youth and Community Development zufolge bräuchte man in Manhattan einen Stundenlohn von rund 28 Dollar, um über die Runden zu kommen. Der Mindestlohn liegt derzeit aber nur bei neun Dollar (ein bahnbrechendes Gesetz wird ihn auf 15 Dollar anheben). Rücklagen können selbst Doppelverdiener damit nicht bilden. Deshalb zieht so manchen Familien auch ein Jobverlust buchstäblich den Boden unter den Füßen weg.

Andere Füße beanspruchen dagegen jede Menge Boden für sich. Mit Goldzähnen und Diamantklauen verteidigt New York seinen Platz als die Stadt mit den meisten Milliardären gegen Rivalen wie Hongkong und Moskau. Zwar passt die Anzahl der Milliardäre New Yorks eher auf ein Galadinner als auf eine Großveranstaltung, aber ihr Vermögen dominiert die Stadt.

Daten des Fiscal Policy Institutes von 2016 zufolge gehören 39 Prozent des gesamten Einkommens in New York dem obersten

Prozent der Einwohner. Kein Wunder, dass *The One Percent* zum Inbegriff dessen wurde, was die Anhänger von Occupy Wall Street anprangern.

Angehörige dieser Oberschicht blättern zum Beispiel einen fünfstelligen Betrag für einen Designerherd hin und gehen dann doch stets auswärts essen, vorher nehmen sie noch schnell einen After-Work-Tequila für 185 Dollar das Schnapsglas und bestellen sich übermütig einen goldenen Nachttopf. Die Yacht mit Hubschrauberlandeplatz auf dem Dach lassen sie von einer Crew aus den Bahamas herbringen, dafür haben sie keine Zeit. Und natürlich haben sie Sorgen. Allem voran die Ahnung, dass ein falscher Schachzug sie im Nu um ihr Vermögen bringen kann. So beschäftigen die Superreichen New Yorks ein ganzes Heer an Psychotherapeuten, die sich pro Sitzung 500 Dollar einstecken.

Die Reichen gibt es in New York zudem gar nicht. Wer gut verdient oder geerbt hat, sieht in New York an jeder Ecke jemanden, der noch reicher ist. Nicht an der gewöhnlichen Straßenecke, versteht sich. Sondern in den Clubs wie Union, Knickerbocker und Metropolitan, die so exklusiv sind, dass Normalsterblich gar nicht wüssten, bei wem sie sich für eine Mitgliedschaft bewerben sollten.

Allerdings sieht man in New York längst nicht jedem Menschen sein Vermögen an. Wer in Shorts und T-Shirt Flaschenbier trinkt, kann durchaus Yachtbesitzer sein. Man sieht auch schon mal teure Anzüge und Kostüme in der U-Bahn. Aber wie andere Bevölkerungsgruppen suchen auch diese New Yorker oft die Nähe zu ihresgleichen und mischen sich unter Kontostandskollegen – und machen sich damit für den Rest New Yorks größtenteils so unsichtbar, wie sie es von ihrem Personal zu Hause erwarten. Ganz vom ärmeren Teil der Stadt abschotten würden die meisten Reichen sich dennoch nicht.

Ladies who lunch nennen New Yorker die Damen der High Society, die mittags zwischen Friseurbesuch und Robenanprobe an der Madison Avenue mit Gleichgesinnten besprechen, welcher gute Zweck den nächsten Anlass für ein rauschendes Fest abgäbe. Mit Spendengalas halten sie Museen gut bestückt, die Krankenhäuser bestens ausgestattet, und sie kümmern sich auch gern noch um öffentlichen Raum zum Durchatmen für alle.

Allein der Central Park brauchte einmal 750 Millionen Dollar, um seinen ursprünglichen Glanz wiederzubekommen – mehr als drei Viertel dieser Summe flossen aus privaten Spendenschatullen. New York gilt als Paradies für wohltätige Organisationen. Allerdings wollen die Reichen erst einmal umgarnt werden. Das erzählen mir jedenfalls Leute aus dem Fundraising-Fach.

Der derzeitige Bürgermeister Bill de Blasio hat sich da gleich erst mal unbeliebt gemacht. Nicht nur ist er der Ansicht, Reiche sollten mehr Steuern zahlen, er ließ auch direkt nach seinem Amtsantritt eins der von ihnen bevorzugten Viertel nicht als allererstes vom Schnee räumen. Die andere Seite der Medaille hatte er offenbar genauso wenig im Blick. Im Herbst 2015 räumte de Blasio ein, dass er das Obdachlosenproblem unterschätzt habe. Er schuf ein Programm, das viele Menschen von der Straße holen und weitere gar nicht erst dort landen lassen soll. Die Meinungen darüber gehen in New York so weit auseinander wie die Einkommen.

Das Wetter ist schlechter geworden, als ich Diane mal wieder treffe. Sie zuckt nur mit den Achseln. Als sie nach dem letzten großen Krach endgültig aus ihrer alten Mitwohnsituation ausgezogen und auf die Straße gegangen sei, habe es dicke Flocken geschneit, sagt sie. Aber das war damals. Heute hat sie gute Laune.

Ein Freund kennt einen Freund, bei dem sie vielleicht einziehen könnte. Wir sprechen darüber, welche Fragen man solchen möglichen Mitbewohnern stellt und vergleichen seltsame Erlebnisse, als ginge es für sie nur um eine Möglichkeit unter vielen. Noch weiß ich nicht, dass es das letzte Mal sein soll, dass ich mit Diane spreche.

Kann sein, dass sie sich eine andere Straße zum Schlafen gesucht hat. Kann sein, dass sie in einem der Shelter-Programme gelandet ist. Ich stelle mir aber lieber vor, dass es mit dem Mitbewohner geklappt hat.

★ Do it yourself ★

In der U-Bahn und an vielen anderen Orten ist Betteln verboten. Trotzdem begegnet man in New York oft Menschen, die nach Kleingeld *(change)* oder etwas zu essen fragen. Viele Leute schauen schnell weg und fühlen sich unwohl. Hier zwei andere Möglichkeiten, damit umzugehen:

- Wer bin ich, zu entscheiden, wer eine Spende verdient hat? Jeder, der fragt, bekommt einen Dollar. Das läuft am Tag vielleicht auf den Gegenwert von ein, zwei U-Bahnfahrten hinaus und spart mühselige Entscheidungen.
- Zwei, drei Müsliriegel passen in jede Tasche. Sie kann man anbieten – sofern man darauf gefasst ist, auf eine Ablehnung freundlich zu reagieren. Nur weil jemand arm ist, muss er nicht alles gern mögen. Oder Zähne im Mund haben.

Wer bekommt wie viel Trinkgeld?

Touristen tragen mit ihren Ausgaben zum Wohlstand in New York bei. Allerdings machen Deutsche dabei oft aus Unwissenheit Fehler: Sie geben Trinkgeld wie zu Hause, nämlich als kleinen Bonus für besonders nette Bedienung. In New York dagegen ist der *tip* oft das Honorar dafür, dass man *überhaupt* bedient wird.

New Yorker Restaurants müssen Kellnern, *busboys* (die Wasser nachfüllen und Teller abräumen) und Bartendern zwar theoretisch den Mindestlohn von 9 Dollar pro Stunde zahlen, dürfen dem Gesetz zufolge davon aber 4 Dollar abziehen, sofern im Durchschnitt 5,05 Dollar Trinkgeld pro Stunde eingehen. Auch für Mahlzeiten und Ähnliches wird Geld vom Lohn abgezogen. Das heißt, im Prinzip verdienen Servicekräfte in New York ihr Geld so gut wie ausschließlich aus dem Trinkgeld. Das gilt auch für Hotelpersonal wie Zimmermädchen.

Taxifahrer müssen vom regulären Fahrtpreis erst einmal eine Taximiete an den Garagenchef abdrücken. Und so weiter. Deshalb sollte man in New York stark umdenken, wenn es ans Trinkgeld geben geht – und immer einige Ein-Dollar-Scheine zur Hand haben. Geben sollte man mindestens:

- **Im Restaurant:** 20 Prozent (Faustregel: die auf der Rechnung aufgeführte *tax* – die Umsatzsteuer von 8,875 Prozent – verdoppeln und aufrunden)
- **Im Taxi:** 20 Prozent (Faustregel s. o.)
- **In der Bar/im Club:** 1 bis 2 Dollar pro Drink, 1 Dollar für Garderobiere
- **Im Hotel:** für den Zimmerservice 2 bis 5 Dollar pro Tag; darauf achten, dass es deutlich als Trinkgeld erkennbar ist (z. B. in einen Hotelumschlag mit der Aufschrift *»To housekeeping, thank you«* stecken), dem Kofferträger oder Taxi-Heranrufer 1 bis 2 Dollar in die Hand drücken.

Eine Restaurantrechnung sollte man stets genau studieren. An typischen Touristenattraktionen greift das Personal aus Frust zuweilen zu einem Trick, wenn es einen Akzent hört: Es schlägt das Trinkgeld auf die Rechnung auf. Dieser Betrag ist als *tip* oder *gratuity* dann schon darauf aufgeführt. Ohnehin üblich ist diese Regelung in Restaurants bei Gruppen ab sechs Leuten. Auch beim Zimmerservice im Hotel ist das Trinkgeld oft schon auf der Rechnung aufgeführt.

32 Die Spezialisten

»It's much better than a computer search.«

Hinter einer unscheinbaren Haustür in der 47th Street, nach zwei Sicherheitsschleusen und einer Fahrstuhlfahrt eröffnet sich mir eine Welt mit hellen Tischen und grünen Lampen. Sam fährt oft hier hoch, ich dagegen nie. Schließlich bin ich kein Clubmitglied, und ich befürchte auch, ich könnte mir so eine Suche gar nicht leisten, ob nun am Computer oder hier. Sam lacht. Er glaubt, es sei nur eine Frage der Zeit, bis sich das ändert. Schließlich wusste schon Marilyn Monroe, was zählt: Diamanten.

Die wechseln hier den Besitzer, zusammen mit Insiderwissen – deshalb kommt Sam, der unten einen Schmuckladen hat, hierher. Wenn er für ein Schmuckstück einen bestimmten Diamanten im Auge hat, fragt er die Kollegen. Ich wusste nicht einmal, dass eine Diamantenbörse existiert. Die Händler schauen betreten. Sie hätten es gern gehabt, dass das auch so bleibt.

Während die Preise für Gold und Silber täglich durch die Wirtschaftspresse gehen, wussten lange Zeit nur wenige Menschen, wo der Diamantpreis gerade steht. Die 1978 erstmals veröffentlichte Rapaport Price List mit etwa einer halben Million Diamanten pro Tag bekommen nämlich nur zahlende Mitglieder zu sehen. Doch inzwischen interessiert sich auch die Finanzwelt für Diamantpreise.

Das Händlernetz in New York bleibt dennoch engmaschig. Probleme werden dort nicht nach außen getragen, schon gar nicht vor Gericht. Der 1931 gegründete Diamond Dealers Club setzt ein eigenes Entscheidungskomitee ein, wenn Händler streiten oder der Verdacht aufkommt, ein Mitglied handle Steine aus zweifelhafter Quelle.

Aus anderen Diamantzentren der Welt wie Antwerpen laufen Hinweise auf krumme Dinger ein. Sam zeigt mir die Fahndungslisten, die die Diamanthändler sich gegenseitig schicken. Die *stones* – die Diamanthändler reden immer nur einfach von Steinen – seien höchst unterschiedlich, erklärt mir Sam. Seinen könnte er auch so einen Steckbrief schreiben.

Unten auf der Straße funkeln in den Auslagen Diamanten in Ketten, Ringen, Uhren und Ohrringen. Zwischendrin liegen seltsame Gebilde. Sam gibt schmunzelnd zu, dass das rätselhaft aussehen muss, wenn man die Gepflogenheiten nicht kennt.

Was ich da sähe, sei eine Art Bausatz fürs Heiratsantragsbudget: unterschiedlich aufwendige, aber leere Fassungen hier, verschieden große und reine Diamanten dort. Für manche New Yorker, so Sam, gehört zum Heiratsantrag eben nicht nur ein Verlobungsring, sondern auch eine Karatzahl.

Vom Financial District bis zum Flower District

Die Diamanthändler sind nicht die einzigen Spezialisten, die sich ein Stück New York zu eigen gemacht haben. Der Diamond District ist aber das kleinste dieser Viertel – und auch weniger bekannt als etwa der Financial District. Dort wiederum standen früher einmal die Aktienhändler auf der Straße – weswegen die New Yorker Börse noch bis 1953 Curb Exchange hieß, also wörtlich übersetzt »Bordsteinbörse«.

Heute traben Touristen scharenweise die Wall Street hinunter und am Gebäude der New York Stock Exchange vorbei. In den Wolkenkratzern darum herum sitzen Finanzunternehmen und Anwaltskanzleien. Die Spezialisierung zeigt sich besonders am Abend: Wenn das Börsenparkett gefegt ist und die Broker und Hedgefonds-Manager Feierabend machen, wird das ganze Viertel schlagartig ruhig – als würden genau die Bürgersteige hochgeklappt, an denen einstmals mit Firmenanteilen geschachert wurde.

Weiter im Nordwesten Manhattans liegt der Garment District, den manche auch Fashion District nennen. Modeläden und Flaniermeilen sucht man dort allerdings vergebens. Stattdessen reihen sich in den Straßen Geschäfte, die oft gar nicht an Verbraucher, sondern nur an Profis verkaufen. Dort gibt es alles, das bei der Kleiderherstellung gebraucht wird: Dicke Stoffballen, Tüllberge, kilometerweise Zierlitzen, glänzende Schnallen, rauhe Lederriemen und ganze Tierhäute, tausende bunte Knöpfe und mehrere Läden allein für Spandex-Stoffe. In den oberen Stockwerken wird unterdessen von Passanten völlig unbemerkt zugeschnitten, plissiert, gefärbt, genäht und gestickt.

Das erklärt bestens, warum solche Spezialviertel in New York überhaupt entstanden, sich halten oder sogar neu formieren: Nähe bringt Vorteile. Wer jede Menge Fachleute aus der eigenen Branche in unmittelbarer Umgebung findet, braucht nach Lieferanten und Beratern nicht aufwendig zu suchen, steckt auf dem Weg zu Meetings nicht ständig im Stau und darf in einschlägigen Lunch-Lokalen auf Fachsimpeleien hoffen.

Dass der New Yorker Modeindustrie das respektable Erbe von Paris und Mailand fehlt, macht sie mit Disziplin und diesem Standortvorteil wett. Der Garment District ist einer der Gründe, warum sich in New York immer wieder neuer Modenachwuchs prächtig entwickelt: Rag & Bone, ICNY oder Alexander Wang kennt man längst außerhalb der Stadt. Jason Wu hat gar eine seiner Kreationen noch zu Lebzeiten im Nationalmuseum untergebracht – mit 27 Jahren.

Viele der namhaften New Yorker Designer lassen im Garment District arbeiten – allerdings nicht für die Massenproduktion, sondern für Probestücke, kleine Auflagen und besonders aufwendige Arbeiten. Sie schätzen es, dass sie im Garment District mal eben schnell prüfen können, was die Schneiderwerkstatt gemacht hat oder ob die Farbe hält, was der Katalog verspricht. Und während der Modewochen geht es im Garment District zu wie in einem Wespennest: so viele Änderungen in letzter Minute!

Doch die Spezialviertel bleiben vom beständigen Wandel New Yorks nicht verschont. Im Meatpacking District ist zwar Tag und Nacht etwas los. Das liegt aber weniger an den Metzgern, die dem Viertel seinen Namen gaben, als vielmehr an Nachtschwärmern. Zwar essen New Yorker immer noch jede Menge Fleisch, aber von den mehr als 250 Schlachthöfen und fleischverarbeitenden Betrieben, die es hier um das Jahr 1900 herum gab, sind heute weniger als ein Dutzend übrig.

In den 1980er-Jahren boomte im Meatpacking District eine weitere Art Fleischbeschau – mit Undergroundclubs und Treffpunkten der New Yorker SM-Szene. Ende der 1990er kam die Modebranche auf den Geschmack, und als nach den Boutiquen auch noch der High Line Park kam, hatte sich das Meatpacking District zum Sehen-und-Gesehenwerden-Viertel gemausert.

Beim Flower District dagegen ist die Zukunft noch offen. Die Läden dort sind Anlaufpunkte für Blumenzüchter aus dem nahen Long Island und Blumenhändler nicht nur aus Manhattan, sondern auch vom Festland. Besonders im Frühjahr gleicht ein Gang durch diese Gegend einem Bad im Farbenmeer: Rosen, Tulpen, Nelken – und starke Männer, die gigantische Palmen auf einen Lieferwagen hieven. Seit Mitte der 1990er-Jahre erlaubt die Stadt New York allerdings den Bau von Wohnhäusern in diesem Viertel. Deshalb sind die Ladenmieten gestiegen, und von mehr als 60 Blumengroßhändlern sind nur noch 32 übrig.

Doch Spezialistenviertel gehören in New York keineswegs zu einem Relikt vergangener Tage. Sie können auch ganz neu entstehen. So viele Tech- und Medienfirmen haben sich um das Flatiron Building herum angesiedelt, dass das Viertel seit ein paar Jahren auch als Silicon Alley firmiert – und bereits einen Satelliten in Brooklyn hat.

Doch bei aller Nähe zu Ebenbürtigen: Auch Spezialisten machen Anfängerfehler. Mir fallen fast die Augen aus dem Kopf, als ich entdecke: Die Pinnwand an der Diamantbörse hat eine Lost-and-found-Abteilung. Ein Fundbüro für Hochkarätiges? Erst halte ich es für einen Witz. Aber dort hängt tatsächlich ein Zettel: Es sei ein Stein im 7. Stock gefunden worden. Der Besitzer möge sich bitte mit einer genauen Beschreibung melden.

★ Do it yourself ★

Steine bestaunen kann man im **Diamond District**. Auf diesem kurzen, von Wachpersonal patrouillierten Häuserblock sitzt der Kern der New Yorker Schmuckbranche: Hierher kommen die Rohdiamanten, Designer entwerfen dafür Schmuck, Facharbeiter fertigen Modelle an, suchen die passenden Steine. Sie werden geschnitten, geschliffen, poliert und gesetzt, alles an einem Ort. So folgt in diesem Spezialviertel eine glitzernde Auslage der nächsten.

Diamond District • West 47th Street zwischen 5th Avenue und 6th Avenue • Haltestelle 47-50 Streets/Rockefeller Center mit Linie B, D, F, M

Beste Zeit zum Beobachten von Bänkern ist die Mittagszeit. Dann sieht man Männer und Frauen in Anzügen und Kostümen aller Preisklassen durch die Straßen des **Financial Districts** eilen – auf der Jagd nach einer Mahlzeit.

Financial District • Wall Street und Nebenstraßen • Haltestelle Wall Street mit Linie 2, 3, 4, 5

In Stoffen schwelgen kann man im **Garment District**. Dort eröffneten in den vergangenen Jahren auch viele Coffeeshops kleiner Ketten wie Madman Espresso [336 West 37th Street zwischen 8th und 9th Avenue] und Gregorys Coffee [551 7th Avenue, Ecke 39th Street], in denen man sich unters Modevolk mischen kann.

Garment District • West 34th bis West 40th Street zwischen 6th Avenue und 9th Avenue • Haltestelle Times Square mit Linie 1, 2, 3, 7, N, Q, R

Fleischgeruch umweht das **Meatpacking District** schon lange nicht mehr. Stattdessen kann man dort schöne Menschen und teure Dinge bestaunen. In das kleine Viertel ist 2015 auch das Whitney Museum gezogen.

Meatpacking District • West 14th Street bis Gansevoort Street zwischen 9th und 11th Avenue • Haltestelle 14th Street mit Linie A, C, E, L

Eintauchen ins Blumenmeer kann man im **Flower District**. Die meisten der Läden dort richten sich an den Großhandel. Aber wer kauft auf Reisen schon Blumen?

Flower District • 6th Avenue zwischen 26th und 29th Street • Haltestelle 28th Street mit Linie 1, N, R

10 × Spezielles einkaufen

Wo New York den Begriff »Einzelhandel« wörtlich nimmt

Zu Recht steht New York in dem Ruf, dass man dort noch um vier Uhr morgens Milch oder ein Shampoo kaufen kann. Tagsüber kommen unzählige Markenwaren hinzu. Die Stadt lässt aber auch viel Raum für weniger alltägliche Wünsche – wenn auch die dazugehörigen Läden sie nur zu zivilen Zeiten erfüllen.

The Mysterious Bookshop

Dieses Mekka für Krimifans zählt zu den ältesten Buchläden seiner Art in den USA. Seinen angestammten Platz in Midtown verließ der Laden in Richtung Tribeca. Dort reichen die Regale mit Krimis und Thrillern bis unter die sehr hohe Decke, es gibt brandneue Hardcover und Taschenbücher sowie Klassiker, Erstausgaben, signierte Bücher und »Sherlockania« - alles, wovon Sherlock-Holmes-Fans träumen.

The Mysterious Bookshop • Tribeca, 58 Warren Street zwischen Church und West Broadway • Haltestelle Chambers Street mit Linie 1, 2, 3, A, C • www.mysteriousbookshop.com

CW Pencils

Ein Laden voller Bleistifte? So etwas kann wohl nur in New York funktionieren. Seine junge Besitzerin versorgt Bleistiftfans mit internationaler Ware, seltenen historischen Exemplaren, Radiergummis und schönen Anspitzern, und sie weiß auch, womit Linkshänder gut zurechtkommen oder welcher Bleistift das Kreuzworträtsel in der New York Times löst.

CW Pencils • Lower East Side, 100A Forsyth Street zwischen Grand und Broome Street • Haltestelle Grand Street mit Linie B, D • www.cwpencils.com

Village Chess Shop

Ein Paradies für Schachspieler: Der 1972 Laden gegründete Laden hat sich mit Café und (nach 17 Uhr) Bar zusammengetan. Dort finden sich nicht nur Turnier-Schachbretter, sondern auch eine Riesenauswahl thematisch gestalteter Sets. Selbstverständlich gibt es auch ein New York-Schach.

Village Chess Shop • Greenwich Village, 82 West 3rd Street, nahe Thompson Street • Haltestelle West 4th Street mit Line A, B, C, D, E, F, M • www.chess-shop.com

Casey Rubber Stamps

Hufeisen, Herzchen, Sprechblase, eine Geige spielende Katze, die Mona Lisa, ein ganzes Alphabet: Dieser Stempelladen hat alles, was man auf Papier oder Stoff drücken mag, inklusive einer ganzen Serie mit New-York-Motiven. Man kann dort sogar Stempel mit eigenen Motiven schnitzen lassen.

Casey Rubber Stamps • East Village, 322 East 11th Street zwischen 1st und 2nd Avenue • Haltestelle 1 Avenue mit Linie L • www.caseyrubberstamps.com

Fantasma Magic

In einem unauffälligen Haus wird man am Frontdesk nach einem Ausweis gefragt, ehe einem der Weg zum Fahrstuhl gewiesen wird. Oben kann man nicht nur Kartenspiele, Wahrsager-Pakete oder einen schwebenden Tisch kaufen, sondern auch das Houdini Museum bewundern: Requisiten und Tricks des Zaubermeisters liegen zum Staunen bereit, und auch das Ladenpersonal führt gern Tricks vor.

Fantasma Magic • Midtown, 421 7th Avenue, 3rd floor, Ecke 35th Street • Haltestelle 34th Street/Penn Station mit Linie 1, 2, 3 • www.fantasmamagic.com

Around The World Fashion Magazines

Zeitschriftenläden sind so selten nicht in New York. Aber dieser hat sich auf Mode eingeschossen: In den Regalen liegen nicht nur die *Vogue* aus aller Herren Länder, sondern auch hochspezialisierte Branchenmagazine und Bücher voller Design-Inspiration.

Around The World Fashion Magazines • Garment District, 148 W 37th Street zwischen Broadway und 7th Avenue • Haltestelle 34th Street/Penn Station mit Linie 1, 2, 3 • www.aroundtheworldnyc.com

Rain or Shine

Wenn es in New York regnet, dann oft wie aus Eimern. An den Straßenecken tauchen wie von Geisterhand fliegende Händler auf, die Schirme verkaufen – die ungefähr zehn Häuserblocks später kaputtgehen. Dieser Schirmladen bietet deutlich stabilere (und teurere) Modelle in einer Auswahl, die man kaum glauben mag. Obendrein gibt es dort Sonnenschirme und Gehstöcke, sogar solche mit Silberknauf.

Rain or Shine • Midtown, 45 East 45th Street zwischen Madison und Vanderbilt Avenue • Haltestelle 42nd Street/Grand Central mit Linie 4, 5, 6, 7 • www.rainorshine.com

FDNY Store and Fire Learning Center

Die New Yorker Feuerwehr hat einen Laden! Selbstverständlich gibt es dort genau das, was Kinderherzen höherschlagen lässt: Feuerwehrautos. Zudem kann man in der *fire zone* auch ausprobieren, wie es ist, durch einen Flur voller Rauch zu kriechen.

FDNY Store and Fire Learning Center • 34 West 51st Street zwischen 5th und 6th Avenue • Haltestelle 47-50 Street/Rockefeller Center mit Linie B, D, F, M • www.fdnysmart.org

Tiny Doll House

Puppenhäuser gibt es nicht nur für Barbie. Für manche US-Amerikaner wird aus der Einrichtung einer Puppenstube eine Sammelleidenschaft, die bis ins Erwachsenenleben hineinwächst. In New York gibt es sogar genug Puppenfans für einen Laden voller winziger Teetassen, Himmelbettchen und ganzer Miniaturhäuser.

Tiny Doll House • Upper East Side, 314 East 78th Street zwischen 2nd und 1st Avenue • Haltestelle 77th Street mit Linie 6 • www.tinydollhouseny.com

Flight 001

Schlafmaske, Nackenkissen, Strom-Adapter, Handgepäcktasche: Auf einem Flug nach Paris waren zwei New Yorker Herrenmode-Designer es endgültig satt, für Reisebedarf von Pontius zu Pilatus zu laufen. 1999 eröffneten sie Flight 001 (gesprochen: *flight one*), benannt nach einem legendären Weltreiseflug der PanAm. Im Retro-Flugzeugkabinendesign ihrer Läden findet man sogar Koffer, die über eine App ihren genauen Standort funken.

Flight 001 • Greenwich Village, 96 Greenwich Avenue zwischen 12th und 13th Street • Haltestelle 14th Street mit Linie A, C, E, L • www.flight001.com

33 If I can make it there ...

»I just need a million dollars.«

Stephen steht mit einem Schild in der Hand auf der Straße. Er bettelt nicht. Er lässt sich fotografieren, für eine Porträtreihe. Was da auf dem Schild steht, ist aber wahr.

Der Plan ist eingefädelt, Stephen hat alles festgehalten, was er braucht und schon erreicht hat. Nur das Geld fehlt halt noch. Und in seinem Geschäft braucht man, um von klein auf anzufangen, ein ganz und gar nicht kleines Sümmchen.

Eine Theaterproduktion ist nicht billig. Aber Stephen findet, dass sein Musical an den Broadway gehört. Auch mit über 70 glaubt er, dass es er in New York schaffen kann, sogar noch mehr als vorher, weil er weiß: So viel Zeit bleibt nicht mehr. Was ihn bisher von der großen Show abhielt, ist das fehlende Geld. Und Pech.

Oft höre ich das Klavier aus seiner Erdgeschosstür, manchmal klopfe ich dann an, und er singt mir eines der Lieder vor, die sich ordentlich notiert in seiner Wohnung stapeln. Mit einem Lied namens *King of Fuh* weckte Stephen in den 1960er-Jahren das Interesse einer großen Plattenfirma, und dort spielte jemand den Song den Beatles vor. Zu dieser Zeit arbeitete Stephen als Songwriter und als Keyboarder einer Band, die kurz vor seinem Einstieg einen Hit gelandet hatte. Die Plattenfirma riet ihm, nicht unter seinem echten Namen weiterzumachen, und er nannte sich Brute Force. Die Solokarriere war zum Greifen nah.

Unter meiner Nase taucht ein dickes Buch auf. Eine Beatles-Dokumentation, aufgeschlagen dort, wo Stephens Song erwähnt wird. Es gab tatsächlich eine Studioaufnahme für deren neu gegründetes Label namens Apple. Doch der König aus dem Lied ist ... der *fuh king*. Das klingt wie ein nicht jugendfreies Wort! Deshalb weigerte sich der Vertrieb später, den fertigen Song auszuliefern. Erst Jahrzehnte später brachte jemand ein Sammelalbum mit den ersten Apple-Aufnahmen heraus, und Stephens Song stand in den Läden. Er fand sogar eine Plattenfirma, die sein 1960er-Jahre-Werk neu auflegte. Da hatte er aus der Geschichte vom Fuh King längst ein Musical gemacht und es auch schon einmal im kleinen Rahmen aufgeführt. Jetzt braucht er eben eine Million – und arbeitet daran.

Broadwayträume, Karrierewechsel und übersehene Promis

Da hat Frank Sinatra etwas angerichtet: »*If I can make it there, I can make it anywhere*« wird in New York schnell vom Magneten zum Mantra. Mit dem Traum vom großen Durchbruch kommen noch immer viele Menschen nach New York. Aber damals wie heute gilt: New York ist keine Stadt für Traumtänzer.

Wer sich am Broadway bewirbt, wird zudem gleich gefragt, welche Shows er oder sie in letzter Zeit sah. Karten für die großen Theater passen aber nicht in den kleinen Geldbeutel hoffnungsvoller Talente. Zudem gilt der Broadway als geschlossene Branche: Es ist extrem schwer, einen Zugang zu finden, und zwar nicht nur dann, wenn man von einer Hauptrolle träumt. Auch Jobs im Bühnenbau und Produktionsbüro sind heiß begehrt und schwer zu bekommen. So bedeutet Jobsuche für die Ruhmsucher von heute oft, auf Konferenzen und Podiumsdiskussionen kluge Fragen zu stellen und in Karten für Premieren und Galas zu investieren in der Hoffnung, dort mit den »richtigen« Leuten ins Gespräch zu kommen.

Das haben New Yorker auch in anderen Branchen drauf. Erzählt einer, was er alles tut, erreicht hat und kann, ist das deshalb nicht etwa die Aufforderung zum Aufschneidertanz. Viele sehen ihren *elevator pitch* auch als Anknüpfungspunkt zum Netzwerken. Sie suchen mal nach Gemeinsamkeiten, mal nach Inspiration, mal nach Kontakten auch in fremde Branchen. Umgekehrt sind viele New Yorker bei Gesprächen über berufliche Träume sehr begeisterungsfähig und hilfsbereit: Sie haben beispielsweise unterwegs die passenden Kontakte für andere aufgesammelt – und geben diese gerne weiter. Wer weiß, wofür es gut ist.

New York ist so auf Erfolgsstreben ausgerichtet, dass Scheitern keine Schande ist, sondern einfach dazugehört. Selten schüttet jemand ungefragt eine Büchse Zweifel, bloß weil Freunde zu neuen Ufern streben. Strenge Urteile gehören in New York an eine andere Stelle: In Talentwettbewerben stellen sich Künstler einem kritischen Publikum, Menschen mit Unternehmergeist melden sich zum Businessplan-Wettbewerb an. Klappt das eine nicht, versucht man eben etwas Neues. In einer so teuren, schnellen Stadt bleibt einem gar nichts anderes übrig.

Entsprechend finden die meisten New Yorker radikale Karrierewechsel ganz normal. Wall-Street-Bänker eröffnen Restaurants, Buchhändlerinnen fangen an, mit Immobilien zu makeln, Schauspieler werden erst Lehrer und dann Fotografen, Biologinnen fangen an zu schreinern. Oft haben sie alle eine ganze Weile lang all ihre Jobs gleichzeitig. Und wenn der Erfolg dann endlich da ist, können sie sich auf ein ungeschriebenes Gesetz verlassen. New Yorker lassen ihre Promis in Frieden.

Alle wissen, dass da ein Star am Nebentisch sitzt, und sie können es kaum erwarten, ihren Freunden davon zu erzählen. Auch Zeitschriften und Zeitungen verraten im Nachhinein gerne, wo Taylor Swift zum Einkaufen war, mit wem Nicholas Cage wo gegessen hat oder in welcher Broadwayshow der Präsident gesessen hat.

Aber die meisten New Yorker würden es sich in Anwesenheit von Prominenz nicht anmerken lassen, dass sie diese überhaupt bemerkt haben. Das ist ein Grund dafür, warum Filmstars, Firmenchefs, Supermodels und Rockstars sich in New York unters Volk mischen. Nur zwei Gruppen machen einen Bohei um *Celebrities:* Paparazzi. Und Touristen. Okay: Und Teenager bei Autogrammveranstaltungen.

Statt dieser Tage mit Investoren zum Lunch zu gehen, hängt Stephen mittags am Telefon und verkauft Tickets. Nicht für sein eigenes Musical, sondern für eine Telemarketingfirma. Wenn er nicht gerade zu einem Vorsprechen oder einer Probe geht, mit seinem

Musikprogramm auftritt, einen neuen Song schreibt oder Werbung für seine Kunst macht. Stephen lebt den Traum. Neulich habe ich mir im Kino die Augen ausgeguckt, weil er mir genau die Szene beschrieben hat, in der er als Komparse mitgewirkt hat. Wieder ein paar Dollar näher am Durchbruch.

★ Do it yourself ★

Auf den ersten Blick ein typischer Souvenirladen, auf den zweiten Blick voller Broadway-Memorabilia ist **Theatre Circle**.

Theatre Circle • Theater District, 268 West 44th Street, Ecke 8th Avenue • Haltestelle 42nd Street/Port Authority mit Linie A, C, E • www.theatrecircleshop.com

New York hat sogar seinen eigenen **Walk of Fame**: Ein frischgebackener Kinobesitzer wollte dort in den 1970er-Jahren Filmklassiker aus den 1930ern bis 1950ern zeigen. Damit Publikum kam, lud er entsprechende Filmstars ein, die sich im Gehsteig verewigten. Dort finden sich heute unter anderem die Hand- und Fußabdrücke von Myrna Loy.

Walk of Fame New York • East Village, 80 Saint Marks Place, nahe 1st Avenue • Haltestelle Astor Place mit Linie 6

Die bekannteste Talentshow der Stadt ist die **Amateur Night** im **Apollo Theater**. Dort haben sich schon Legenden wie Ella Fitzgerald und Michael Jackson dem Publikum gestellt, das mit Lautstärke bestimmt, wer gewinnt.

Amateur Night • Harlem, 253 West 125th Street zwischen Adam Clayton Powell und Frederic Douglass Boulevard • Haltestelle 125th Street mit Linie 1, 2, 3, A, B, C, D • www.apollotheater.org

In kleinerem Rahmen mit weniger Show-Tamtam hat sich der Poetry Slam des 40 Jahre alten **Nuyorican Poets Cafe** einen Spitzenruf erarbeitet. Dort gibt es außerdem eine anspruchsvolle Open Mic Night für alle Genres von Musik bis Comedy.

Nuyorican Poets Cafe • East Village, 236 East 3rd Street zwischen Avenue B und C • Haltestelle 2nd Avenue mit Linie F • www.nuyorican.org

Eine Übersicht über viele weitere **Open Mic Nights** bietet die Website »Open Mic New York« [www.openmicnewyork.com].

Von wegen Traumtänzer: Die Theater- und Filmindustrie in New York

2015 war ein gutes Jahr für den Broadway: Fast 13 Millionen Besucher zog es in die Theater, die Shows spielten mehr als 1,3 Milliarden Dollar ein. Direkt nach Jahresende, in der Neujahrswoche 2016, brach der Broadway dann seine eigenen Rekorde: Mit 37 Shows generierte er mehr als 43 Millionen Dollar – binnen einer einzigen Woche.

Von allen Broadwayproduktionen hat *The Lion King* am meisten Geld eingespielt. Das Musical spielt seit rund 20 Jahren in New York. Derzeit bekommt es erhebliche Konkurrenz durch das mit dem Pulitzerpreis gekrönte Musical *Hamilton.* Doch nicht alles, was es an den Broadway schafft, wird zum Erfolg. *American Psycho* hielt 2016 nur ein paar Wochen durch und reiht sich damit in historische Flops ein.

Die Musical-Version von *Breakfast at Tiffany's* überlebte in den 1960er-Jahren nicht einmal die Vorschauen *(previews),* auch die Horrorgeschichte *Carrie* von Stephen King taugte als Musical nichts – es schloss nach nur fünf Vorstellungen. Sogar die im Londoner Theaterviertel gefragte *Rocky Horror Show* fiel am Broadway durch. Erst die Verfilmung fand in den USA ein Publikum.

Viel früher, zu Stummfilmzeiten, war New York zudem eine Filmstadt. Universal Films etwa wurde dort gegründet, zog dann aber angelockt von günstigen Grundstücken nach Los Angeles. Viele Jahrzehnte später versuchte New York, sich die Filmindustrie mit Steueranreizen zurückzuerobern. Inzwischen sind wieder viele Filmproduktionsfirmen in der Stadt angesiedelt, zum Beispiel in Astoria (Queens).

In den Silvercup Studios, 1983 auf dem Gelände einer gleichnamigen Bäckerei eröffnet, wurden zum Beispiel *Sex and the City* und

Der Teufel trägt Prada gedreht. Die nahegelegenen Kaufman Astoria Studios sind seit 1992 Heimat der *Sesamstraße.* Seit Kurzem haben sie sogar Außendrehplätze, ganz wie in den großen Hollywoodstudios. In Brooklyn bringen die Broadway Stages New Yorker TV-Serien wie *The Good Wife* und *Blue Bloods* hervor, und die 2004 eröffneten Steiner Studios haben Filme wie *Teenage Mutant Ninja Turtles* und *Wolf of Wall Street* produziert.

Bei den Film- und Fernsehtiteln fällt auf: New York ist nicht nur wegen der Filmstudios ein Tummelplatz für Schauspieler und Kameracrews. Die Stadt dient so oft als Handlungsort und Kulisse für die Geschichten in den bewegten Bildern, dass sie längst selbst zum Filmstar geworden ist.

34 DIY or die

»Are you a knitter?«

Ich helfe Jessica, Plastikkisten voller Garn von einem Rollwagen auf den Tisch zu laden. Nebenher schätzt sie meine Nützlichkeit ein. Hinter uns spitzen sich mehrere Ohrenpaare. Auf Deutsch würde man »Stricken Sie?« fragen. Auf Englisch klingt es fast wie *»Are you a quitter?«*, was je nach Tonfall Schwanzeinkneifer, Drückeberger oder Versager heißen kann.

Doch ich ernte ein wissendes Nicken: Ich kann stricken. Allerdings muss ich direkt danach zugeben, dass ich nicht häkeln kann. Jessica sagt, das macht gar nichts. Sie stellt mir Grace und Christina vor. Die beiden erklären mir, was Strickerinnen zu Granny Squares beitragen können: Quadrate.

Viele gestrickte oder gehäkelte Quadrate fügen sie mit zwei Häkeltechniken zu Decken zusammen. Jenny leitet einen Kreis älterer Damen, die diese typisch US-amerikanischen Kniedecken für Altenheime produzieren – aus Freude an der Handarbeit und für den guten Zweck. Hunderte haben sie schon ausgeliefert, manchmal machen sie auch einen Basar. Zu Beginn ihrer Treffen fotografieren sie die neuesten fertigen Granny Squares.

Nachdem ich binnen einer Stunde ein Strickquadrat fertig habe, nehmen die Damen mich beiseite. Ich dürfe gerne jederzeit einfach vorbeikommen, sagen sie. Und beim nächsten Mal würden sie mir zeigen, wie das Zusammenfügen mit der Häkelnadel geht, sodass die Decke von beiden Seiten ordentlich aussieht. Beim Rausgehen raunt Jessica mir zu: »Es gibt auch Online-Videos dazu. Falls du vorher üben willst.«

Großstadt-Handarbeit, gestickte Kackhäufchen und ein gutes Geschäft namens Brooklyn

Der Stricknachmittag hat mich doch glatt zu den Vorgängerinnen der modernen New Yorker Stricklieseln geführt. Auch deren jüngste Inkarnation lässt ihr Hobby oft nach Geheimbund aussehen. Auf den Flohmärkten liegen die feinsten handgestrickten Pulswärmer, Puschelmützen und geschickt verdrehte Schals, und an den Ständen erkennen die Insider einander gleich am prüfenden Blick oder klugen Fragen.

Die Renaissance der Handarbeit begann mit ein paar Exotinnen. Viele von ihnen hatten Stricken, Nähen oder Marmeladekochen tatsächlich von ihren Großmüttern gelernt. *Do it yourself (DIY)!* In den 1940er- und 1950er-Jahren machten viele Menschen in den USA Sachen vor allem deswegen selbst, um Geld zu sparen. Heute sind die Motive vielfältig. Manche DIY-Anhänger wollen Zeichen setzen gegen Massenproduktion und Konsum, manche wollen Müll vermeiden und aus altem Kram etwas Neues basteln. Und beim Selbermachen geht es nicht nur um die Gesellschaft, sondern auch um einen individuellen Stil.

Die eine Fraktion setzt auf Ironie, die andere auf Kontrast. So sah (und sieht) man junge Leute in irrsinnig hässlichen Strickpullovern herumstolzieren, aber auch Stickbilder an Wänden auftauchen, die kein blümchenumranktes »*Home Sweet Home*« verkünden, sondern »*Life is absurd*« mit Totenkopfgirlande.

Um mitzumischen, braucht man nicht einmal irre kreativ zu sein. In New Yorker Läden gibt es komplette DIY-Sets, mit denen man Moos-Terrarien bauen und mit Plastik-Einhörnern bevölkern oder ein Stück Stoff mit dem Like-Daumen oder dem Kackhaufen-Emoticon besticken kann.

Was aus dem Brennofen, unter dem Nähmaschinenfüßchen, zwischen Siebdruckplatten oder unter dem Hobel hervorkommt, gehört in New York inzwischen zum Mainstream. Solche Sachen tragen Etiketten wie *DIY* und *handmade, artisanal* und *craft,* und sie meinen alle dasselbe: Irgendjemand hat hier tatsächlich Hand angelegt.

Viele DIY-Anhänger machen lieber etwas selbst, als das zu kaufen, was Tausende andere auch besitzen. In New York muss man schließlich darum kämpfen, sich von anderen abzusetzen. So schieben New Yorker auch Kunsthandwerk und Handarbeit über traditionelle Grenzen hinweg, mal mit moderner Technik, mal schlicht pietätlos. Ihre Ideen landen im 3D-Drucker oder unter der CNC-Fräse, in der Makramee-Blumenampel oder in der selbstgebastelten Destille, vor allem aber, wie es aussieht, in Brooklyn.

Von dort kommen Keramik-Salz- und Pfefferstreuer in Avocadoform und Kissen, die aussehen wie Scrabble-Buchstaben oder wie ein New Yorker Gulli, nur ohne Dampf. Das Glas Gurken für zehn Dollar? Klar, ist doch hausgemacht! Auf Märkten für Handgemachtes schieben sich Fauxhemians, Hipster, Fashionista und Designbrillenträger an Ständen mit DIY-Schmuck, -Kleidung, -Keramik, -Postkarten, -Seifen und so weiter vorbei. Sie ergötzen sich an den Ideen und Geschichten dahinter. Hier drapiert eine Frau Ketten mit Morsezeichen-Botschaften, dort erzählt ein Bartträger, wie viele Stunden er für ein Schneidebrett mit Holzeinlegearbeiten braucht, die aussehen wie aus einem 1980er-Jahre-Computerspiel.

Dass das Selbermachen gerade in Brooklyn so ein großer Trend wurde, hat nicht nur mit Coolness zu tun, sondern auch mit Sehnsucht. Wie voll der Kopf beim Umzug nach New York auch mit Träumen war, von Ideen allein kann dort niemand leben, in Manhattan sowieso nicht, und die Unsicherheit zeitbegrenzter Jobs zehrt an den Nerven. Der Kuschelfaktor handgestrickter Socken gibt Geborgenheit ohne die Zwänge, von denen sich Zugezogene in Kleinstädten oder Großfamilien eingeengt fühlten. Und als Kontrast zur Hektik New Yorks und zu computerlastigen Jobs hat die Gelegenheit, etwas mit den Händen zu machen und langsam wachsen zu sehen, beinahe Suchtpotenzial.

Und dann hat auch noch die Selbermacher-Plattform »Etsy« ihr Hauptquartier in Brooklyn aufgeschlagen. Schließlich gibt es dort nicht nur jede Menge Leute, die in ihrer Küche Seife kochen oder Altkleider neu zusammennähen, sondern auch viele, die sich als Kleinstunternehmer in Gemeinschaftsholzwerkstätten zusammengetan haben oder ihren Saal voller Webstühle mit Kursen und Projektarbeiten füllen. In manchen Teilen Brooklyns kann man Supergirl-Stoffpüppchen, handgeschreinerte Medizinschränkchen und selbstgebrautes Chai-Tee-Konzentrat kaufen. Nach außen sieht das dann prompt so aus, als ginge es in Brooklyn überhaupt nur noch darum, sich mit verschrobenen Dingen zu befassen, die man dann stilsicher zum Lifestyle-Accessoire machen kann.

Dieses Brooklyn überlebt hartnäckig das, was die meisten Bewohner Brooklyns erleben. Williamsburg etwa ist in ihren Augen als Refugium längst passe. Statt vom rauen Charme der Selbermacher und Lebenskünstler wird man gleich an der U-Bahn-Station Bedford Avenue von vertrauten Marken empfangen. Dort steht etwa seit wenigen Jahren ein Dunkin' Donuts – und zementiert das Kreativ-Image des Viertels damit, dass sein Schriftzug nicht im typischen weiß-pink-orangefarbenen Plastik, sondern in Gold auf unechtem Holz an die Fassade getackert ist. Für Bastler ist Williamsburg dagegen längst unerschwinglich geworden.

Eine Welle von Schließungen hat zuletzt auch eine weniger bekannte DIY-Szene erfasst: die alternativen Konzert- und Veranstaltungsräume in Brooklyn. Zu Zeiten, als noch Industriebauten, Lagerhäuser und Brachen Teile von Dumbo oder Williamsburg dominierten, erarbeiteten sich sogenannte *DIY Venues* ein treues Publikum. Bei Glasslands, 285 Kent oder Death By Audio traten Bands ohne großen Aufwasch auf, wilde Partys und bizarres Performance-Theater störten niemanden. Doch mit der Beliebtheit von Williamsburg kamen die Eigentumswohnungen – und außer immensen Mietsteigerungen auch immer mehr Nachbarn, die sich bei der Polizei beschwerten.

Die DIY-Veranstalter ziehen also entweder anderswo hin, wo sie mehr Freiheit vermuten, zum Beispiel in Bushwick (Brooklyn) oder in Ridgewood (Queens), oder sie freunden sich mit dem Formularwust legaler Gastronomie an. Im Fall von Glasslands, 285 Kent und Death By Audio ergibt sich eine perfide Wendung des Schicksals: Sie mussten Plänen für Büroräume weichen, die ausgerechnet Vice Media hegte – ein Medienhaus, das sich mit Reportagen aus der Sub- und Gegenkultur etablierte und oft über Konzerte in eben jenen *DIY Venues* berichtete.

Den Selbermachern mit Stricknadeln und Kreissägen hat diese Entwicklung ein ganz anderes Problem beschert: Jeder will plötzlich aus Brooklyn sein. Ach was, Brooklyn ist gar kein Ort mehr, sondern ein Adjektiv!

Selbst die Bezirksverwaltung hat erkannt, dass die halbe Welt das Etikett »Brooklyn« als Werbung für einen angesagten Style nutzt – und holt den Glanz heim. Seit wenigen Jahren vergibt die Stadt das offizielle Label »Brooklyn Made« ausschließlich an Bewerber, die mindestens einen Teil ihrer Produkte tatsächlich in Brooklyn herstellen.

Ich schaue gerade auch einer solchen Herstellung zu. Jessica sammelt fertige Strickquadrate ein, und zwei der Damen legen sie an einem Tisch aus, um das nächste Deckendesign auszuhecken. Es sieht so aus, als würde es ein Muster aus roten, grünen und hellbraunen Quadraten. Da schweifen meine Gedanken ab: Welches richtig coole Muster könnte ich für mich selbst aus dieser alten Handarbeitstechnik ableiten?

Im Grunde ergibt das Ganze ja ein grob gepixeltes Bild. Jessica lacht. Grace ist skeptisch. Christina dagegen überlegt laut, ob sie aus ihrem Stapel an grauen, roten und schwarzen Strickquadraten ein Auto hinbekäme, das ihrem Enkel gefiele. »Das wären dann aber Grandkid Squares«, sagt Jessica. Möglicherweise sind wir damit auf eine Marktlücke gestoßen.

★ Do it yourself ★

Angesichts der vielen kleinen Firmen, die Handgemachtes anbieten, sind auch viele New Yorker Flohmärkte jedes Wochenende eine Mischung aus Trödel und Luxusbasar– nicht nur in Brooklyn. Einige, wie der Hell's Kitchen Flea und der Grand Bazaar (ehemals Green Flea) haben ihren angestammten Platz schon seit Jahren, andere ziehen fast in jeder Saison um. Die meisten von ihnen sind das ganze Jahr über geöffnet, einige ziehen im Winter in überdachte, geheizte Quartiere. Die jeweiligen Orte und Öffnungszeiten finden sich auf den Websites.

- Brooklyn Flea • Brooklyn• www.bkflea.com
- Grand Bazaar NYC • Upper West Side, 100 West 77th Street, Ecke Columbus Avenue • bis September 2016 bekannt als Green Flea • Haltestelle 72nd Street mit Linie 1, 2, 3, B, C • www.grandbazaarnyc.org
- Hell's Kitchen Flea • Hell's Kitchen, West 39th Street zwischen 9th und 10th Avenue • Haltestelle 42nd Street/Port Authority Bus Terminal mit Linie A, C, E • www.annexmarkets.com
- Hester Street Fair • Chinatown, Hester Street, Ecke Essex Street • nur im Sommer • Haltestelle East Broadway mit Linie F • www.hesterstreetfair.com
- Long Island City Flea & Food • Long Island City, Queens • nur im Sommer • www.licflea.com

Spezielle Märkte mit etabliertem Kunsthandwerk oder schönem (und schrägem) Selbstgemachten sind in New York längst nicht nur ein Fall für die Vorweihnachtszeit. Sie haben sich sogar auf andere Städte ausgeweitet. Die Termine rund ums Jahr an wechselnden Orten lassen sich am besten den Websites entnehmen.

- Maker Faire New York • www.makerfaire.com/new-york
- Bust Craftacular • www.bust.com/craftacular
- Renegade Craft Fair • www.renegadecraft.com
- Handmade Cavalcade • www.handmadecavalcade.com

Das Etikett **Brooklyn Made** dürfen sich nur Firmen an den Hut pinnen, die nachweislich in Brooklyn produzieren – oft in überschaubarem Rahmen. Vergeben wird das Label von der Bezirksverwaltung, die eine Liste der akzeptierten Hersteller ins Netz stellt [www.brooklynmade.nyc]. Eine übersichtliche Sammlung von DIY-Orten aller Art bietet derweil die inzwischen sogar zu einem Buch gehörige Website **Brooklyn Spaces** [www.brooklyn-spaces.com].

Etsy und die Profi-Selbermacher

Rob Kalin hat schon immer gerne mit den Händen gearbeitet, vor allem mit Holz. Zusammen mit zwei Partnern gründete er Etsy: Von

Brooklyn aus begannen sie im Jahr 2005, den Selbermachern um sie herum eine Online-Plattform zu geben, über die diese ihre Ledertaschen, Ohrringe und Küchenschürzen verkaufen können. Zwei Jahre später waren bereits beinahe eine halbe Millionen Verkäufer angemeldet.

Inzwischen ist keiner der Gründer noch in der Firma, und 2013 änderte Etsy seine Geschäftsbedingungen, damit Verkäufer nicht mehr nur Handgemachtes anbieten dürfen. Viele von ihnen hatten in der Zwischenzeit ein typisches DIY-Dilemma erlebt: Es taugt nicht für die Massen, schon gar nicht, wenn man davon leben will.

Etsy hat inzwischen mehr als eine halbe Million Mitglieder. 86 Prozent von ihnen sind Frauen. In Deutschland haben Plattformen wie Dawanda und Hokohoko nachgezogen. In New York wechselt Etsy immer wieder aus dem Internet in die reale Welt: Pop-up-Läden bei einer Konzertreihe im Prospect Park (Brooklyn) oder auf Governors Island waren nur die Speerspitze. Inzwischen zeigt das Riesenkaufhaus »Macy's« auf einer kleinen Sonderfläche im Kellergeschoss ausgewählte, jeweils nach ein paar Wochen wechselnde Waren von Etsy-Händlerinnen.

35 Los, entspann dich!

»What do you think how long this is gonna take?«

Ich warte auf die Fahne. Fröhliche Helfer erklären uns den Ablauf, und die Leute hinter mir fragen, wie lange das denn wohl dauern mag. Seither tut sich irgendwie gar nichts. Oder doch, ganz da hinten, da wippt etwas Blaues. Das kann dauern.

Mit der Fahne kommen die Worte, die mir der Mann vor mir zuflüstern wird und die ich der Frau hinter mir sagen soll. Sie kommen von Lama Pema Wangdak, und wenn wir alle sie weitergesagt haben, kommen sie bei Salman Rushdie an. Wir sind eine Karmakette, und ich habe Glück: Ich bin ein Stück vor Nummer 200 in der Schlange, und damit stehe ich in einem warmen, sonnigen Abschnitt. Ich versuche, nicht von einem Fuß auf den anderen zu treten.

Was wir weitersagen, kommt in drei Teilen, begleitet von drei Fahnenträgern. Nachdem alle Fahnen vorbeigezogen sind, kommt der tibetanische Lama. Je nachdem, wie man ihm begegnet, schüttelt er Hände, nickt, lacht.

Wir folgen ihm zum Endpunkt, wo Salman Rushdie wartet. Vorher kam er schon an der ganzen Schlange vorbei. Einfach so. Ich dachte, da kommt ein Riesenaufgebot an Leibwächtern mit Wichtigkeit ausstrahlenden Knöpfen im Ohr. Aber ich sehe keinen, der diese Art von Kommunikation trägt. Hier wird nur geflüstert. Salman Rushdie sagt dann, was er am Ende dieser besonderen stillen Post verstanden hat. Abgesehen vom Mittelteil ähnelt es dem, was ich verstanden habe:

»Follow the glass stone
the droid from hell
if anything exists, it changes.«

Im Mittelteil kichern wir alle. Wie das halt so ist mit der Stillen Post: Der Lama hat am Anfang der Karmakette etwas völlig anderes gesagt.

Auszeit in aller Hektik

In einer Stadt, die nicht einmal ein Wort für Feierabend hat, gerät Entspannung zu einer weiteren Herausforderung. Genau so behandeln viele New Yorker denn auch die wertvolle freie Zeit. Sie hetzen zum Meditationskurs oder experimentieren angestrengt mit Geräten, die dabei helfen sollen, den Lärm zu vergessen. Sie geben damit an, wie gut sie beim Sport den Kopf freibekommen, und wenn Kolleginnen fragen, wann sie denn Laufen oder Schwimmen gehen, sagen sie: »Das habe ich halt noch in den Terminkalender gequetscht.« Entspannung braucht in New York Disziplin. Oder Übung.

Gläubige Juden verzichten jede Woche von Sonnenuntergang am Freitag bis zum Dunkelwerden am Samstagabend auf Arbeit – das schließt zum Beispiel auch die Betätigung von Schaltern ein. Deshalb gibt es in New York in manchen Gebäuden Paternoster. Einige gestresste New Yorker nutzen dieses Ruhepausenritual seit ein paar Jahren, um sich von Computer, Fernseher und Smartphone loszueisen. Sie nennen es Technik-Sabbat und sagen, das hilft. Um besser zu schlafen. Aber auch, um danach wieder richtig leistungsfähig zu sein. *»Relax! You'll Be More Productive«* übertitelte die *New York Times* bereits 2013 einen Artikel – in der Sonntagsausgabe, versteht sich.

Was anderswo der Ruhe und Achtsamkeit dient, kann in New York in Wettbewerb ausarten. In den Myriaden von Yogakursangeboten New Yorks muss man erst einmal ausprobieren, ob sie als Entspannungshilfe gedacht sind oder eher als Leistungssport. Schließlich gibt es sogar Yoga-Meisterschaften. Es gibt aber auch Gruppen für *mindful running*. Und die Entspannung im Vorbeigehen.

Für manche New Yorkerin ist etwa die *Mani-Pedi* eine Pause vom Alltag: Während Finger- und Fußnägel verschönert werden, muss man für ein paar Minuten still sitzen. Weil die Energie New Yorks nicht immer nur elektrisiert, sondern manchmal auch erschöpft, haben sich ganze Branchen auf die Sehnsucht nach Ruhe und Frieden eingestellt. Hunderte Spas locken mit Luxusverhätschelung: Da kann man sich vierhändig massieren lassen oder im Salzwasserbecken schweben, in Feng-Shui-gerechten Räumen oder unter Chakra-Licht durchatmen und für das allseits begehrte *facial* – eine intensive Schönheitsbehandlung fürs Gesicht – Dollar um Dollar hinblättern. Ganz nebenbei wird man dort ausnahmsweise nicht mit zehntausend Reizen bombardiert.

Wer dem Alltag ein bisschen mehr Zeit entrissen hat, geht in einen der Parks, die weniger gut besucht sind. Oder auf den Friedhof. Manchmal nickt man anderen dort im stillschweigenden Einverständnis zu: Noch jemand, der einfach mal seine Ruhe haben will. Viele lernen mit der Zeit auch, einfach mal zu Hause zu bleiben: *Netflix and chill;* oder Atemübung vor dem Zubettgehen.

Manche lüften sogar ein Geheimnis New Yorks: Gegen das Tempo dieser Metropole anzukämpfen und daran zu verzweifeln, wie hoch die Ansprüche sind, um auch nur halbwegs über die Runden zu kommen, bringt gar nichts. Im Gegenteil: Es kostet Energie und Nerven. Man muss den Spieß einfach umdrehen – und die Bedingungen zum eigenen Vorteil nutzen.

Die New York-Weisen, die das beherrschen, sieht man zum Beispiel, wenn die U-Bahn schon wieder im Tunnel stehen bleibt. Zwischen all den Leuten, die aufstöhnen, nervös auf die Uhr schauen und sich beklagen, dass sie nicht einmal Handyempfang haben, sitzen sie mit geschlossenen Augen und konzentrieren sich nur auf eins: New York hat ihnen eine Pause geschenkt.

Nachdem raus ist, was am Ende bei unserer meditativen Stillen Post herausgekommen ist, bekommt der Lama das Mikro. Er sagt zunächst auf Tibetanisch, was er am Beginn der *Karma Chain* gesagt hat. Die Leute schauen konzentriert. Ich argwöhne, dass dahinter gar keine Tiefenkonzentration steckt, sondern nur eine Miene. So wie bei Ute Lempers Brecht-Weill-Konzerten, wenn die Leute irgendwie wissend gucken und ich mir komisch vorkomme, weil ich das tatsächlich alles verstehe, sowohl das Englische als auch die langen Passagen auf Deutsch.

Englisch spricht der Lama nun auch. Die Sätze sind dabei auch nicht kürzer. Da haben wir ganz schön komprimiert!

»Like a shimmering star, or a flickering lamp,
a fleeting autumn cloud, or a shining drop of morning dew,
a phantom, a dream, a bubble, so is all the existence to be seen.«

Zweimal liest er uns das vor. »Habt ihr das jetzt verstanden?«, fragt er schmunzelnd. *As if,* wie man hier sagen würde. Dann machen meine Stille-Post-Freunde mich auf ein Detail aufmerksam. Der Lama hält ein Smartphone in der Hand. Daraus liest er seine weisen Worte ab.

★ Do it yourself ★

Zur Sommersonnenwende im Juni veranstaltet der Times Square seit 15 Jahren ein Massenyoga [nur mit Voranmeldung • www.timessquarenyc.org]. In der Sommersaison bieten zudem viele Parks **Yoga- und Tai-Chi-Stunden** an, zum Teil sogar gratis. Die Programme ändern sich jedes Jahr, die Parkverwaltung listet sie für ganz New York inklusive der Strände auf [www.nycgovparks.org/events/outdoor-fitness]. Beliebte Orte für derart entspanntes Dehnen sind der Central Park, Rockaway Beach und der von Wolkenkratzern umgebene **Bryant Park** [www.bryantpark.org]. Das **New York Restoration Project** [www.nyrp.org] hat zudem im Sommer unter seinen Events viele Yoga-Stunden in schönen Community Gardens.

Auch bei der **Entspannung im Schönheitssalon** setzen manche New Yorker auf Schnäppchen: Während der **Spa Week** im Frühjahr bekommt man in New York diverse Anwendungen für 50 Dollar. Die **Beauty Bar** kombiniert gleich zwei Entspannungsrituale: In dieser Kneipe kann man einen Drink und eine Maniküre im Paket kaufen (Trinkgeld nicht vergessen!).

- Spa Week • www.spaweek.com
- Beauty Bar • East Village, 231 East 14th Street zwischen 3rd und 2nd Avenue •

Haltestelle Union Square mit Linie 4, 5, 6, L, N, R, Q • www.thebeautybar.com/martinis-manicures-new-york

Unter den New Yorker **Friedhöfen** ist der riesige **Green-Wood** in Brooklyn besonders bekannt – und ein hervorragender Ort zur Entspannung. Seine Gräber reichen bis tief ins 19. Jahrhundert zurück. Er ist aber immer noch ein aktiver Friedhof und fordert daher entsprechend respektvolles Verhalten. Bei einem kontemplativen Spaziergang auf dem Hügel wird man mit einem fantastischen Blick in Richtung Freiheitsstatue und Manhattan belohnt.

Green-Wood • Greenwood Heights, Brooklyn, 25th Street, Ecke 5th Avenue • Haltestelle 25th Street mit Linie R • www.green-wood.com

Afternoon Tea auf der Terrasse einer Villa mit Blick auf den Hudson, umgeben von Grün: Diese Form von Entspannung ermöglicht **Wave Hill**, ein privater Park in einem schicken Teil der Bronx. Das englische Teeritual muss frühzeitig reserviert werden, ein Spaziergang im Park oder ein Snack auf der Terrasse nicht.

Wave Hill • Riverdale, Bronx, West 249th Street, Ecke Independence Avenue • Haltestelle 242nd Street mit Linie 1 oder Riverdale mit Metro North • www.wavehill.org

Eine versteckte Oase ist der **Lotus Garden**: In den 1980er-Jahren überzeugte eine Gruppe Pflanzenfreunde einen Immobilienspekulanten, dass ihr Community Garden auf dem Dach seines Parkhauses weiterleben darf. Im Sommer dürfen auch Nicht-Gärtner sonntagnachmittags die Treppen hinaufsteigen und ihn genießen.

Lotus Garden • Upper West Side, 250 West 97th Street zwischen Broadway und West End Avenue • Haltestelle 96th Street mit Line 1, 2, 3 • www.thelotusgarden.org

Danksagung

Ohne die tatkräftige und geistreiche Unterstützung der folgenden Menschen wäre dieses Buch nie entstanden. Ich neige mein Haupt und danke:

- Hartmuth Malorny, Wolfgang „Martini" Kienast und Carsten Teske, die mir seit Jahren in den Ohren damit liegen, dass ich endlich ein Buch schreiben soll. Wobei Ersterer selbiges schon mehrfach selbst tat, Zweiterer meine Kurzgeschichten aus der Schublade ins Rampenlicht schubste und Dritterer (sorry, liebes Lektorat: Hier heißt das jetzt so! Das ist meine Seite!) ein stilsicheres Auge auf Trilliarden Blog-Bytes warf. Eure verflixte Hartnäckigkeit weckt meine Superpower (ich würde sie produktiven Trotz nennen, wenn es nur nach Superheldin klänge),
- – apropos Trotz: In dieser Denke dürfte ich wohl auch denjenigen danken, die tatsächlich dachten, unsachliche Kritik würde mich von irgendetwas abhalten – das mache ich aber nicht, ätsch! –
- Eugene Salomon, der mir wie der Herr Malorny mit dem Buchschreiben voraus ist und mich bei meinem in meiner anderen Lieblingssprache – American English – anfeuerte *(you can stop looking for Steinbrenner, Gene, I finally got that joke!),*
- Stefan Matthäus, dem nicht nur goldvernieteter, diamantverkrusteter Platinstatus im Zuhören, Pläneschmieden und Punksein gebührt, sondern der auch schnell meine Datenbank flickt, wenn ich mal wieder beim Blog-Umgestalten das Internet kaputtgemacht habe,
- Ulrike Graeff, die mich als Autorin empfohlen hat, obwohl sie mich nur über meine Blogposts kennt und gar keinen Agentinnenjob hat (für den ich sie jederzeit empfehlen würde),

- meinen Lektorinnen Eva Reinitz und Silke Lübbers, die meine literarische Stimme hören können und ihr ordentlich Kawumm geben,
- meinem Verleger Matthias Walter, in dessen Verlag der Chef noch selber kocht (in diesem Falle also mit Autorinnen neue Bücher ausbaldowert),
- den Leserinnen und Leser meines Blogs und der dazugehörigen Profile in den Sozialen Medien, ohne die ich ins Nichts bloggen würde, also wahrscheinlich gar nicht (Extradank für all die Kommentare, Fragen, Hinweise und die Schneckenpost!),
- und Thomas Halaczinsky, der genug Zuversicht, Abenteuerlust und Felldicke besitzt, eine Autorin – in diesem Falle mich – zwischen Buchvertragsunterschrift und Manuskriptabgabetermin zu heiraten. Ich bin schon sehr gespannt, was wir beim nächsten Buch anstellen werden.

Wenn Einheimische selbst die
Entwicklungshelfer sind,
dann ist es Stay.
Entwicklung, die bleibt.
»Vor 11 Jahren
habe ich mit den Menschen aus meinem Dorf eine Schule aufgebaut, in der heute über 300 Kinder lesen, schreiben und rechnen lernen.
Als einheimischer Entwicklungshelfer kenne ich die Bedürfnisse der Menschen hier, denn ich bin einer von ihnen.«
Muddu Kayinga
Gründer und Geschäftsführer
der Organisation COTFONE
in Kiwangala, Uganda

Wir erzählen Ihnen, was Sie niemals wissen wollten. Dachten Sie.

Sushi, Godzilla und gebrauchte Damenwäsche – skurrile Gerüchte und bizarre Vorurteile gibt es über Japan wahrlich genug. Was allerdings die Wenigsten wissen: Die Realität ist von all dem gar nicht weit entfernt. Wussten Sie zum Beispiel, dass es nichts Ahnungsloseres gibt als einen Taxifahrer in Tokyo? Dass Japaner ihre eigenen Orts- und Personennamen oftmals nicht lesen können? Und dass es kein elektrisches Gerät gibt, dem die Japaner mehr vertrauen als dem Fax?

Matthias Reich
Was Sie dachten, NIEMALS über JAPAN wissen zu wollen

ISBN 978-3-95889-108-1
ISBN 978-3-95889-128-9

Das Bild der Niederlande scheint klar und vertraut – doch wussten Sie, dass nicht wenige Holländer *vogelen* zu ihrem Lieblingshobby zählen? Kennen Sie die wahre Geschichte von Frau Antje? Sind Sie gewappnet für die ganze erschütternde Wahrheit über Tulpen? Haben Sie eine Vorstellung davon, wie Holländer im – nun ja – Längenvergleich abschneiden? Und können Sie ertragen, was unsere Nachbarn wirklich über uns denken?

Thomas Fuchs
Was Sie dachten, NIEMALS über die NIEDERLANDE wissen zu wollen

ISBN 978-3-95889-085-5
ISBN 978-3-95889-112-8

Was verbirgt sich hinter dem – mittlerweile offiziell ja nicht mehr eisernen – Vorhang? Von horrenden Umweltskandalen, der Liebe zum Alkohol und charismatischen Führungspersönlichkeiten hat man ja schon einiges gehört. War Ihnen aber bewusst, dass eine kreative Auslegung der Realität zum guten Ton gehört, dass ein Riesenkrake namens Geheimdienst das Leben weiter an sich reißt – und dass Russland seinem strengen Klima zum Trotz eigentlich eine ziemliche Bananenrepublik ist?

Alex Albrecht
Was Sie dachten, NIEMALS über RUSSLAND wissen zu wollen

ISBN 978-3-95889-102-9
ISBN 978-3-95889-113-5

CONBOOK
www.conbook-verlag.de

NewYork.de
capital of the world